PUBLISHING

Impressum

Bibliografische Information Der Deutschen Bibliothek
Die Deutsche Bibliothek verzeichnet diese Publikation in der
Deutschen Nationalbibliografie.
Detaillierte Bibliografische Daten sind im Internet über http://dnd.ddb.de/ abrufbar
ISBN: 978-3-940185-13-6
Originaltitel: Master Key Arcana
Originaluntertitel: A companion book and resource for The Master Key System.
Includes the missing parts of The Master Key System
Copyright 2004 by Kallisti-Publishing, Wilkes-Barre, PA
Autoren: Charles F. Haanel, Thomas Troward, Henry Drummond,
Florence Scovel Shinn, Phineas Parkhurst Quimby, James Allen,
William Walker Atkinson, Rudyard Kipling, Dr. T.R. Sanjivi
Übersetzung aus dem Amerikanischen: Antje Kaehler
Edition im Deutschen: Gitta Peyn
Herausgabe der amerikanischen Edition: Anthony Michalski
Einleitung: Anthony Michalski
Umschlaggestaltung: Nathan White
Satz: Stefano Di Martino, Engen
Lizenz des Coverfotos: RaBaKa-Publishing 2008
© 2009 RaBaKa Publishing, 27251 Neuenkirchen, http://www.rabaka-publishing.de/
Licenced by Kallisti Publishing, Pennsylvania, USA
Printed in Germany
Alle Rechte vorbehalten

Vorbemerkung:

Anthony Michalski, Inhaber von Kallisti-Publishing, Wilkes-Barre, Pennsylvania, USA, veröffentlichte in die „Master Key Arcana" im Jahr 2004 erstmals nach etlichen Jahrzehnten die „Lost Chapters" des „Master Key System". Diese „Verlorenen Teile" oder „Kapitel" des „Master Key System" stellen die praktische und philosophische Engführung des genialen Werkes Haanels dar.

Im Bestreben herauszufinden, auf den Schultern welcher Riesen Charles F. Haanel sein Erfolgs-, Selbstbestimmungs- und Selbstentwicklungswerk aufgebaut hatte, begann Tony Michalski genaue Nachforschungen anzustellen. Diese Arbeit sollte Jahre beanspruchen. In ihrem Verlauf stieß er auf philosophische und menschliche Größen wie Thomas Troward, Dr. T.J. Sanjivi, James Allen, Henry Drummond und andere. Stück für Stück fügte er die Teile dieses Master-Key-Puzzles zusammen. Die für die Entstehung des „Master Key System" und seine Erklärung und Fundierung relevantesten Texte jener Autoren und die „Lost Chapters" des „Master Key System" editierte er zu dem vorliegenden Buch: den „Master Key Arkana".

In dieser Ausgabe liegt dem Leser seine erste Veröffentlichung als Übersetzung aus dem Amerikanischen vor.

Die Übersetzerin Antje Kaehler hat sich akribisch und mit großer Begeisterung und tiefem Einfühlungsvermögen dieser teilweise sehr anspruchsvollen Aufgabe angenommen. Dabei galt es, zwei Ziele nicht aus den Augen zu verlieren:

1. Sollten die „Master Key Arkana" vom Übersetzungsstil her nahtlos an das „Master Key System" anschließen und

2. musste sie jedem einzelnen in diesem schönen Buch veröffentlichtem Autor stilistisch gerecht werden.

Beides ist Antje Kaehler gelungen. Und ebenso, wie ich Tony für seine Forschungsarbeit dankbar bin, macht es mich glücklich, in Antje Kaehler eine so verlässliche und kreative Übersetzerin gefunden zu haben.

Gitta Peyn,
Egenhausen im Juli 2009

Master Key Arkana

Charles F. Haanel
und andere Autoren

———

Eine Begleitschrift und Quellreferenz zum „Master Key System".
Mit neu entdeckten Aufzeichnungen von Charles F. Haanel,
Thomas Troward, Dr. T.R. Sanjivi, James Allen und anderen.

Einschließlich der „Lost Chapters" des
„Master Key System".

Herausgageben von Anthony R. Michalski

PUBLISHING

Inhaltsverzeichnis

Dies Buch ist gewidmet:

Meiner Mutter und meinem Vater;
Mr Haanel, auf dass seine Lehren weiterhin inspirieren mögen;
Charlie: Lehrer, Geschäftsmann und Freund;
allen Schriftstellern und Lehrern großer Ideen und Gedanken;
dem amerikanischen System der Freien Marktwirtschaft;
und Gott.

Tony Michalski, 2004

Vorwort von Anthony R. Michalski

Es ist mir ein Vergnügen, hiermit... die „Master Key Arcana"[1] zu übersenden. Auf ebenso freundliche Weise, wie Mr Haanel seinen historischen Band eröffnete, eröffne ich diese auf Haanel und den Master Key bezogene Schriftensammlung.

Charles F. Haanels Schriften, allen voran „Das Master Key System", haben mich stark beeinflusst, so wie sie viele andere beeinflusst haben. Auf meine Neuveröffentlichung des Master Key Systems im Jahr 2000 hin erhielt ich E-Mails und Briefe von Leuten aus der ganzen Welt. Einige schrieben, dass sie es von ihren Eltern vorgelesen bekommen hatten, als sie noch Kinder waren! Es ist unter Paaren nichts Ungewöhnliches, sich gegenseitig daraus vorzulesen und darüber zu diskutieren. Jemand aus Australien schrieb dazu,

„Meine Frau und ich brachten den ganzen Morgen damit zu, Abschnitte vorzulesen und zu diskutieren, wobei wir unsere normale Arbeit ganz vergaßen. Zu sagen, wir hätten zum Vergnügen gelesen, trifft es nur halb, weil das Buch auch eine große Herausforderung ist und, wie man sogar sagen könnte, überwältigende Auswirkungen hat."

Ich bin überzeugt, dass viele von Ihnen bereits wissen, wie kraftvoll das Master Key System ist. Wenn Sie noch nicht darin eingeweiht sind,[2]

---

1) Anm. d. Übers.: Im Vorwort des Herausgebers verwende ich dessen Originaltitel. Der lat. Begriff *Arcanum* („das Eingeschlossene, Geheimnisvolle, Mysterium") impliziert „(hermetisch) verschlossen, nur Wenigen zugänglich". Die Übersetzung verwendet den jüngeren Begriff „Geheimnis", weil dieser den Aspekt der „Entschlüsselung eines Rätsels (zwecks Zugänglichkeit bzw. Erkenntnisgewinn)" einschließt.

2) Anm. d. Übers.: Im Original fehlt im Textzusammenhang ein Adverb oder Partizip, wie *If you are not [influenced]*,... um welches der Satz daher sinngemäß ergänzt wurde.

werden Sie es sein, nachdem Sie es gelesen haben – besonders, nachdem Sie von den Inhalten dieses Buchs „angesteckt" worden sind. Doch was ist eigentlich dieses Master Key Arcana?, werden Sie sich möglicherweise fragen.

Master Key Arcana ist eine Sammlung verloren geglaubter Aufzeichnungen von Charles F. Haanel, die mehr als sechzig Jahre lang in keiner Form veröffentlicht worden sind. Master Key Arcana enthält darüber hinaus Schriftstücke anderer Koryphäen, auf die sich Mr Haanel in seinem Klassiker bezog. Die Sammlung begann damit, dass ich eine Ausgabe des Master Key Systems erhielt, welche achtundzwanzig Teile umfasste. Das hatte ich nie zuvor gesehen! Die einzige Ausgabe, von der ich wusste, bestand aus vierundzwanzig Teilen, welche ich in Kallisti's Buchveröffentlichung in „Wochen" umbenannt hatte, um leichteres Lesen und Studieren zu ermöglichen. Ich forschte nach und fand nichts über diese „fehlenden" Teile. Bei meinem Erwerb anderer Werke von Haanel überprüfte ich, ob es sich um Anreißer für andere Bücher handelte, doch leider war dem nicht so. Tatsächlich waren es Ergänzungen zu Haanels bahnbrechendem Werk.

Somit entschied ich mich zur Veröffentlichung dieser „verlorenen" Teile und anderer Textstücke, die ich am Rande meiner Forschungen zu Haanel und seinen Werken gefunden habe. Die „verlorenen" Teile sind herausragende Arbeiten und verleihen dem Master Key System sogar noch stärkere Tiefe. Sie werden noch etwas metaphysischer – falls das möglich ist! – und eröffnen den Weg zu seinen späteren Werken wie „The New Psychology" oder „A Book About You". Ich bin sicher, dass Sie beim Lesen dieser Teile bedeutende Erkenntnisse gewinnen werden.

„Das Psychologische Chart des Master Key" entstammt einer Broschüre, die Haanel vermutlich dafür verwendet hat, das Master Key System zu vermarkten. Es ist allerdings ein wirklich kraftvolles Werkzeug: Viele

Menschen – ganz klar einschließlich des Autors – fragen sich gelegentlich, welcher Maßstab anzulegen sei, was ihren Stand hinsichtlich ihres Strebens nach Perfektion betrifft. Dieses Chart liefert nicht nur ein Bewertungssystem zur Selbsteinschätzung, es bietet auch eine Auflistung der relevanten zu bewertenden Eigenschaften. Es ist sehr aufschlussreich, auf objektive und korrekte Weise zu sehen, wo man gegenwärtig steht. Ich empfehle Ihnen wärmstens, mit diesem Chart zu arbeiten und die Übung so aufmerksam und gründlich durchzuführen, wie Sie eine Übung aus dem Master Key System durchführen würden. Machen Sie es, wie es der Philosoph Sokrates gebot: „Erkenne dich selbst!"

In derselben Broschüre befanden sich viele Lob- und Danksagungen von Lesern und Studenten des Master Key Systems. Ich habe die Rezension von Dr. Sanjivi in diesen kleinen Band aufgenommen. Mich hat nicht nur Dr. Sanjivis Ruf dazu gereizt, sie darin aufzunehmen, sondern auch, einen Stein zum Fundament des Vertrauens und Glaubens hinzufügen zu können, welches die Basis dafür ist, Ergebnisse des Studiums des Master Key Systems wahrzunehmen. Wenn Sie das Geringste mir gemein haben, könnten Sie beim Studieren des Master Key Systems Momente oder Phasen absoluter Zweifel und Frustration erleben. Sie könnten es dermaßen überhaben, dass Sie es für lange Zeit links liegen lassen. Ich weiß, das kann passieren. Lesen Sie dies, wenn Sie deprimiert werden und seien Sie versichert, dass Sie weder verrückt noch auf reine Spekulation hereingefallen sind. Was Sie im Master Key System lesen, wurde von Vielen als wahr und verlässlich erlebt. Es ist kein Verheißungsblendwerk – es ist handfeste Realität. Glauben Sie mir, besonders am Anfang braucht man Ermutigung.

Der Rest des Buchs fügte sich fast von selbst zusammen. Wenn Sie „Das Master Key System" lesen, sehen Sie, dass Mr Haanel Bezug auf einige Leute nimmt: den Richter Thomas Troward, James Allen und Henry

Drummond. Bei meinen Nachforschungen zu den Genannten entdeckte ich etliche ihrer Texte. Bei den Texten, die ich hier exzerpiert habe, handelte es sich um Stücke, die ich prägnant, erkenntnisreich und insofern richtungsweisend fand, als daran abzulesen ist, aus welcher Richtung Haanel beeinflusst war. Ein paar der Stücke wurden nach der Veröffentlichung des Master Key Systems geschrieben, veranschaulichten jedoch einige der Haanelschen Gedanken und Ideen so treffend, dass ich sie einfach mit einbinden musste.

Wenn Sie gern mehr von den berühmten Autoren lesen möchten, die ich in „Master Key Arcana" aufgenommen habe, können Sie ihre Bücher in Bibliotheken, Buchläden und sogar online finden. Ich hoffe, Sie werden das, was Sie in diesem Buch lesen, ausweiten und so viel Ihnen möglich ist über die Wissenschaft des Bewusstseins und das Seelenmaterial lernen. Was hierin enthalten ist, ist nur ein Tröpfchen aus dem Meer dessen, was zur Verfügung steht. Es ist an Ihnen, in dieses Meer hinabzutauchen und seine Tiefen zu erforschen.

Ich habe so viel wie möglich daran gearbeitet, eine tiefer gehende Biografie von Charles F. Haanel zusammenzustellen. Es ging nur langsam voran. Nicht viel ist über diesen Mann bekannt oder geschrieben worden. Ich habe mit einigen seiner Nachfahren gesprochen, die kaum davon wussten, dass ihr Urgroßvater ein Schriftsteller gewesen war, geschweige denn ein so einflussreicher! Die beste Biografie Mr Haanels, derer ich habhaft bin, befindet sich in diesem Buch. Die Abbildungen seiner Beisetzungsbescheinigung und seines Nachrufs sind Empfehlungen eines passionierten Ahnenforschers namens Dwight A. Radford vom NGS NewsMagazine[3].

---

3) Anm. d. Übers.: Herausgegeben von der National Genealogical Society (NGS), Virginia, USA, gegründet 1903.

Ich denke, Sie könnten diese Stücke interessant finden, weil sie Haanel „als Mensch zeigen".

Am Ende dieses Buchs finden Sie die Abbildungen von noch so einigem anderen: originäre Korrespondenzen, Marketing-Materialien und Umschlagseiten. Ich hoffe, Ihnen damit einen historischen Blick auf den Menschen und seine Bücher zu vermitteln. Abgesehen davon sehen sie einfach gut aus.

Das Buch schließt mit einem Gedicht von Rudyard Kipling, „Wenn". Es ist ein Gedicht, das ich zur Inspiration und Orientierung gelesen habe; darüber hinaus passt es gut zum Tenor der anderen Texte in diesem Buch. Ich habe absolut keine Ahnung, ob Mr Kipling von Haanel beeinflusst war oder von ihm gehört hatte. Offen gesagt bezweifle ich es. Zweifellos aber bringt dies kleine Gedicht Haanels Lehren vollendet auf den Punkt. Ich hoffe von Herzen, Sie werden dies Gedicht oft lesen und ihm ebenso viel abgewinnen wie ich ihm abgewinnen konnte.

Ich möchte Ihnen mit dicsem Buch Material an die Hand geben, das Sie beim Durcharbeiten des Master Key System-Lehrgangs unterstützen wird. Danke, dass Sie mir erlauben, dies zu tun. Falls Sie Charles F. Haanel und „Das Master Key System" gerade erst kennen lernen, hoffe und wünsche ich aufrichtig, dass Sie diesen bemerkenswerten Band in vollem Umfang erschließen und über Ihre kühnsten Wünsche hinaus erfolgreich sein werden. Denken Sie daran: Sie sind im Besitz der Werkzeuge; Haanel liefert die Gebrauchsanweisung dazu.

Viel Spaß... Tony.
im Juni 2004

Charles F. Haanel
Eine Biografie

von Walter B. Steven

Master Key
Arkana

Walter B. Stevens´ „St. Louis – History of the Fourth City" (S.J. Clarke Verlag, St. Louis, 1909) enthält die folgenden Aufzeichnungen über Charles F. Haanel.

Man verbindet Charles F. Haanel hauptsächlich mit den Geschäftsbeteiligungen der Stadt, da er mit verschiedenen Unternehmen von anerkanntem finanziellem Wert in Verbindung steht. Neben seiner Präsidentschaft der Continental Commercial Company ist er auch Präsident der Sacramento Valley Improvement Company und Präsident der Mexico Gold & Silver Mining Company. Mr Haanel ist im wahrsten Sinne des Wortes ein Selfmademan, der in der Finanzwelt zu seinem gegenwärtigen Stand von Wert und Bedeutung durch die Nutzung seiner eigenen natürlichen Ressourcen aufgestiegen ist.

Geboren wurde er am 22. Mai 1866 in Ann Arbor im Staat Michigan als Sohn von Hugo und Emeline (Fox) Haanel, die in seiner frühesten Kindheit mit ihm nach St. Louis umzogen. Er trat als Bürogehilfe der National Enameling & Stamping Company in die Geschäftswelt ein. Für diese Firma arbeitete er fünfzehn Jahre lang.

Schließlich gab er seinen Posten in diesem Betrieb auf und kam dank seines Ehrgeizes, in der Finanzwelt aufzusteigen, auf die Idee, eine Firma zur Förderung einer Unternehmung zu gründen. Damals stand die Umgebung von Tehuantepec in Mexiko in dem Ruf, sich besonders für den Anbau von Zucker und Kaffee zu eignen. Er konnte eine Reihe von Kapitalisten von der Machbarkeit überzeugen, in diesem Landstrich Boden zu übernehmen und eine Plantage zu betreiben. Das Land wurde erworben und die Firma gegründet, um im Zucker- und Kaffeeanbau aktiv zu werden. Er wurde Präsident dieser Firma.

Die Plantage war von Anfang an erfolgreich und wurde bald zu einer Unternehmung von beträchtlichem finanziellem Wert. Sie wurde 1898 gegründet, und im Jahr 1905 gründete Mr Haanel die Continental Commercial Company, welche mit der anderen Firma fusionierte und noch sechs weitere Firmen eingliederte. Heute agiert sie unter dem Namen der Continental Commercial Company mit Mr Haanel als Präsident. Sie hat einen Kapitalwert von zweieinhalb Millionen Dollar und ist eine der größten ihrer Art weltweit.

Mr Haanel beschränkte seine Bemühungen jedoch keineswegs auf diese Branche, sondern weitete seine Anstrengungen auf andere Unternehmungen aus, mit welchen er in herausragender Funktion verbunden ist: Er war einer der Gründer der Sacramento Valley Improvement Company und seit Anbeginn deren Präsident. Seit ihren Anfängen hat sich die Firma einer Blütezeit erfreut und besitzt und kontrolliert heute die größten Tokay-Weingüter der Welt. Zugleich ist er Präsident der Mexico Gold & Silver Mining Company, einer Firma, die bei der Erschließung der reichen Bodenschätze der südlichen Republik von einiger Bedeutung war.

1885 schloss Mr Haanel den Bund der Ehe mit Miss Esther M. Smith. Sechzehn Jahre später wurde er mit einem Sohn und zwei Töchtern als

Witwer zurückgelassen, und im Juli 1908 heiratete er Miss Margaret Nicholson aus St. Louis, eine Tochter W.A. Nicholsons.

Obwohl Mr Haanel Republikaner ist, haben ihm seine vordringlichen Geschäftsinteressen keine Zeit dafür gelassen, über die Abgabe seiner Wählerstimme und Nutzung seines Einflusses für die Wahl der Kandidaten jener Partei, an deren Linie er fest glaubt, hinaus aktiv an Politik teilzunehmen.

Er ist Mitglied der Keystone Lodge, ein Freimaurer 32. Grades[4] und Ordensmitglied des Schreins[5]. Außerdem gehört er dem Missouri Athletic Club an.

Er ist ein Mensch mit ausgereiftem Urteilsvermögen, zu entspannter Betrachtung des Lebens fähig und in der Lage, dessen Chancen, Möglichkeiten, Anforderungen und Verpflichtungen richtig einzuschätzen. Vernünftigerweise suchte er Erfolg auf dem Weg des geringsten Widerstandes; wenn sich ihm aber Schwierigkeiten und Hindernisse in den Weg stellten, wies er eine Charakterstärke auf, die ihn befähigte, diese zu überwinden und seinen Weg zum Wohlstand fortzusetzen. So mancher Mensch, dessen Leben von unermüdlicher Geschäftigkeit erfüllt ist, bleibt erfolglos, weil ihm zur Ergänzung seiner Geschäftigkeit ein rühmlicher Ehrgeiz fehlt, welcher die Person dazu veranlasst, sich nach anderen Bereichen auszustrecken und die sich dort bietenden Gelegenheiten begierig zu ergreifen. Mr Haanel ist

---

4) Anm. d. Übers.: Der 32. Grad bezeichnet eine durch rituelle Initiation erworbene Erkenntnisstufe der Freimaurer. In Europa als „Hochgrad" bezeichnet, bedeutet dieser keine Höherstellung über den Grad des Meisters, sondern einen anhängenden, zusätzlich erworbenen Grad. Zusätzlich erworbene Grade folgen dabei in den USA keiner hierarchischen Staffelung, sondern basieren auf in sich geschlossenen Lehrinhalten; vgl. hierzu z. B. Hodapp (2006).
5) Anm. d. Übers.: Gemeinnütziger Orden der Freimaurer, gegründet 1871 von Dr. Walter M. Fleming und William I. Florence in NYC, USA.

mit diesen Eigenschaften reich gesegnet und hat dadurch seine heutige, beneidenswerte Position in Finanzkreisen erlangt.

Mr Haanel verstarb am 27. November 1949 im Alter von 83 Jahren. Er wurde auf dem Friedhof Bellefontaine in St. Louis bestattet.

Mr Haanel erwarb und erhielt in seinem Leben zahlreiche Titel, darunter den Ehrendoktor des College National Electronic Institute[6], den Doktor der metaphysischen Psychologie des College of Divine Metaphysics und einen Doktortitel des Universal College of Dupleix in Indien. Mr Haanel war außerdem Mitglied etlicher Vereinigungen, darunter Kollegmitglied des Londoner College of Psychotherapy, Mitglied der Authors´ League of America, der American Society of Psychical Research, Mitglied der Gesellschaft der Rosenkreuzer, der American Suggestive Therapeutical Association, der Science League of America, der Pi Gamma Mu-Bruderschaft, Freimaurer-Meister, Mitglied der Keystone Lodge Nr. 243, Alter Freier und Angenommener Maurer[7] und wurde im Moolah Temple[8] zum Edlen ernannt.

---

6) sic.

7) Anm. d. Übers.: Im Original *A.F. & A.M.,* "Ancient Free & Accepted Mason".

8) Anm. d. Übers.: Ein in den 1920ern errichtetes, im Zentrum von St. Louis gelegenes Gebäude, das bis in die 1980er Jahre im Besitz der *Shriner* war und Freimaurer-Aktivitäten diente. (Die geschlossene rituelle Versammlung der Freimaurer wird als „Tempelarbeit" bezeichnet.)

G - D   12 - 1 - 1949

C. F. Haanel, Retired Author, Buried

Funeral services were held yesterday for Charles F. Haanel, retired businessman and author, who died Sunday of heart disease at his home, 7129 Cornell ave., University City.

Haanel, 80, wrote several volumes on subjects such as the correct method of thinking, after a varied career in business. Among Haanel's works was "The Master Key System" on thought and concentration.

Haanel was associated with an enameling firm here, was in the sugar business in Mexico, and headed a grape growing company in California.

Surviving are his wife and two daughters, Mrs. Charles Frees of St. Louis and Mrs. Chester M. Hawke of San Marino, Cal.

Burial was in Bellefontaine Cemetery.

Todesanzeige für Charles F. Haanel, datiert auf den 1. Dezember 1949.
(Dankesgruß des Herausgebers an Dwight A. Radford für deren Auffinden.)

„Schriftsteller i.R., C.F. Haanel bestattet

Gestern fand die Beisetzungszeremonie für den pensionierten Geschäftsmann und Schriftsteller Charles F. Haanel statt, der am Sonntag in seinem Haus in University City, Cornell Avenue 7129 an einem Herzleiden verstarb.

Nach einer vielschichtigen Geschäftskarriere schrieb Haanel, der 80 Jahre alt wurde, verschiedene Bücher zu Themen wie der richtigen Denkmethode. Unter Haanels Werken ist „Das Master Key System" über den Zusammenhang von Denken und Konzentration.

Haanel war einer ansässigen Emaillefirma assoziiert, war im Zuckergeschäft in Mexiko aktiv und Vorstand eines Weinanbauunternehmens in Kalifornien.

Hinterbliebene sind seine Ehefrau und zwei Töchter, Mrs Charles Frees aus St. Louis und Mrs Chester M. Hawke aus San Marino, Kalifornien.

Ort der Bestattung war Friedhof Bellefontaine."

2M 1944

Secretary

Bellefontaine Cemetery Association,

St. Louis, _Nov 28_ – 19 _49_.

You are hereby authorized to inter the remains of _Charles F. Haenel_ Age _83_.

In Lot No. _#4646_ Block No. _#6_. In Name _#. F. Haenel_.

Relationship of Deceased to Lot Owner, _Owner_

Funeral on _Wednesday Nov. the 30/49_ at _11:00_ o'clock _A._ M., at Cemetery Grounds.

Open Grave _Permitting Chapel service of Monument_

Permitting Chapel service of Monument

(GIVE LOCATION OR DIAGRAM ON OTHER SIDE)

Sign Here ☞ _Mrs Chas F. Haenel_ wife
(READ NOTICE BELOW) (Relationship)

7199 Cornell Ave

(Relationship)

Vault _____

Box
Vault
Concrete
Box

Charles F. Haenels Beisetzungsbescheinigung mit der Unterschrift seiner Frau.
(Der Herausgeber bedankt sich nochmals bei Dwight A. Radford für deren Auffinden.)

23

Die „Lost Chapters" des „Master Key System"

Master Key
Arkana

Teil fünfundzwanzig

Das verborgene Himmelsbrot

Master Key
Lost Chapters

1. Wir leben in einem unermesslichen Meer formbarer Bewusstseinssubstanz. Diese Substanz lebt ewig und ist ständig aktiv. Sie ist in höchstem Maße empfindsam. Sie nimmt je nach mentaler Anforderung Gestalt an. Das Denken formt die Gussform oder Matrix, nach der sich die Substanz ausprägt. Unser Ideal ist die Form, aus der unsere Zukunft hervorgeht.

2. Das Universum lebt. Zum Ausdruck von Leben bedarf es des Bewusstseins; nichts kann ohne Bewusstsein existieren. Alle Existenz ist eine Erscheinungsform dieser einen Grundsubstanz, aus welcher und durch welche alle Dinge geschaffen sind und kontinuierlich neu geschaffen werden. Es ist die Fähigkeit des Menschen, zu denken, die ihn kreativ statt kreatürlich macht.

3. Alle Dinge sind das Produkt des Gedankenprozesses. Der Mensch hat das scheinbar Unmögliche deswegen vollbracht, weil er sich geweigert hat, es für unmöglich zu halten. Durch Konzentration hat die Menschheit die Verbindung zwischen Endlichem und dem Unendlichen, Begrenztem und dem Grenzenlosen, Sichtbarem und dem Unsichtbaren, Persönlichem und dem Unpersönlichen hergestellt.

4. Die Bildung von Materie aus Elektronen war ein unwillkürlicher Prozess der Individualisierung von intelligenter Energie.

5. Die Menschheit hat herausgefunden, wie man den Ozean auf schwimmenden Palästen überquert, wie man in der Luft fliegt, wie man Gedanken auf sensibilisierten Drähten um die Welt leitet, wie man den Erdboden mit Gummi abfedert, und Tausende anderer Dinge, die den Menschen vor einer Generation ebenso außergewöhnlich, ebenso erschreckend und ebenso unverständlich erschienen sind.

6. Die Menschheit wird sich noch dem Studium des Lebens selbst zuwenden, und mit den so gewonnenen Erkenntnissen werden Frieden und Freude und langes Leben einkehren.

7. Die Suche nach dem Lebenselixier war seit jeher ein faszinierendes Studiengebiet, das viele Geister von utopistischer Prägung nicht mehr losgelassen hat. Zu allen Zeiten haben Philosophen den Tag herbeigesehnt, an dem der Mensch Herr über die Materie werden wird. In alten Handschriften findet man viele, viele Zeugnisse, welche ihre Urheber mit den bitteren Qualen ratloser Desillusioniertheit bezahlen mussten. Tausende, die Nachforschungen anstellten, haben zum Wohle der Menschheit ihren Tribut auf dem Opferaltar entrichtet.

8. Doch der Mensch wird nicht vermittels Quarantäne oder Desinfektionsmitteln oder Gesundheitsbehörden zur lang ersehnten Ebene körperlichen Wohlergehens gelangen, noch werden das Lebenselixier und der Stein der Weisen durch Diäthalten oder Fasten oder Empfehlungen gefunden werden können.

9. Das Quecksilber der Philosophen und das „verborgene Himmelsbrot" sind keine Bestandteile von Gesundheitskost.

10. Wenn das menschliche Bewusstsein vervollkommnet ist, dann – und erst dann – wird der Körper sich auf vollkommene Weise ausdrücken können.

11. Der physikalische Leib wird durch einen Prozess kontinuierlichen Abbaus und Wiederaufbaus aufrechterhalten.

12. Gesundheit ist nichts als das Gleichgewicht, welches die Natur durch den Prozess der Hervorbringung neuen Gewebes und der Beseitigung alten oder überflüssigen Gewebes aufrechterhält.

13. Hass, Neid, Kritik, Eifersucht, Konkurrenz, Egoismus, Krieg, Selbstmord und Mord sind die Ursachen, welche saures Klima im Blut erzeugen und Veränderungen hervorrufen, die zur Reizung der Hirnzellen führen: jenen Tasten, auf welchen die Seele dem Himmel „Göttliche Harmonien"

oder abenteuerliche Täuschungsmanöver vorspielt,[9] je nach Anordnung der chemischen Moleküle in diesem wundersamen Labor der Natur.

14. Unaufhörlich finden Geburt und Tod im Körper statt. Neue Zellen werden durch den Prozess der Umwandlung von Nahrung, Wasser und Luft in lebendiges Gewebe geschaffen.

15. Jede Hirnregung und jede Muskelbewegung bedeutet den Abbau und folgerichtig Tod einiger dieser Zellen; und es ist die Anlagerung dieser toten, ungenutzten und überflüssigen Zellen, was Schmerz, Leid und Krankheit verursacht.

16. Wir lassen so zerstörerische Gedanken wie Furcht, Wut, Sorge, Hass und Eifersucht von uns Besitz ergreifen, und diese Gedanken beeinflussen die vielfältigen funktionalen Aktivitäten des Körpers, das Hirn, die Nerven, das Herz, die Leber oder die Nieren. Im Gegenzug verweigern diese die Erfüllung ihrer vielfältigen Funktionen: Die aufbauenden Prozesse werden eingestellt, und die zerstörerischen Prozesse setzen ein.

17. Nahrung, Wasser und Luft sind die drei grundlegenden Elemente, die zur Aufrechterhaltung des Lebens nötig sind, doch es gibt etwas, das noch wesentlicher ist. Mit jedem unserer Atemzüge füllen wir unsere Lungen nicht nur mit Luft, sondern wir füllen uns mit Prana-Energie[10], jenem Lebensatem, der durchtränkt ist mit allem, dessen Geist und Seele bedürfen.

18. Dieser lebensspendende Geist ist viel wichtiger als Luft, Nahrung oder Wasser. Ein Mensch kann vierzig Tage lang ohne Nahrung, drei Tage lang ohne Wasser und für ein paar Minuten ohne Luft auskommen; er kann

---

9) Anm. d. Übers.: Wortlaut im Original *fantastic tricks before high heaven*, ein verstecktes Zitat aus Shakespeare, "Maß für Maß" (Isabella in II, 2).

10) Anm. d. Übers.: Im Original *Pranic Energy* (im Sanskrit *Prana*: „Lebensatem, Lebenshauch", in der hinduist. Lehre die „Lebenskraft" oder „universelle Lebensenergie").

jedoch keine einzige Sekunde lang ohne Äther leben. Er ist der wichtigste Wesensbestandteil des Lebens, so dass der Atmungsvorgang nicht nur dem Aufbau des Körpers Nahrung gibt, sondern auch Geist und Seele versorgt.

19. Es ist in Indien eine bekannte Tatsache, aber hierzulande weniger bekannt, dass das Ausatmen und das Einatmen bei der normalen, rhythmischen Atmung immer durch ein einzelnes Nasenloch erfolgen: ungefähr eine Stunde lang durch das rechte Nasenloch, und dann, für einen gleichen Zeitraum, durch das linke Nasenloch.

20. Der durch das rechte Nasenloch eintretende Atem erzeugt positive elektromagnetische Ströme, welche an der rechten Seite des Rückgrats hinunterlaufen, während der durch das linke Nasenloch eintretende Atem elektromagnetische Ströme entlang der linken Seite des Rückgrats hinabsendet. Diese Ströme werden über die Nervenzentren – oder Ganglien – des sympathischen Nervensystems an alle Teile des Körpers übermittelt.

21. Beim normalen, rhythmischen Atemzug nimmt das Ausatmen in etwa die zweifache Zeit des Einatmens in Anspruch. Wenn beispielsweise das Einatmen vier Sekunden braucht, braucht das Ausatmen, einschließlich einer kurzen natürlichen Unterbrechung vor dem erneuten Einatmen, acht Sekunden.

22. Das Abgleichen der elektromagnetischen Energien im System hängt in hohem Maße von dieser rhythmischen Atmung ab; daher die Bedeutung des tiefen, unbehinderten und rhythmischen Ausatmens und Einatmens.

23. Die indischen Philosophen wussten, dass sie mit dem Atemzug nicht nur die physikalischen Grundbestandteile der Luft einsogen, sondern das Leben selbst. Sie lehrten, dass diese ursprüngliche Kraft aller Kräfte, von welcher sich alle Energie ableitet, in rhythmischen Schwingungen durch

das geschaffene Universum hindurch ansteigt und abfällt. Jedes Lebewesen ist aufgrund seiner Teilhabe an diesem kosmischen Atem lebendig.

24. Je aktiver die Nachfrage, desto höher die Zufuhr. Daher nehmen wir, während wir tief und rhythmisch in Einklang mit dem universalen Atem atmen, mit der Lebenskraft aus der Quelle allen Lebens im Innersten unseres Seins Verbindung auf. Ohne diese intime Anbindung der einzelnen Seele an den großen Speicher der Lebensenergie wäre die Existenz, wie wir sie kennen, unmöglich.

25. Freiheit besteht nicht in der Missachtung eines leitenden Prinzips, sondern in der Übereinstimmung mit diesem. Die Naturgesetze sind unendlich gerecht. Die Verletzung eines gerechten Gesetzes ist keine freiheitliche Handlung. Die Naturgesetze sind unendlich wohltätig. Die Ausnahme von der Anwendung eines wohltätigen Gesetzes ist keine Freiheit. Freiheit besteht in bewusster harmonischer Beziehung zu den Seinsgesetzen. Nur so kann Verlangen befriedigt, Harmonie erlangt und Glück sichergestellt werden.

26. Der gewaltige Strom ist nur frei, solange er durch seine Ufer reguliert ist. Die Ufer ermöglichen es ihm, die ihm bestimmte Aufgabe zu erfüllen und seinem nützlichen Zweck am besten zu dienen. Während seine Freiheit Einschränkungen unterliegt, verströmt er seine Botschaft von Harmonie und Wohlstand. Wenn sein Bett erhöht oder sein Umfang gesteigert wird, verlässt er seinen Wasserlauf und breitet sich im ganzen Land aus, wobei er die Botschaft von Zerstörung und Verwüstung mit sich bringt. Er ist nicht länger frei. Er ist kein Fluss mehr.

27. Bedürfnisse sind Begehrlichkeiten, und Begehrlichkeiten wecken Handlungen, welche zu Wachstum führen. Durch diesen Prozess entsteht in jedem Jahrzehnt ein größeres Wachstum. So sagt man wahrheitsgemäß, dass die letzen fünfundzwanzig Jahre die Welt stärker vorangebracht haben

als jedes vorherige Jahrhundert, und dass das letzte Jahrhundert die Welt stärker vorangebracht hat als alle vergangenen Zeiten.

28. Ungeachtet all der unterschiedlichen Eigenarten, Neigungen und Veranlagungen von verschiedenen Menschen existiert ein bestimmtes bindendes Gesetz, welches alles Sein beherrscht und regelt.

29. Denken ist Bewusstsein in Bewegung, und psychische Anziehungskraft ist im Gesetz des Bewusstseins, was atomare Anziehung in der Naturwissenschaft ist. Bewusstsein hat seine Chemie und konstitutiven Kräfte, und diese Kräfte sind ebenso konkret wie die einer jeglichen physikalischen Kraft.

30. Schöpfung ist die Kraft des Bewusstseins, durch welche das Denken nach innen gewandt und dazu gebracht wird, neue Gedanken zu befruchten und zu empfangen. Dies ist auch der Grund dafür, dass nur das erleuchtete Bewusstsein für sich selbst denken kann.

31. Das Bewusstsein muss eine ganz bestimmte Denkprägung erhalten, welche es dazu befähigt, sie[11] selbst zu reproduzieren, ohne eines befruchtenden Samens von außerhalb zu bedürfen.

32. Wenn das Bewusstsein diese Beschaffenheit angenommen hat, kann es ohne Stimulation von außen von sich aus Gedanken erzeugen.

33. Dies wird durch das Empfangen von Gedanken im Bewusstsein als Ergebnis der Durchtränkung und Befruchtung mit dem Universalen erreicht.

34. Es darf ihnen nicht gestattet werden, ins Außen abzudriften, sie müssen ganz im Gegenteil im Innern bleiben, wo sie entsprechend ihrer Wesensarten psychische Zustände schaffen werden.

---

11) Anm. d. Übers.: Im Original Plur. *them* hat im Text keinen eindeutigen Bezug. Gemeint sind *new thought[s]*,(30).

35. Dieses In-sich-Aufnehmen von selbst erzeugten Gedanken und deren Schöpfung entsprechender psychischer Zustände ist das Prinzip der Kausalität.

36. Dies wird durch die Tatsache möglich, dass der mentale Kosmos fortwährend als eine All- Einheit des Bewusstseins ausgestrahlt wird, und dieses Bewusstsein wirkt in Verbindung mit der Seele des Menschen als sein Bewusstsein.

37. Dieses wird, als Essenz, mit der Essenz des Kosmos identifiziert, und mit der Essenz von allem.

38. Daraus folgt, dass der Einzelne, wenn er eine Denk-Entität erreicht hat und geworden ist, Allwissend im Denken, Omnipotent im Willen und Allgegenwärtig im Fühlen ist. Die Natur seines Bewusstseins ist Allwissenheit, und die Natur seines Fühlens ist Allgegenwart.

39. Ein solcher Mensch ist in allem, was er tut, von wahrer Kraft erfüllt. Er ist tatsächlich ein Meister, der Erschaffer seiner eigenen Vorsehung, der Lenker seines eigenen Geschicks.

40. Es gibt viele Blumen mit verschiedenfarbigen Blüten. Jeder Blütenstiel reckt sich einfach nach der großen Sonne empor – dem Gott der Manifestation pflanzlichen Lebens – ohne Klagen, ohne Zweifel, und in aller Fülle pflanzlichen Begehrens, Glaubens und Erwartens.

41. Sie verlangen nach der Sattheit von Farben und Düften und ziehen sie an. Und ebenso wird auch der Mensch in Zukunft die großen Begierdekräfte seines Denkens und Fühlens befreien und sie dem Himmel zuwenden, in rechtschaffenem Anspruch auf die höchste Gabe des Universums: das Leben.

42. Und das Leben bedeutet zu leben. Alter ist ein Vorurteil, das sich so fest in deinem Bewusstsein verankert hat, dass jegliche beiläufig erwähnte Jahreszahl ein exaktes Bild in deinem Kopf heraufbeschwört.

43. Zwanzig Jahre, du siehst einen Jugendlichen oder ein junges Mädchen, reich geschmückt mit allem jugendlichen Liebreiz.

44. Dreißig Jahre, einen jungen Mann oder eine junge Frau in voller Entwicklung von Lebenskraft und Ausgeglichenheit, noch im Aufstieg in Richtung der verwirrenden Höhen der Reife begriffen.

45. Vierzig Jahre, der Gipfel wurde erreicht, das geleistete Bestreben dabei durch die Aussicht auf die unendlichen zu beherrschenden Horizonte aufrechterhalten.

46. Mit Stolz wird der durchquerte Weg betrachtet, doch mit Bewegtheit wendest du dich bereits dem Abgrund zu, dessen schwindelerregende Kurven sich steil in immer stärker werdende Dunkelheit hinein winden.

47. Fünfzig Jahre, auf halber Strecke den Hang hinunter, welcher noch vom Licht der Kuppen erhellt wird, obschon ihn bereits die Kühle des Abgrunds streift. Ein geschwächter und zur Unterwerfung unter zahlreiche Entsagungen gezwungener Organismus.

48. Sechzig Jahre bringen dich an den Eingang der kalten Niederungen der Melancholie. Dem unerbittlichen Schicksal ergeben, stehst du an der Schwelle des Alters. Du beginnt mit Vorbereitungen für die lange Reise, die unweigerlich angetreten werden muss.

49. Siebzig Jahre, runzlig und alt, mit zahlreichen Schwächen ausgestattet, sitzt du im Wartezimmer für die letzte Reise und betrachtest es als Wunder, dass du noch am Leben bist.

50. Wenn das achtzigste Jahr überschritten ist, wird diese Tatsache als erstaunliches Phänomen hervorgehoben, und du wirst mit dem Respekt behandelt, der Antiquitäten gebührt.

51. Ist dieses Beispiel zutreffend? Gibt es eine Verbindung zwischen Alter und Alterswert? Es sei ausdrücklich festgestellt, dass die Zwangsherrschaft der Geburtsurkunde abgeschafft werden kann.

52. Die Tatsache, dass ein Jahr einem vollständigen Erdumlauf um die Sonne entspricht, hat nichts mit der Entwicklung des Menschen zu tun.

53. So viele Jahre alt zu sein, bedeutet lediglich, dass die wiederkehrenden Jahreszeiten so viele Male beobachtet wurden, und nichts weiter. Dies beinhaltet keine Betrachtung der geistigen oder körperlichen Verfassung. Die Person, die jenes unermüdliche astronomische Phänomen vierzig Mal gesehen hat, mag im wirklichen Sinne des Wortes viel jünger sein als jemand, der es nur dreißig Mal gesehen hat.

54. Die Schwingungsaktivitäten des Weltalls unterliegen einem Gesetz der Periodizität. Alles, was lebt, hat Zeiten der Geburt, des Wachstums und der Früchte. Diese Zeiten unterliegen dem Septimalgesetz.

55. Das Siebener-Prinzip regelt die Wochentage, die Mondphasen, die Klangharmonien, das Licht, die Wärme, Elektrizität, Magnetismus, atomare Strukturen. Es regelt das Leben von Einzelnen und von Nationen, und es bestimmt die Aktivitäten der geschäftlichen Welt. Wir können dasselbe Prinzip auf unser eigenes Leben übertragen und somit zu einem Verständnis vieler Erfahrungen gelangen, welche sonst unerklärlich scheinen würden.

56. Leben bedeutet Wachstum und Wachstum bedeutet Veränderung. Mit jedem Zeitabschnitt von sieben Jahren gelangen wir in einen neuen Zyklus.[12]

57. Die ersten sieben Jahre sind der Abschnitt des Kleinkindalters. Die nächsten sieben der Abschnitt der Kindheit, der den Beginn persönlicher

---

12) Anm. d. Übers.: Die Einteilung des Lebens in *Hebdomaden*, gr. „Siebenerschritte", „Jahrsiebte", „Siebenjahresschritte" wird auf den athenischen Gesetzgeber Solon (640 – 559 v. Chr.) zurückgeführt. In verschiedenen Mythologien, Kulten, Religionen und geisteswissenschaftlichen Disziplinen (so der Anthroposophie) hat die Zahl Sieben bis heute eine Sonderstellung; vgl. auch den jüdischen Kalender.

Verantwortung darstellt. Die nächsten sieben stellen den Zeitraum der Adoleszenz dar. Der vierte Abschnitt markiert das Erlangen der vollen Reife. Der fünfte Abschnitt ist die Aufbauphase, während der die Menschen sich Besitz, Güter, ein Zuhause und eine Familie anschaffen. Der nächste, von fünfunddreißig bis zweiundvierzig, ist eine Phase der Wechsel und Umschwünge, und diese wiederum ist von einer Phase der Umstrukturierung, Anpassung und Erholung gefolgt, so dass man bereit für einen neuen Siebener-Zyklus ist, der mit dem fünfzigsten Jahr beginnt.

58. Das Gesetz der Periodizität regelt Zyklen jeder Art. Es gibt kürzere Zyklen und längerfristige Zyklen. Es gibt Zeiten, in denen die Emotionen die Oberhand gewinnen und die ganze Welt in religiöse Gedanken versunken ist; und es gibt andere Zeiten, in denen die Wissenschaft und das Lernen die Oberhand gewinnen und das Patentamt von neuen Erfindungen überschwemmt wird. Es gibt andere Zeiten, in denen Laster und Sünde mit starker Hand regieren, Zeiten der Streiks und Durststrecken, Zeiten der Aufruhr, der Verwirrung und des Unglücks; und es gibt Zeiten der Reform.

59. Was verursacht diese Zyklen? Sind sie willkürlich, haben sie keine Basis oder Wesensgrundlage, während sie fast mit der Regelmäßigkeit eines Uhrwerks und ohne jeglichen Beweggrund periodisch wiederkehren? Oder sind sie möglicherweise auf Universale Gesetze zurückzuführen und werden durch die Umdrehung der Planeten in deren Umlaufbahnen verursacht, wobei ihr Ursprung in irgendeinem Naturprinzip liegt, welches der Mensch herausfinden und dadurch schließlich in der Lage sein kann, die Wiederkehr gleicher Phänomene mit Sicherheit vorauszusagen?

60. Lasst uns die Aufteilung des Tierkreises in vier große Quartale betrachten, die der Aufteilung in Frühling, Sommer, Herbst und Winter gleichen. Das Quartal des Frühlings entspricht dem Kleinkindalter, der

Kindheit und der Jugendzeit, der verantwortungslosen und erzieherischen Phase vom ersten bis zum einundzwanzigsten Lebensjahr, in welcher die Persönlichkeit[13] durch Dienen und Studieren für das nächste wichtige Stadium ausgerüstet wird. Es ist die Zeit, in der dem wachsenden Bewusstsein Redlichkeit und kindliche Ehrerbietung, Gehorsam und Fleiß anerzogen werden.

61. Das Sommerquartal des Lebens von einundzwanzig bis zweiundvierzig ist die anwendungsbezogene Lebensspanne und hat mit dem Leben des Haushaltsvorstands zu tun, in dem Vermögen zum Ziel wird, die Verantwortlichkeit steigt, und in dem die Lebensaufgaben schwerer und mit Geschäftätigkeit erfüllt werden. Es ist die Phase, in der die soziale Seite der Persönlichkeit zum Ausdruck kommt und in welcher die Lektion der Selbstlosigkeit gelernt wird; Wohlstand geht mit der Fülle des Lebens einher, die während des Sommerabschnitts überströmt. Die Tugenden, die entwickelt werden, sind Zurückhaltung, Wirtschaftlichkeit, Nächstenliebe, Großzügigkeit, Gewissenhaftigkeit und Umsicht.

62. Diese Lebensphase wird vom Zeichen des Löwen regiert, in welchem die Lebenskräfte am heißesten brennen, und in dem die Liebe zum Partner und zur Nachkommenschaft in der häuslichen und gesellschaftlichen Welt am größten ist.

63. Das Herbstquartal des Lebens ist eines, in dem der Stolz des Mannesalters und die Fülle der Mutterschaft auf höhere Interessen gerichtet werden, und persönliche Ansprüche treten zugunsten solcher in den Hintergrund, die außerhalb des engen häuslichen Bereichs liegen. Man verlegt sich auf Regierungsaufgaben und das staatliche Gemeinwohl, bewegt durch Mo-

---

13) Anm. d. Übers.: Im Original *personal-* (das im Text fehlende Substantiv wurde in der Übersetzung durch *personality* ersetzt).

tive, die ihrer Natur nach weiter gefasst und uneigennütziger sind: den Wunsch, beim Regieren und Lenken derer von Nutzen zu sein,[14] die zum Volk gehören. Die hierbei erworbenen Tugenden sind Ausgeglichenheit, Gerechtigkeit, Stärke, Mut, Elan und Großzügigkeit.

64. Die konzentralisierende[15] Kraft dieser Phase wird durch das Zeichen Skorpion bezeichnet, Symbol der beherrschten Emotionen, festgelegten Gefühle und dauerhaften Wirkungsweisen – in dem das Fließende und die veränderlichen Empfindungen der Wasserzeichen stabilisiert, verlässlich gemacht und gefestigt werden.

65. Die nächste Lebensphase ist die Zeitspanne, in der Erfahrungen gesammelt und die Lektionen des Lebens gespeichert werden, bereit dafür, das „Ich" zu erweitern. Es ist die Phase, in welcher der Rückblick auf das Leben mit Weisheit und den zarten Gefühlen des Mitempfindens mit allen einhergeht; die Tugenden der vorangegangenen drei Zeichen[16] werden in Form von Geduld, Selbstaufopferung, Dienst, Reinheit, Weisheit, Güte und Barmherzigkeit nach außen getragen.

66. Die Zentralisierung des Bewusstseins im Zeichen des Wassermanns stellt den Höhepunkt dar, an dem der Mensch vollständig ist und die humanisierte Vollendung des Menschentums in demjenigen den höchsten Stand erreicht, dessen Bewusstsein gänzlich in höheren Bewusstseinszuständen verankert ist.

---

14) Anm. d. Übers.: Die Präpositionalgruppe *desire [of] being to help* wurde in der Übersetzung um die Präposition ergänzt.

15) sic.

16) Anm. d. Übers.: Dem aufmerksamen Leser wird nicht entgangen sein, dass die voranstehenden Abschnitte nur zwei der angesprochenen drei Zeichen benennen: Für das Quartal des Frühlings (60) fehlt die Zuordnung zum zodiakalen Zeichen des Stiers, Symbol der manifestierten Fruchtbarkeit und pragmatischen Ansammlung.

67. So verläuft der Plan der normalen Evolution der Menschheit, wenn die zivilisierten Völker sich durch ihre infantile, frühlingsähnliche Phase gearbeitet haben. Denn Völker entwickeln sich ebenso wie Individuen, und das Ergebnis dieser weisen Bestimmung sollen das Wohl und die Vollkommenheit des Volkes sein, wie es dem Willen des Höchsten Herrschers über das Universum entspricht.

68. Mag sein, dass es dies Wohl und diese Vollkommenheit des Volkes waren, welche einer unserer großen Männer bei seiner herrlichen Vision vor Augen hatte, die er so wunderbar beschrieben hat.

69. „Eine Vision der Zukunft erscheint. Ich sehe eine Welt, in der Throne zu Schutt geworden und Könige Staub sind. Der Adelsstand der Untätigkeit ist vom Erdboden verschwunden.

70. „Ich sehe eine Welt ohne Sklaven. Die Menschen sind endlich frei. Versklavt wurden jetzt die Naturgewalten von der Wissenschaft. Blitz und Licht, Wind und Wellen, Frost und Flammen und alle subtilen Kräfte der Erde und der Luft sind die unermüdlichen Arbeiter für das Menschengeschlecht.

71. „Ich sehe eine friedliche Welt, geschmückt mit jeder erdenklichen Kunst, von unzähligen Stimmen der Musik erzitternd, während die Lippen voll der Worte der Liebe und der Wahrheit sind; eine Welt, worin kein Verbannter seufzt, kein Gefangener klagt; eine Welt, auf die kein Schatten des Galgens fällt; eine Welt, in der Arbeit ihre volle Entlohnung einbringt, in der Werk mit Wert einhergeht.

72. „Ich sehe eine Welt ohne ausgestreckte Bettlerhand, ohne herzlos-steinernes Stieren des Geizhalses, ohne das klägliche Weh der Not, ohne die verfärbten Lippen der Lüge, ohne den grausamen Blick der Verachtung.

73. „Ich sehe ein Geschlecht ohne Krankheit an Fleisch oder Verstand – wohlgestalt und schön, vermählte Harmonie von Form und Funktion –

und, während ich schaue, verlängert sich das Leben, vertieft sich die Freude, breitet sich das Dach der Liebe über die Erde; und über allem, im der großen Kuppel, scheint der ewige Stern des Glaubens."[17]

---

17) Haanel zitiert den Philosophen Robert Green Ingersoll (1833 – 1899) aus dessen Stück „Eine Kriegsvision" (Anm. d. Herausgebers).

Gedanken

Mit jedem intensiven Gedanken, jeder tiefen Sehnsucht nach
Was immer du für deine Seele dringend wichtig hältst,
Beginnen Massen unsichtbarer Streitkräfte auszuströmen
Zwischen dir und jenem Ziel.

Und nur dann, wenn irgendeine verborgene Schwäche
Dein Verlangen ändert und verwandelt, oder es verringert,
Werden diese geheimnisvollen Heerscharen je zögern
Oder unverrichteter Dinge abbrechen.

Gedanken sind Magneten, und die ersehnte Freude oder Gunst,
Ersehnte Absicht oder Sache ist dabei der Stahl,
Und ihr Erreichen hängt nur vom Grad dessen ab,
Was deine Seele zu fühlen vermag.

(Unbekannter Autor)[18]

---

18) Autorin ist Ella Wheeler Wilcox (1850 – 1919), das Gedicht, im Original „Thought-Magnets",
entstammt ihrer Lyriksammlung „Poems of Power", ©1901 (Anm. d. Hrsg.).

Teil sechsundzwanzig

Die Brücke des Lebens

Master Key
Lost Chapters

1. Das Leben ist nicht geschaffen worden – es ist einfach. Alle Natur ist mit jener Kraft beseelt, die wir „Leben" nennen. Die Lebensformen auf dieser stofflichen Ebene, mit welcher wir es hauptsächlich zu tun haben, werden durch die Involution[19] von „Energie" in „Stoffe" erzeugt. Materie an sich ist eine Involution von Energie.

2. Lebendes Gewebe ist geordnete – oder organische – Materie. Totes Gewebe ist ungeordnete – oder anorganische – Materie. Wenn das Leben von einem Organismus weicht, beginnt der Zerfall[20].

3. Ordnung erfordert hohe Schwingungsfrequenzen oder kurze Wellenlängen, die in starker Bewegung sind. Die Moleküle, aus welchen das Gewebe zusammengesetzt ist, sind in einem dauernden Aktivitätszustand. Folge hiervon ist, dass die Gewebe das zur Erscheinung bringen, was wir mit „Leben" bezeichnen.

4. Senilität ist ein Bestandteil des Sterbeprozesses. Sie wird durch eine Anlagerung erdiger Salze oder so genannter Mineralstoffe verursacht.

5. Diese Mineralstoffe bestehen für gewöhnlich aus Kalk und Kreide, die sich an den Arterienwänden ablagern. Daraufhin verhärten und verkalken die Arterien und verlieren ihre Elastizität.

6. Bei ausreichend starken Schwingungen wäre es diesen Salzen nicht möglich, sich im System abzulagern. Die starke Schwingung würde diese Anlagerung verhindern. Die Mineralien würden mit dem Ausscheidungsprozess ausgestoßen werden.

---

19) Anm. d. Übers.: Im Kontext der „Ewigen Philosophie" (*Philosophia perennis*) bezeichnet *Involution* den der Evolution vorausgehenden Prozess des Abstiegs bzw. der „Einfaltung", welcher vom allumfassenden Geist ausgehend über das Denken und die Gefühle bis hin zur unbelebten Materie führt.

20) Anm. d. Übers.: im Original semantisch deutlicher *dis-integration* (von lat. *dis*: „entzwei", lat. *integratio*: „Herstellung einer Einheit [aus Differenziertem], Einordnung"), wörtlich also: „die zertrennte (Ein-)Ordnung".

7. Alter, Verfall und Tod sind daher einfach durch das Unvermögen des Individuums bedingt, in Einklang mit der Quelle allen Lebens zu bleiben.

8. Leben ist eine Schwingungsfrequenz – eine Art der Bewegung. Tod ist die Abwesenheit dieser Schwingung.

9. Leben ist eine Erscheinungsform von Aktivität[21]. Sterben ist der Zersetzungsprozess – die Abwesenheit von Aktivität.

10. Die Erde ist beständig bestrebt, alle Dinge in ihren Schoß aufzunehmen. Sie ist die Grabstätte oder unwiderrufliche Ruhestätte jeglicher geordneten Erscheinungsform.

11. Die von der Erde ausgehenden Schwingungen sind daher die Schwingungen der Zerstörung und Zersetzung. Nichts hat dem stetigen Sog dieser Erdenschwingungen bisher standhalten können. Alles musste ihnen am Ende erliegen; gleich welche Art die Natur bis jetzt der Erde zurückzugeben gezwungen war, um dort der belebenden Schwingungen der Sonne zu harren, bevor sie erneut zur Erscheinung gebracht werden würde.

12. Trifft dies grundsätzlich zu? – Nicht zwangsläufig. Es mag nicht immer erforderlich sein mit diesen zersetzenden Schwingungen in Kontakt zu kommen. Vielleicht können wir uns zumindest bis zu einem gewissen Grad davor bewahren.

13. Das Universum wurde durch Schwingungen gebildet. Das heißt, die besondere Form aller Dinge, ob im Großen oder im Kleinen, ist voll und ganz auf die spezifische Schwingungsfrequenz zurückzuführen, die ihnen Ausdruck verliehen hat. Das Universum ist folglich, sowohl allgemein als auch im Speziellen betrachtet, die Auswirkung eines Schwingungssystems. Anders gesagt, die sphärischen Klänge haben sich in jener Form zum Ausdruck gebracht, welche wir als „Kosmos" bezeichnen.

---

21) Anm. d. Übers.: im Sinne von „Wirkung", durch welche Energie konzentriert bzw. zur Erscheinung gebracht wird, vgl. oben (3).

14. Diese Schwingung bringt Intelligenz zum Ausdruck. Hierbei handelt es sich nicht um Intelligenz in dem Sinne, wie wir das Wort verstehen, sondern um eine Art kosmisches Wissen, das für das Wachstum der Fingernägel, Haare, Knochen, Zähne und Haut verantwortlich ist, für den Blutkreislauf und für die Atmung. All diese Vorgänge finden unabhängig davon statt, ob wir schlafen oder wachen.

15. Auf diese Weise ist jedes Ding gleichermaßen reich an bewusstem Verstand oder Intelligenz, wobei seine einzige Besonderheit darin besteht, dass es sich hinsichtlich seiner Ausprägung von jedem anderen Ding unterscheidet, da es nur eine Universale Bewusstheit oder Intelligenz gibt, während zahlreiche unterschiedliche Ausdrucksformen von dieser existieren. Der Felsen, der Fisch, das Tier und der Mensch sind allesamt Empfänger jener einen Universalen Intelligenz. Sie sind lediglich unterschiedlich ausgestaltete Erscheinungsformen von Kosmischer Substanz – also unterschiedlich zusammengesetzte Bewegungs- oder Schwingungsfrequenzen.

16. Das Bewusstsein ist ein Schwingungssystem. Das Gehirn ist ein schwingungsfähiges System[22]. Das Denken ist die geordnete Auswirkung jeder einzelnen Schwingung, welche durch die hierfür nötige Zellverbindung zum Ausdruck kommt.

17. Nicht die Anzahl der Zellen, sondern ihre Fähigkeit zur Anpassung an die Schwingungen bestimmt die Bandbreite der Gedanken, zu denen das Bewusstsein fähig ist.

18. Es geschieht durch das Universale Bewusstsein, dass die Samen des Denkens in das Gehirn des Menschen gelangen, so dass es Gedanken empfangen kann, welche zu einem Energiestrom werden – der im Bewusstsein

22) Anm. d. Übers.: im Original *a vibrator*, „Vibrator": allg. ein (technischer) „Empfänger", der durch das Zuführen von Energie in (mechanische) Schwingungen versetzt wird. Bezogen auf das Gehirn heißt das, dass dieses durch das Bewusstsein (= Energie) in Schwingungen gerät.

des Menschen zum Mittelpunkt hinstrebt und der im Universalen Bewusstsein vom Mittelpunkt wegstrebt.

19. Diese Samen des Denkens neigen dazu, Keime zu treiben, zu sprießen und zu wachsen. Sie bilden dabei das, was wir Vorstellungen nennen.

20. Sobald im Gehirn ein mentales Bild entsteht, wird im Äther sofort die diesem Bild entsprechende Schwingungsfrequenz erzeugt. Dabei hängt es jedoch vom Wirken des Absichtsprinzips oder des Prinzips des Begehrens ab, ob diese Schwingungsbewegung nach außen oder nach innen verläuft.

21. Wenn die Absicht gebraucht wird, bewegt sich die Schwingung nach außen, und das Prinzip der Kraft kommt zur Anwendung. Wenn die Natur des Begehrens geweckt ist, verlaufen die Schwingungen nach innen, und das Gesetz der Anziehung wird in Kraft gesetzt.

22. In beiden Fällen drückt sich das Gesetz der Kausalität durch das verkörpernde oder Kreative Prinzip aus.

23. Es wird nicht mehr lange dauern, bis der Mensch den Leib gegen Krankheit immunisieren und die gewöhnlichen Prozesse des Alterns und körperlichen Verfalls aufhalten kann – also die Jugend selbst dann noch erhalten kann, wenn der Leib die Jahrhundertschwelle überschritten hat.

24. Unsterblichkeit oder ewiges Leben ist die sehnlichste Hoffnung, das rechtmäßige Ziel und das ihm zustehende Geburtsrecht eines jeden menschlichen Wesens. Doch die Mehrheit der Menschen aller Religionen – und jener ohne jede Glaubensüberzeugung – scheinen zu meinen, dass dies, wenn überhaupt, irgendwann in ferner Zukunft und auf einer anderen Existenzebene zu erlangen sei.

25. Jedes menschliche Wesen, das nicht krank oder geistesgestört ist, hat ein angeborenes Verlangen danach, so lange wie möglich zu leben. Wenn es in der Welt einen einzelnen Menschen gibt, der nicht zu leben begehrt,

dann deswegen, weil er in irgendeiner krankhaften körperlichen oder geistigen Verfassung ist, oder weil er annimmt, es zu sein.

26. Tatsache ist, je stärker das Individuum erleuchtet und entfaltet ist, desto tiefer werden das Verlangen und die Sehnsucht nach Leben, und es ist unwahrscheinlich, dass es ein natürliches Verlangen nach etwas geben sollte, dessen Erlangen unmöglich wäre.

27. Jacques Loeb, ehemaliger Professor im Fachbereich Physiologie an der University of California, sagte vor mehreren Jahren: "Der Mensch wird ewig leben, wenn er gelernt hat, die richtige protoplasmatische Reaktion im Körper zu erzeugen."

28. Thomas Edison sagt: „Ich habe viele Gründe dafür, zu glauben, dass die Zeit kommen wird, da der Mensch nicht sterben wird."

29. Fünf Siebtel des Fleisches und Bluts sind Wasser, während die feste Substanz des Körpers aus Eiweiß, Fibrin, Kasein und Gelatine besteht. Das heißt, er besteht aus organischer Substanz, die sich eigentlich aus vier essenziellen Gasen zusammensetzt: aus Sauerstoff, Stickstoff, Wasserstoff und Kohlensäure.

30. Wasser ist eine Verbindung zweier Gase. Luft ist ein Gemisch aus drei Gasen. Entsprechend bestehen unsere Körper aus bloßen umgewandelten Gasen. Nichts von unserem Fleisch war schon vor drei oder vier Monaten vorhanden – weder das Gesicht noch der Mund, die Arme, die Haare, ja nicht einmal die Fingernägel.

31. Der gesamte Organismus ist lediglich ein Strom aus Molekülen, eine unablässig erneuerte Flamme, ein Fluss, den wir unser ganzes Leben lang betrachten können, ohne jemals dasselbe Wasser wiederzusehen.

32. Diese Moleküle berühren einander nicht und werden unaufhörlich durch Assimilation erneuert, welche durch die nichtstoffliche Kraft gesteuert, geregelt und geordnet wird, die ihn[23] assimiliert.

33. Dieser Kraft können wir die Bezeichnung „Seele" geben, wie es der große französische Astronom, Physiker, Biologe und Metaphysiker Camille Flammarion[24] schreibt.

34. Die Brücke des Lebens, ein Sinnbild körperlicher Wiedererschaffung[25], wird in Liedern, Bühnenstücken und Erzählungen ausgeschlachtet. Seit Menschengedenken skandieren Paracelsus, Pythagoras, Lycurgus[26], Valentin[27], Wagner und eine lange, lückenlose Reihe Erleuchteter ihre Verse im Chor mit jenem „Rätsel der Sphinx", über deren Schriftband sich die Inschrift zieht, „Enträtsele mich oder stirb."

35. Diese Enträtselung könnte in einem Verständnis von der Beschaffenheit der Drüsen liegen, welche das körperliche und geistige Wachstum und alle wesentlichen Stoffwechselprozesse steuern.

36. Diese Drüsen herrschen über sämtliche lebenswichtigen Funktionen und wirken in einer engen Beziehung zusammen, welche sich mit einem firmenübergreifenden Gesellschafter-Netzwerk vergleichen lässt.

37. Sie liefern die körpereigenen Sekrete – oder Hormone, die darüber bestimmen, ob wir hochgewachsen oder klein, attraktiv oder unscheinbar, geistreich oder schwerfällig, mürrisch oder freundlich sind.

---

23) Anm. d. Übers.: Im Original Sing. *it* hat hier keinen eindeutigen Bezug. Gemeint ist der *current [of molecules]*, (31).

24) Nicolas Camille Flammarion (*26.02.1842 – †03.06.1925).

25) Anm. d. Übers.: Im Original *regenesis* (von griech. *genesis:* „Geburt", „Schöpfung", „Entstehung").

26) Der attische Redner Lycurgus von Athen (396 – 323 v. Chr.).

27) Anm. d. Übers.: Vermutl. der christl.-gnostische Lehrer Valentinus („Valentinian", ca. 100 – 160 n. Chr.).

38. Sir William Osler, einer der großen Denker der Welt, sagte: „Denn der menschliche Körper ist ein summender Bienenstock voller arbeitender Zellen mit ihren jeweils spezifischen Funktionen, allesamt der Zentralsteuerung durch das Gehirn und das Herz untergeordnet, und allesamt auf Sekrete aus den Drüsen angewiesen, welche das Räderwerk des Lebens schmieren. Wenn man beispielsweise die Schilddrüse entfernt, die gleich unterhalb des Adamsapfels liegt, entzieht man dem Menschen die Gleitmittel, die seinem Denkapparat das Arbeiten ermöglichen, und seine gespeicherten Bewusstseinsinhalte werden für ihn nach und nach unzugänglich, und innerhalb eines Jahres versinkt er in Demenz. Die normalen Stoffwechselprozesse der Haut werden eingestellt, und die Haare fallen aus, die Gesichtszüge werden aufgedunsen, und das Vorbild der Tiere[28] wird in eine ungestalte Karikatur des Menschseins umgewandelt."

39. Es gibt sieben Hauptdrüsen: die Hirnanhangdrüse, die Schilddrüse, die Bauchspeicheldrüse, die Nebenniere, die Zirbeldrüse, die Thymusdrüse und die Geschlechtsdrüsen. Welche allesamt den Stoffwechsel des Körpers steuern und über all seine lebenswichtigen Funktionen bestimmen.

40. Die Hirnanhangdrüse ist eine kleine Drüse ungefähr in der Mitte des Kopfes, unmittelbar unterhalb der dritten Hirnkammer, wo sie in einer Vertiefung der Bodenplatte des Schädels liegt. Ihre Sekrete tragen wesentlich zur Aktivierung der Kohlenhydrate, zur Aufrechterhaltung des Blutdrucks, zur Anregung weiterer Drüsen und zur Aufrechterhaltung des Spannungszustandes des sympathischen Nervensystems bei.

41. Die Schilddrüse befindet sich an der vorderen Unterseite des Halses, von wo aus sie sich, gewissermaßen halbkreisförmig ansteigend, nach bei-

---

28) Anm. d. Übers.: Wortlaut im Original *the paragon of animals*, ein verstecktes Zitat aus Shakespeare, "Hamlet" (ders. in II, 2).

den Seiten hin erstreckt. Das Schilddrüsensekret ist sowohl für die Aktivierung von Proteiden als auch von Kohlenhydraten wichtig; es regt andere Drüsen an, stärkt die Infektabwehr, beeinflusst den Haarwuchs und wirkt auf die Verdauungs- und Ausscheidungsorgane ein. Sie ist stark ausschlaggebend für die gesamte körperliche Entwicklung sowie für das mentale Funktionieren. Das Gleichgewicht der Schilddrüse gewährleistet einen dynamischen, effizienten und gut eingestellten Verstand und Körper.

42. Die Nebennieren liegen gleich oberhalb des Kreuzes. Diese Organe werden bisweilen auch als „Schönheitsdrüsen" bezeichnet, weil es zu ihren Funktionen gehört, die richtige Verbindung und Verteilung der Körperpigmente aufrechtzuerhalten. Doch von noch größerer Bedeutung ist die Wirkung des Nebennierensekrets auf anderen Ebenen. Die Sekrete enthalten einen äußerst wertvollen Blutdruckwirkstoff und wirken kräftigend auf das sympathische Nervensystem, damit auf die unwillkürliche Muskulatur, das Herz, die Arterien, und die Eingeweide. Diese Drüsen reagieren auf bestimmte emotionale Reizungen mit einem unmittelbaren Anstieg der Sekretausschüttung, was die Energie des gesamten Systems ansteigen lässt und dieses für wirkungsvolle Reaktionen bereit macht.

43. Die Zirbeldrüse ist ein kleines konisches Gebilde hinter der dritten Hirnkammer. In der Antike wurde erkannt, dass diese Drüse von enormer Bedeutung war, und man sprach von ihr[29] als einer „spirituellen Mitte", als dem Sitz der Seele und möglicherweise ewiger Jugend oder ewigen Lebens. Sie liegt nahe der Oberseite und an der Rückseite des Kopfes.

---

29) Anm. d. Übers.: Im Original *and [it] was spoken of* (der Text wurde um das fehlende Substantiv ergänzt).

44. Die Thymusdrüse liegt am oder nahe dem unteren Halsende, gleich unterhalb der Schilddrüse. Sie soll nur für Kinder unentbehrlich sein,[30] doch wäre es nicht möglich, dass in der Rückentwicklung dieser Drüse eine der Ursachen vorzeitiger Senilität liegt?

45. Die Bauchspeicheldrüse liegt gleich hinter dem Bauchfell unweit des Magens. Diese Drüse unterstützt die Verdauung, und wenn sie unzureichend arbeitet, kann ein Zuckerüberschuss produziert werden, der Diabetes und andere ernste Störungen verursacht.

46. Die Geschlechtsdrüsen befinden sich am unteren Teil des Bauchraums. Durch das Funktionieren dieser Drüsen wird Leben erzeugt, und der Prozess der Fortpflanzung wird fortgesetzt.

47. Wenn die Sekrete aus diesen Drüsen nicht für Zeugungszwecke benötigt werden, werden sie dem Zellenleben zugeführt, um die Energie, Stärke und Vitalität zu beleben.

48. Wenn sie nicht arbeiten, setzen Depression und allgemeine Schwäche ein.

49. Daran wird deutlich, dass wir, wenn es uns auf irgendeine Weise gelingt, diese Drüsen zur Aufrechterhaltung ihrer Funktionen zu bringen, unsere Gesundheit, Stärke und Jugend auf unbestimmte Zeit erneuern können. Dem ist so, weil die Schilddrüse lebenswichtige Energie bildet, die Hirnanhangdrüse den Blutdruck regelt und mentale Energie entwickelt, die Bauchspeicheldrüse die Verdauung und den körperlichen Elan steuert, die Nebennieren Schwung und Ehrgeiz liefern, und weil die Geschlechtsdrüsen jene Sekrete steuern, die als Jugend, Stärke und Kraft zum Ausdruck kommen.

---

30) Anm. d. Übers.: Diese Ansicht ist inzwischen überholt. Grund der Annahme war die Tatsache, dass die Thymusdrüse sich bereits im Jugendalter durch Involution zurückbildet, sodass beim Erwachsenen nur noch ein Restkörper verbleibt.

50. Wir können das Wirkprinzip der Drüsen besser nachvollziehen, wenn wir uns entsinnen, dass die Sonnenstrahlen durch die sieben verschiedenen Planeten[31] in sieben verschiedene Töne, Farben oder Qualitäten unterteilt werden, und dass diese durch die sieben Plexus[32] entlang der Wirbelsäule in das menschliche System einströmen. Von hier aus sehen wir, dass dieses Leben zu den sieben Hauptdrüsen des Körpers weitergeleitet wird, von wo aus es alle Lebensfunktionen steuert und beherrscht.

51. Unglücklicherweise jedoch blockt gewöhnliches Fensterglas so gut wie alle ultravioletten Strahlen ab, welche das Allerwichtigste für die Aufrechterhaltung von Gesundheit und Vitalität sind. Einige wenige Heilanstalten und Krankenhäuser haben sich spezielle Fenster aus Quarzglas anfertigen lassen, das für diese ultravioletten Strahlen durchlässig ist.

52. Wenn die Drüsen mit den ultravioletten Strahlen versorgt werden, die uns bislang vorenthalten wurden, wird ein bemerkenswertes Maß an Vitalität die Folge sein – also mentaler und körperlicher Elan. Tatsächlich ist schon bekannt, dass Cholesterin durch die Einwirkung der ultravioletten Strahlen in ein Vitamin umgewandelt werden kann, und es ist denkbar, dass weitere inerte[33]Substanzen in gleicher Weise aktiviert werden können.

53. Auch die infraroten Strahlen wurden als ein überaus wertvolles Heilbehandlungsmittel erkannt. Es werden bestimmte Spezialgewebe dafür verwendet, diese Strahlen durchzulassen.

---

31) Anm. d. Übers.: Gemeint sind vermutlich die okkulten Planeten entspr. Chaldäischer Reihe: Saturn – Sonne – Mond – Mars – Merkur – Jupiter – Venus (vgl. die okkulten Planeten in der Anthroposophie; vgl. Ptolemäisches System).

32) Anm. d. Übers.: Im Original *plexi* (von lat. „Geflecht"), Geflechte aus Nervenfasern oder Blutgefäßen.

33) Lat. „untätig", „unbeteiligt", „träge".

54. Schlussfolgerungen aus Experimenten einiger der weltweit führenden Wissenschaftler, die vor über fünfzehn Jahren durchgeführt wurden,[34] gehen in die Richtung, dass es dem physischen Leib des Menschen möglich sein wird, in solch hohem Maße gereinigt und empfänglich zu werden, dass sein Leben ohne ein Sterben von Zeitalter zu Zeitalter fortdauern könnte. Die Eingänge und Ausgänge des Körpers können so perfekt abgestimmt werden, dass der Organismus nicht altert, sondern von Tag zu Tag wiederhergestellt wird.

55. Die Vibrationskraft des Lebens kann so hochgradig angeregt und in solchem Ausmaß durch das Gewebe abgestrahlt werden, dass dieser aus Lehm geformte Mensch wirklich ein Tempel des lebenden Gottes zu werden vermag, nicht mehr bloß ein Behältnis für unbewusste und unkontrollierte Intelligenz.

56. Durch sehr einfache Gesundheitspflege können wir jede Erscheinungsform des Lebens stark verlängern. Daher haben wir Grund zu der Annahme, dass eine umfassende Kenntnis von der Vibrationskraft und ihrem Einfluss auf die Körperstruktur den Organismus unterstützen wird, die Ausdrucksformen von Leben beständig zu machen.

57. Sterben ist keine notwendige, unvermeidliche Konsequenz oder Begleiterscheinung des Lebens. Sterben ist biologisch gesehen eine relativ neue Angelegenheit, welche erst aufkam, als die lebenden Dinge weit auf dem Pfad der Evolution vorangeschritten waren.

58. Einzellige Organismen haben sich unter kritischer experimenteller Beobachtung als unsterblich erwiesen. Sie vermehren sich durch einfache Körperteilung, wobei aus einem Einzelwesen zwei werden. Dieser Prozess

---

34) Anm. d. Übers.: Haanel bezieht sich vermutl. auf die Ursprünge der modernen Regenerationsforschung (um 1900).

kann ohne ein dauerhaftes Absinken der Zellteilungsrate und ohne von einem Verjüngungsprozess unterbrochen zu werden, unendlich lange weitergehen, sofern das günstige Entwicklungsmilieu der Zellen aufrechterhalten bleibt. Die Keimzellen aller geschlechtlich getrennten Organismen sind in einem ähnlichen Sinne unsterblich. Auf eine Formel gebracht, kann man sagen, dass das befruchtete Ei einen Zellkörper und weitere Keimzellen produziert. Der Zellkörper stirbt schließlich ab. Einige der Keimzellen haben zuvor ihrerseits Zellkörper und Keimzellen produziert, und so geht es in einem dauernden Kreislauf weiter, der seit dem Erscheinen mehrzelliger Organismen auf der Erde bislang kein Ende genommen hat.

59. So lange die Fortpflanzung bei diesen mehrzelligen Arten auf diese Weise weitergeht, gibt es keinen Platz fürs Sterben.

60. Das erfolgreiche Heranzüchten von Gewebe höherer Wirbeltiere über unbestimmte Zeiträume beweist, dass der Tod überhaupt keine notwendige Begleiterscheinung zellulären Lebens ist.

61. Man kann geradezu sagen, dass die Beweisführung einer potenziellen Unsterblichkeit aller lebenswichtigen zellullären Körperbestandteile entweder vollständig erbracht wurde oder so weit[35] vorangebracht, dass ihre Wahrscheinlichkeit sehr groß erscheint. Wenn man die Ergebnisse der Gewebekultur-Forschung der letzten beiden Jahrzehnte verallgemeinert, ist es höchst wahrscheinlich, dass die Zellen sämtlicher lebenswichtiger Gewebe des vielzelligen Körpers potenziell unsterblich sind, wie ersichtlich wird, wenn man sie unter solchen Bedingungen separiert, dass man geeignete Nahrung im richtigen Maß zuführt und schädliche Stoffwechselprodukte sofort entfernt.

---

35) Anm. d. Übers.: Im Original *for* wurde durch *far* ersetzt.

62. Ein wesentlicher Grund, warum die höheren mehrzelligen Tiere nicht ewig leben, scheint darin zu liegen, dass innerhalb der Ausdifferenziertheit und Spezialisierung von Zell- und Gewebefunktionen im Körper als Ganzem kein einzelner Teil die für sein dauerhaftes Fortbestehen notwendigen Bedingungen vorfindet. Innerhalb des Körpers ist jeder Teil für seinen lebenswichtigen Bedarf auf andere Teile oder auf den Aufbau des Körpers in seiner Gesamtheit angewiesen. Es sind die Ausdifferenziertheit und die Spezialisierung der untereinander abhängigen Zellanhäufungen und Gewebeverbindungen, aus denen der vielzellige Körper besteht, welche zum Tod führen, und nicht irgendein inhärenter oder unvermeidlicher tödlicher Prozess innerhalb der einzelnen Zellen selbst.

63. Wenn sich an Zellen typische Alterungserscheinungen abzeichnen, ist dieses Phänomen wahrscheinlich auf ihre einander bedingende Verbindung innerhalb des Körpers als Ganzem zurückzuführen. Es hat seinen Ursprung nicht in der jeweiligen Zelle selbst, nur wegen des Umstandes, dass die Zelle alt wäre. Es tritt in den Zellen auf, sobald diese aus der in sich abhängigen Beziehung des Körpers in seinem Gesamtzusammenhang gelöst werden. Kurz gefasst, das Sterben scheint keine grundlegende Eigenschaft der physiologischen Wirtschaftlichkeit einzelner Zellen an sich zu sein, sondern vielmehr eine des Körpers im Ganzen.

64. Neueste Untersuchungen haben eindeutig gezeigt, dass Gewebe und Zellen des menschlichen Körpers nicht zwangsläufig zugrunde gehen müssen. Früher dachte man, dass es keinen Weg gäbe, Senilität abzuwenden, und dass der altersbedingte Zellabbau praktisch vorprogrammiert ist, was nun einmal Verschleiß bedeutet. Dies ist in Anbetracht der modernen Wissenschaft jedoch nicht länger aufrechtzuerhalten. Das Studium der Drüsen hat viele Physiker davon überzeugt, dass die menschlichen Zellen sich regenerieren oder fortwährend erneuert werden können, und dass

etwas Derartiges wie das Altern um einige hundert Jahre aufgeschoben werden kann.

65. Bekanntlich dauert es ein Leben lang, wertvolle Erfahrung zu sammeln. Die leitenden Köpfe der großen Betriebe sind vielfach älter als sechzig Jahre, und man sucht ihren Rat, weil sie während all dieser Jahre höchst wertvolle Erfahrung gesammelt haben. Daher scheint es von Bedeutung zu sein, die Lebensspanne verlängern zu können, und tatsächlich deutet gegenwärtig einiges darauf hin, dass dies geschehen kann und wird.

66. Einige unserer besten Fachleute sehen keinen Grund, warum ein menschliches Wesen nicht das Alter von mehreren hundert Jahren erreichen sollte. Und nicht etwa als eine außerordentliche Rekordleistung, sondern als guter Durchschnitt verstanden. Gewiss leben derzeit Menschen, die hundertfünfundzwanzig Jahre alt sind, aber selbstverständlich sind dies Ausnahmen. Gesundheitswissenschaftler behaupten, dass die Zielmarke von zweihundert Jahren eines zukünftigen Tages erreicht werden wird. Wenn wir innehalten, um daran zu denken, dass die durchschnittliche Lebensdauer früher bei vierzig Jahren lag und wir den Fünfzigjährigen heute als in seinen besten Jahren ansehen, wer weiß denn, ob in fünfzig Jahren ein Mensch in seinen besten Jahren hundert oder hundertfünfzig Jahre alt sein wird?

67. Dr. Monroe, ein angesehener britischer Physiker und Wissenschaftler, sagt, „Der menschliche Körperbau als Maschine betrachtet trägt in sich keine Anzeichen, anhand derer wir vielleicht seinen Verfall vorausberechnen könnten. Er ist anscheinend dafür angelegt, für immer zu funktionieren."

68. Die Nerven sind dünne, verschiedenfarbige Fäden, die jeweils eine besondere chemische Affinität zu bestimmten organischen Substanzen wie

Fett oder Eiweiß haben, über und durch welche der Organismus materialisiert wird und der Prozess des Lebens weitergeht.

69. Die Imagination dürfte mit Leichtigkeit erfassen, dass diese zarten, unendlich feinen Fasern Saiten der Menschlichen Harfe[36] sind und die molekularen Mineralstoffe die Finger der Unendlichen Energie, welche die Töne eines Göttlichen Lobgesangs anschlagen.

70. Doch aus all den Massen der Eingeweihten oder Lehrer, die das Licht über den Drei Pfeilern der Magischen Brücke am Brennen hielten, hat keiner in klareren und schöneren Worten hiervon geschrieben als der große Dichter Jesaja[37]:

71.: „Dann sollen die Augen der Blinden geöffnet und die Ohren der Tauben erweckt werden. Dann soll der Lahme springen wie ein Hirsch und die Zunge des Stummen laut jubeln; denn in der Wüste werden Gewässer hervorbrechen, und Flüsse in der Einöde. Und der glutheiße Sand soll zu Wasser werden, und der dürstende Boden zu Quellen. In den Gründen der Schakale soll, wo diese lagen, Schilf und Buschwerk wachsen. Und eine Straße soll dort sein, und ein Weg, der „Weg der Heiligkeit" heißen soll. Die Unreinen sollen ihn nicht überqueren, doch er gehört den Erlösten. Der Reisende, sogar die Narren werden hier nicht irregehen."[38]

---

36) Anm. d. Übers.: Der Begriff entstammt der „Geheimlehre" Helena Petrovna Blavatskys (*31.07.1831 – † 08.05.1891), Mitgründerin der 1875 in New York gegründeten Theosophischen Gesellschaft.
37) Anm. d. Übers.: Prophet der Hebräischen Bibel um 740 v. Chr. (vgl. Verheißung des Messias, „Jesaja-Apokalypse").
38) Anm. d. Übers.: Haanel zitiert aus dem Buch Jesaja, Kap. 35, Verse 5 – 8.

Die Sicht[39]

Sah auf die Welt mit von Sorge zerfurchtem Blick,
Da waren die verschatteten Wege fleckig und grau;
Zorn und Habsucht, Eifersucht und Hassgefühle
Trübten die Sicht auf die in Sonne gehüllten Jahre.

Sah auf die Welt mit einem Lied voller Seele,
Da bliesen liebliche Zephyrn[40] über die alten Zeiten;
Wehten den Frieden heran, den ich so lange ersehnt –
Als von Sonne getriebenes Licht auf den Thymianfeldern[41].

Folge dem Denken, und geläuterte Gedanken
Leuchten durchs Dunkel, und die Dunkelheit weicht.
Gedanken sind die Regler der Klangharmonien
Jener Glocken, die in den Goldenen Auen läuten.

(Nate Collier)

---

39) Anm. d. Übers.: Im Original *The View* hat vielschichtige Konnotationen, insbes. (mentale) Betrachtung, Ansicht, Sicht (von), Überblick, Blick (auf), Ausblick, Aussicht (auf) – welche die dt. Übersetzung nur anteilig erfasst; z. B. kann *view* als „Ansicht" und „Aussicht" zugleich gedeutet werden.
40) Anm. d. Übers.: Der *Zephyr* ist eine Gestalt aus der griech. Mythologie, die den Westwind verkörpert, ein Windgott oder Windgeist.
41) Anm. d. Übers.: Seit der Verwendung von Thymian zur Einbalsamierung ägypt. Pharaonen galt das Heilkraut lange Zeit als Todessymbol; der Textkontext deutet auf Grabstätten hin.

Teil siebenundzwanzig

Das Auflösen der Furcht

Master Key
Lost Chapters

1. Deine Emotionen sind ständig bestrebt, sich in Aktivität auszudrücken. Deswegen sucht das Gefühl der Liebe seinen Ausdruck im Erweisen von Liebesdiensten.

2. Hassgefühle suchen ihren Ausdruck in rachsüchtigen oder feindseligen Handlungsweisen.

3. Schamgefühle suchen ihren Ausdruck in Handlungen, die dem Wesen dessen entsprechen, was die Emotion hervorrief.

4. Gefühle der Traurigkeit versetzen die Tränenkanäle in heftige Aktivität.

5. Hieran kannst du erkennen, dass die Emotionen die Energien immer auf die Vorstellung oder Sehnsucht richten, welche nach einem Auslass sucht.

6. Finden die Emotionen ihren Auslass über den richtigen Kanal, ist alles gut und schön; werden sie jedoch untersagt oder unterdrückt, wird das Begehren oder Anliegen weiterhin Energie binden, und wenn es schließlich aus irgendeinem Grunde unterdrückt wird, versinkt es im Unterbewussten, wo es erhalten bleibt.

7. Eine solche unterdrückte Emotion wird zu einer fixen Idee. Eine solche fixe Idee ist etwas Lebendiges – sie hat vitale Kraft und Macht, und diese Lebenskraft bewahrt ihre unverminderte Stärke über das gesamte Leben hinweg, wenn sie nicht freigesetzt wird. Tatsächlich gewinnt sie mit jedem ähnlichen Gedanken, Begehren, Wunsch oder Erinnerungsbild an Heftigkeit.

8. Das Gefühl der Liebe versetzt den Solarplexus in Aktivität, was wiederum die Drüsentätigkeit beeinflusst, von welchen eine vibrierende Wirkung auf bestimmte Körperorgane ausgeht, welche ihrerseits Leidenschaft hervorruft. Das Gefühl des Hasses verursacht eine Beschleunigung von bestimmten Körperaktivitäten, was die chemische Zusammensetzung des

Blutes verändert und als Teillähmung oder, bei anhaltendem Zustand, als vollständige Lähmung in Erscheinung tritt.

9. Emotionen können durch mentale, verbale oder körperliche Aktivität ausgedrückt werden, und sie schlagen sich für gewöhnlich in einer dieser drei Formen nieder und werden dadurch freigesetzt, so dass diese Energie binnen weniger Stunden abgeleitet wird; werden diese Gefühle aber aus Gründen der Ehre, des Stolzes, des Zorns, des Hasses oder der Verbitterung vor dem bewussten Verstand verborgen, entwickeln sie sich zu mentalen Abszessen im Bereich des Unterbewussten und verursachen bitteres Leid.

10. Eine solche fixe Idee kann sich auch auf umgekehrte Weise niederschlagen. So zum Beispiel kann sich ein Mann, dem es versagt wurde, seine Liebe zu einer Frau auszudrücken, zu einem Frauenfeind entwickeln. Er kann sich vom Anblick femininer Dinge gereizt und belästigt fühlen. Er kann so tun, als sei er verwegen, unabhängig und überlegen, doch dies wird nichts als die Tarnung sein, mittels der er sich bemüht, die Sehnsucht nach Liebe und Mitgefühl, die ihm verweigert wurden, zu vertuschen.

11. Sollte dieser Mensch letztendlich einen Partner wählen, wird er unbewusst einen gegensätzlichen Typ dessen auswählen, welcher ihm Kummer bereitet hat. Die Zuneigung hat sich umgekehrt – er möchte seine Erinnerung nicht neu beleben.

12. Leiden ist eine Emotion und öffnet dem Unterbewusstsein Tür und Tor. Der Gedanke, „Das habe ich nun von meinem Fehlverhalten", erzeugt den Entschluss, „Also, das mache ich nicht noch mal!" Dies ist der Verbesserungsvorschlag, der sich durch Autosuggestion des Individuums, welches sich selbst bestraft, ins Unterbewusstsein absenkt. Hierdurch fin-

det Umgestaltung statt, weil es[42] das Herzensanliegen umwandelt und, zur Vermeidung der Leidensfolgen, die ihm durch die Selbstbestrafung vor Augen geführt wurden, zugleich durch ein neues Verlangen ersetzt.

13. Verlangen entspringt dem Unterbewusstsein. Es ist eindeutig eine Emotion. Emotionen haben ihren Ursprung in der Seele oder dem Unterbewusstsein. Angenehme Emotionen sind hier Entspannung und Belohnung für Dienste, die das Unterbewusstsein für den Körper erbringt.

14. Du hast gesehen, dass das sympathische Nervensystem, wann immer ein Gedanke, eine Vorstellung oder eine Absicht durch die Emotionen ins Unterbewusste gelangt, diesen Gedanken, diese Vorstellung oder diese Absicht aufgreift und in jeden Teil des Körpers überträgt, wodurch die Vorstellung, der Gedanke oder die Absicht in eine tatsächlich erlebte Erfahrung umgewandelt wird.

15. Die hierfür nötige Interaktion zwischen dem Verstand und dem Unterbewusstsein erfordert eine gleichartige Interaktion zwischen den entsprechenden Nervensystemen.[43] Das Zentralnervensystem ist der Kanal, durch welchen wir die bewusste Wahrnehmung von den physischen Sinnen her empfangen und Kontrolle über die Bewegungen des Körpers ausüben. Das Zentrum dieses Nervensystems befindet sich im Gehirn.

16. Jede Erklärung für die Erscheinungen des Lebens muss auf der Theorie des Einsseins gründen. Das psychische Element, das sich in allen lebenden Substanzen findet – jene Kosmische Intelligenz – muss schon vorhanden gewesen sein, bevor lebende Substanz entstand, und demzufolge existiert

---

42) Anm. d. Übers.: Im Original *it* bezieht sich im Text auf *subconscious mind*, i. e. das Unterbewusstsein als Agens.

43) Anm. d. Übers.: Im Original *interaction between the corresponding system* (sic). – Die bezeichneten Systeme sind das Zentralnervensystem als Kanal der bewussten Wahrnehmung (15) und das sympathische Nervensystem als Steuerungsorgan des Unterbewusstseins (17).

sie heute überall um uns herum, wobei sie in uns und durch uns strömt. Diese Kosmische Bewusstheit bildet sich selbst in der Gestalt lebender Substanz ab, und sie agiert bei der Erzeugung ihrer Nahrungsversorgung und darin, Ordnungen zu höheren und immer höheren Lebensstufen hin zu entwickeln, mit einer bewussten Intelligenz.

17. Dieses Kosmische Bewusstsein ist das Kreative Prinzip des Universums – die Göttliche Essenz aller Dinge. Es ist daher eine unterbewusste Aktivität, und alle unterbewussten Aktivitäten werden vom sympathischen Nervensystem gesteuert, welches das Organ des Unterbewusstseins ist.

18. Keine menschliche Intelligenz konnte jemals die Ergebnisse erzielen, die die Kosmische Intelligenz in Form der Ausgestaltung eines chemischen Labors unmittelbar in den Grundfesten pflanzlichen Lebens und der Erzeugung von komplizierten mechanischen Vorrichtungen und harmonischer sozialer Ordnung unmittelbar in unseren Körpern hervorgebracht hat.

19. In der Mineralwelt ist alles fest und unveränderlich. Im Tier- und Pflanzenreich ist alles im Wandel begriffen - in unaufhörlicher Veränderung und ständigem Erschaffenwerden und Wiedererschaffenwerden. In der Atmosphäre finden wir Wärme, Licht und Energie vor. Die einzelnen Gefilde werden nach und nach feiner und spiritueller, wenn wir vom Sichtbaren zum Unsichtbaren, vom Groben zum Feinen, und vom geringen Wirkungsvermögen zum hohen Wirkungsvermögen übergehen. Wenn wir beim Unsichtbaren angelangt sind, stoßen wir dort auf Energie in ihren reinsten und höchst flüchtigen Zuständen.

20. Und so wie die stärksten Kräfte der Natur die unsichtbaren Kräfte sind, so stellen wir fest, dass die stärksten Kräfte des Menschen seine unsichtbaren Kräfte sind – nämlich seine spirituelle Kraft. Die einzige Weise, auf

die die spirituelle Kraft in Erscheinung treten kann, ist über den Prozess des Denkens.

21. Daher sind Addition und Subtraktion spirituelle Übertragungen; Schlussfolgern ist ein spiritueller Prozess; Vorstellungen sind spirituelle Empfängnisse; Fragen sind spirituelle Suchscheinwerfer, und Logik, Beweis und Philosophie sind spirituelle Mechanismen.

22. Jeder Gedanke bringt bestimmte Körpergewebe, Teile des Gehirns, der Nerven oder Muskeln in Bewegung. Daher bedarf es lediglich einer bestimmten Menge an Gedanken zu einem gegebenen Thema, um eine völlige Veränderung deiner stofflichen Ordnung zu bewirken.

23. Gedanken des Mutes, der Kraft und der Inspiration werden schließlich Wurzeln schlagen, und indem dies geschieht, wirst du das Leben in einem neuen Licht sehen. Du wirst wiederaufgebaut sein und erfüllt von Freude, Zuversicht, Hoffnung und Energie! Du wirst Chancen wahrnehmen, für die du bisher blind gewesen bist. Du wirst Möglichkeiten erkennen, welche zuvor keine Bedeutung für dich hatten. Die Gedanken, von denen du durchdrungen bist, werden zu den Menschen um dich herum ausgesendet, und diese wiederum helfen dir, nach vorn zu gehen und aufzusteigen. Du ziehst neue Kontakte an, und dies wiederum verändert dein Umfeld. Durch die einfache Ausübung des Denkens veränderst du nicht nur dich selbst, sondern deine Umgebung, deine Verhältnisse und deine Lebensumstände.

24. Diese Veränderungen werden durch das psychische Element des Lebens bewirkt. Dieses psychische Element ist nicht mechanisch. Aufgrund ihres Selektionsvermögens, ihres Ordnungs- und Ausrichtungsvermögens kann eine solche Kraft nicht unwillkürlich- mechanisch sein.

25. Die Kosmische Intelligenz verfügt über die Funktion des Gedächtnisses, um alle gesammelten Erfahrungen speichern zu können und sich auf

höheren Seinsebenen abzubilden und zu gestalten. Diese Gedächtnisfunktion ist die ererbte, richtungsweisende Kraft, welche lebenden Organismen innewohnt.

26. Diese ererbte richtungsweisende Kraft tritt oft als Furcht zutage. Furcht ist eine Emotion. Sie ist somit nicht dem Verstand zugänglich. Du kannst deine Freunde daher ebenso fürchten wie deine Feinde, oder dich vor der Gegenwart und Vergangenheit ebenso fürchten wie vor der Zukunft. Wenn dich die Furcht befällt, muss sie abgebaut werden.

27. Es dürfte dich interessieren, wie dies bewerkstelligt werden kann. Der Verstand wird dir nicht die geringste Hilfe sein, weil Furcht ein unterbewusster Gedanke ist – also ein Produkt der Emotion. Folglich muss es einen anderen Weg geben.

28. Die entsprechende Lösung ist, den Solarplexus zu wecken. Bring ihn in Gang. Wenn du die Tiefenatmung[44] geübt hast, kannst du deinen Bauchraum aufs Äußerste dehnen. Dies ist der erste Schritt. Halte nun den Atem für ein, zwei Sekunden an, dann hole, noch während du ihn hältst, noch tiefer Luft, bringe diese in den oberen Brustraum und ziehe dabei den Bauch ein.

29. Diese Anstrengung treibt dir das Blut ins Gesicht. Halte diese Luft ebenfalls für ein oder zwei Sekunden an, und dann lasse, noch während du den Atem anhältst, die Luft aus dem Brustkorb und weite den Bauch wieder aus. Atme diese Luft nicht etwa aus, sondern dehne, während du sie anhältst, schnell im Wechsel Bauch und Brustkorb um die vier bis fünf Mal. Atme dann aus. Die Furcht ist verschwunden.

---

44) Der Herausgeber empfiehlt zur Aneignung der richtigen Atemtechnik die Lektüre von „The Amazing Secrets of the Yogi" von Charles F. Haanel/ Victor S. Pereira (1937).

30. Wenn dich die Furcht nicht sofort verlässt, wiederhole den Ablauf, bis sie es tut. Es wird nicht lange dauern, bis du dich vollkommen normal fühlst. Warum? Vor allem deswegen, weil diese in der Magengrube konzentrierte Atmungsarbeit auf den genau gegenüberliegenden großen Nervenknoten des sympathischen Nervensystems einwirkt. Dies ist der Solarplexus, welcher vor allem den Kreislauf steuert.

31. Die Reizung des Solarplexus gibt die Nervenströme frei, und der erneuerte Kreislauf stellt die Muskelkontrolle wieder her.

32. Der durch das rechte Nasenloch eintretende Atem erzeugt positive elektromagnetische Ströme, welche an der rechten Seite des Rückgrats hinunterlaufen, während der durch das linke Nasenloch eintretende Atem elektromagnetische Ströme entlang der linken Seite des Rückgrats hinabsendet. Diese Ströme werden über die Nervenzentren oder Ganglien des sympathischen Nervensystems weitergeleitet.[45]

33. Man könnte praktisch sagen, wir lebten und bewegten uns, und wir bezögen unser Dasein, physisch gesehen, durch die Sonne. Diese Kraft oder Energie strömt mit jedem Einatmen in das ätherische Milzchakra ein.[46] Während sie ins Milzchakra fließt, saugt der Solarplexus sie mit jedem Ausatmen an, und vom Solarplexus aus läuft sie entlang der Nervenbahnen zum Kreuzbeingeflecht am äußersten Ende des Rückgrats und zum Plexus cardiacus[47], dem Herzstück des Gehirns[48]. Dies sind die drei Hauptzentren des Körpers.

---

45) Anm. d. Übers.: Vgl. hierzu ausführlicher „Das verborgene Himmelsbrot" (20ff).

46) Anm. d. Übers.: Die sieben Chakren oder feinstofflichen Hauptenergiezentren des Menschen verlaufen entlang der Wirbelsäule bzw. in der senkrechten Mittelachse des Körpers (1. Wurzel-, 2. Sakral- oder Milz-, 3. Solarplexus-, 4. Herz-, 5. Kehlkopf-, 6. Stirn- und 7. Scheitelchakra).

47) Anm. d. Übers.: Ein feines Nervengeflecht an der Basis des Herzens.

48) sic! – Haanel greift neurokardiologischen Forschungsergebnissen des späten 20. Jahrhunderts voraus, welche den Austausch zwischen Herz und Gehirn (u. a. die Beeinflussung von Intelligenz und

34. Vom Plexus cardiacus aus strömt diese Lebensenergie über die Nervenbahnen bis zum Kopf. Wieder auf dem Weg nach unten, fließt sie über das psychische Zentrum. Dann durchläuft sie die Gesichtsnerven, dann das Bronchienzentrum, die Vorderseite des Halses, das Lungenzentrum, den oberen Brustkorb und die Lungen, das untere Lungenzentrum, welches oberhalb des Herzens sitzt, das energetische und generative Zentrum mit Sitz an der Unterseite des Bauches; und so macht die Lebensenergie die Runde durch die Nervenbahnen, bis sie sich langsam durch die Hautporen ihren Weg nach außen bahnt.

35. Du wirst daher gleich sehen, warum diese Übung die Furcht, jenen Erzfeind, vollständig auflösen kann und wird.

36. Wenn du müde bist, wenn du Müdigkeit überwinden möchtest, bleib stehen, wo immer du gerade bist und lass deine Füße dein volles Gewicht tragen. Atme tief ein und hebe deinen Körper auf die Zehenspitzen, mit über dem Kopf ausgestreckten Händen und nach oben gerichteten Fingern. Bring deine Hände über dem Kopf zusammen, atme langsam ein und heftig aus. Wiederhole diese Übung drei Mal. Es wird nur ein, zwei Minuten dauern, und du wirst dich erfrischter fühlen als nach einem kurzen Schlaf. Mit der Zeit wirst du so die Neigung zum Ermüden überwinden können.

37. Der Wirksamkeit dieser Übung liegt in der Absicht begründet. Die Absicht steuert die Aufmerksamkeit. Dies wiederum wirkt sich auf die Imagination aus. Imagination ist eine Form des Denkens, welches seinerseits wiederum Bewusstsein in Bewegung ist.

Bewusstsein durch das Herz) nachweisen konnten. (Vgl. hierzu u. a. das Konzept des funktionellen "Herzgehirns", Dr. J. Andrew Armour, 1991.)

38. Alle Gedankenformationen wirken wechselseitig aufeinander ein, bis sie einen Zustand der Reife erreicht haben, bei dem sie ihresgleichen reproduzieren. Dies ist das Gesetz der Schöpfung. Sie werden in den besonderen Eigenschaften des Einzelnen widergespiegelt. Wenn der Körper groß ist, die Knochen schwer, die Fingernägel stark, und die Haare grob, dann wissen wir, dass das Körperliche überwiegt. Ist der Körper zart, sind die Knochen schmal, die Fingernägel dünn und biegsam, dann wissen wir, dass die mentalen und spirituellen Eigenschaften überwiegen. Grobes Haar deutet auf materialistische Neigungen hin. Feines Haar weist auf empfindliche und anspruchsvolle mentale Qualitäten. Glattes Haar lässt Geradlinigkeit des Charakters erkennen. Gewelltes Haar deutet Veränderlichkeit und Unklarheit des Denkens an.

39. Blaue Augen deuten auf ein unbeschwertes, fröhliches, heiteres, lebhaftes Naturell hin. Graue Augen kennzeichnen ein kühles, berechnendes, zielstrebiges Naturell. Schwarze Augen lassen ein waches, reizbares, kühnes Naturell erkennen. Braune Augen deuten Aufrichtigkeit, Tatkraft und Zuneigung an.

40. Somit bist du eine regelrechte Manifestation deiner allerinnersten Gedanken. Die Farbe deiner Augen, die Beschaffenheit deiner Haut, die Struktur deiner Haare, und jede Linie und Rundung deines Körpers sind Hinweise auf die Art der Gedanken, die du zu hegen pflegst.

41. Dies ist nicht alles, denn auch die Briefe, die du schreibst, überbringen nicht nur die in den Wörtern enthaltene Botschaft, sondern sie sind mit einer Energie aufgeladen, die der Natur deines Denkens entspricht; und daher überbringen sie häufig eine ganz andere Botschaft als jene, die du beabsichtigt hattest.

42. Und letztlich nimmt sogar die Kleidung, die du trägst, schließlich jene mentale Atmosphäre auf, welche dich umgibt, so dass ein geschulter Psy-

chometriker keine Schwierigkeit darin findet, anhand von beliebig lange getragenen Kleidungsstücken auf die Eigenschaften ihrer Träger zu schließen.

Teil achtundzwanzig

Das Gottesgeschenk

Master Key
Lost Chapters

1. In einer gewöhnlichen Eisen- oder Stahlstange richten sich die Moleküle innerhalb des Metallkörpers zufällig aus. Die magnetischen Ströme neutralisieren sich untereinander, und es gibt keinen hiervon ausgehenden äußeren Magnetismus.

2. Wenn der Stab magnetisiert wird, ordnen sich die Moleküle dem Gesetz der Anziehung entsprechend neu: Sie drehen sich um ihre Achse und positionieren sich eher geradlinig, indem sich ihre nördlichen Polaritäten gleich ausrichten. Der geschlossene magnetische Kreis wird dadurch durchbrochen und äußerer Magnetismus hervorgerufen.

3. Die Änderungen der relativen Positionen von Eisen- oder Stahlmolekülen unter Einwirkung von Magnetismus sind nicht sichtbar, doch ihre Auswirkung lässt erkennen, dass eine Veränderung stattgefunden hat. Sobald alle Moleküle sich um ihre Achse gedreht und symmetrisch angeordnet haben, ist der Stab vollständig magnetisiert. Er kann nun nicht weiter beeinflusst werden, ganz gleich, wie stark die einwirkende Kraft sein mag.

4. Der Stab ist nun zum Magneten geworden und übt in alle Richtungen Anziehungskraft aus. Der Grad der Kraft, die der Magnet ausübt, nimmt im Verhältnis zur zunehmenden Distanz vom Magneten ab.

5. Die magnetischen Feldlinien führen ihre Kreise getrennt voneinander und schneiden, kreuzen oder vereinigen sich niemals.

6. Eine weitere Eisen- oder Stahlstange, die man ins magnetische Feld eines Magneten bringt, nimmt die Eigenschaften dieses Magneten an. Dieses Phänomen ist als „magnetische Induktion" bekannt. Letztere ist die Wirkung und Rückwirkung, die der Anziehung eines Magneten für einen magnetischen Gegenstand immer vorangeht.

7. Elektrizität ist die unsichtbare Triebfeder, die uns nur in ihren vielfältigen Ausdrucksformen bekannt ist. Du selbst bist eine vollkommene Elektroanlage. Nahrung, Wasser und Luft liefern den Kraftstoff, der Solarple-

xus ist der Akku, und das sympathische Nervensystem ist das Agens, durch welches der Körper magnetisch aufgeladen wird. Schlaf ist der Prozess, durch welchen die Batterie wiederaufgeladen wird und die lebenswichtigen Prozesse aufgefrischt und erneuert werden.

8. Das Männliche ist die positive oder elektrische Ladung, und das Weibliche ist die negative oder magnetische Ladung. Das Männliche steht für Strömung, Stärke und Energie. Das Weibliche steht für Leitung, Widerstand und Kraft.

9. Was geschieht, wenn eine Person des anderen Geschlechts in dein magnetisches Feld gelangt? Zunächst einmal kommt das Gesetz der Anziehung zum Einsatz. Dann wirst du durch den Prozess der Induktion magnetisiert und übernimmst die Eigenschaften jener Person, mit der du in Kontakt stehst.

10. Wenn eine andere Person in dein Magnetfeld eintritt, was ist es, was da vom einen zum anderen übergeht? Was verursacht jenes Erschauern und Prickeln über das gesamte sympathische Nervensystem hinweg? – Es sind die Zellen, die sich neu ordnen, um jene Ladung an Energie, Leben und Lebenskraft zu überbringen, welche vom einen zum anderen übergeht, und welche du durch den Prozess der Induktion empfängst. Du wirst magnetisiert, und bei diesem Prozess übernimmst du die Eigenschaften und Besonderheiten der Person, mit der du in Kontakt bist.

11. In jenem Magnetismus, der von Person zu Person übergeht, sind alle Freude, aller Schmerz enthalten, all die Liebe, all der Hass, die Musik, die Kunst, die Furcht, das Leid, der Erfolg, die Niederlage, der Ehrgeiz, der Sieg, die Ehrfurcht, der Mut, die Weisheit, die Tugend und die Schönheit, welche die Vererbung und die Außenwelt im Leben deiner Liebe gespeichert haben. Denn es handelt sich hier um nichts Geringeres als Liebe: Das Gesetz der Anziehung ist das Gesetz der Liebe, und Liebe ist Leben; und

dies ist die Erfahrung, durch welche das Leben zu Aktivität beschleunigt wird und wodurch sich Charaktervererbung und Schicksal bestimmen.

12. Wenn du von diesen Gedanken der Liebe, des Erfolgs, des Ehrgeizes, des Sieges, der Niederlage, des Schmerzes, des Hasses, der Furcht oder des Leids befruchtet wirst, bist du dir ihrer unmittelbar bewusst? – Ganz und gar nicht! Und warum nicht? Die Antwort hierauf ist sehr einfach und leicht verständlich: Das Gehirn ist das Organ des Verstandes, und es verfügt lediglich über fünf Wege, über welche es mit der bewussten Welt in Kontakt treten kann. Diese Wege sind die fünf Sinne: Sehen, Hören, Riechen, Tasten und Fühlen. Liebe aber ist etwas, das wir weder sehen noch hören können, noch können wir sie schmecken, riechen oder berühren. Sie ist daher eindeutig eine unterbewusste Aktivität oder Emotion. Das Unterbewusste aber hat sein eigenes Nervensystem, über welches es mit jedem Teil des Körpers verbunden ist und Empfindungen aus der Außenwelt empfängt. Der Mechanismus ist vollendet; er steuert alle lebenswichtigen Prozesse: das Herz, die Lungen, die Verdauung, die Nieren, die Leber, und die Zeugungsorgane. Die Natur hat all diese Prozesse ganz offensichtlich der Steuerung durch den Verstand entzogen und sie der Steuerung des zuverlässigeren Unterbewussten unterworfen, wo es keine Störungen gibt.

13. Wo körperlicher Kontakt hergestellt wird, entsteht eine völlig andere Situation. In diesem Fall bringen wir über den Tastsinn auch das Zentralnervensystem ins Spiel. Du erinnerst dich, dass der Verstand über fünf Wege verfügt, über die er mit der Außenwelt verbunden ist. Der Tastsinn ist einer davon, und tatsächlicher Körperkontakt setzt nicht nur das sympathische Nervensystem, sondern auch das Zentralnervensystem in Bewegung.

14. Da das Gehirn das Organ dieses Nervensystems ist, wird dir jede derartige Bewegung unmittelbar bewusst. So dass wir, wenn sowohl die Emotio-

nen als auch die Gefühle durch mentalen wie auch körperlichen Kontakt erregt werden, alle Nerven des Körpers ins Spiel bringen.

15. Der Austausch, der sich aus diesen Verbindungen ergibt, sollte förderlich, inspirierend und belebend sein, und dies ist der Fall, wenn sich die Verbindung optimal und konstruktiv gestaltet. Eine solche Verbindung wirkt sich sichtbar auf den bewussten Verstand und das Leben aus, wie die vermehrte Kraft und Zweckmäßigkeit infolge der Kreuzung von Pflanzen, Vögeln und Tieren beispielhaft zeigt. Dies Resultat bedeutet einen Zugewinn an Kraft, Nützlichkeit, Schönheit, Fülle oder Wert.

16. Das Prinzip der Anziehung bringt sich, während es durch alle Ewigkeit hindurch wirkt, in Form von Wachstum in Erscheinung. Das eine grundlegende und zwangsläufige Resultat der Anziehung ist das Zusammenfügen von Dingen, die eine Affinität zueinander haben, mit einem hierauf begründeten, ewig ansteigenden Wachstum des Lebens.

17. Du hast gesehen, was geschieht, wenn eine Person des anderen Geschlechts in dein Magnetfeld gelangt. Jetzt wollen wir näher betrachten, was passiert, wenn du dich einer weiteren Person vom selben Geschlecht näherst.

18. Aller menschliche Verkehr ist eine Frage der Anpassung, und du selbst wirst entscheidend mitbestimmen, welcher Art die Beziehung sein soll, und es liegt bei dir, darüber zu bestimmen, ob du der prädominante Faktor in der neuen Beziehung sein wirst.

19. Wenn du gibst, dann bist du der positive oder prädominante Faktor.

20. Wenn du empfängst, dann bist du der negative oder rezeptive Faktor.

21. Jeder Einzelne ist ein Magnet mit sowohl positiver als auch negativer Polarität und mit Neigungen, die eine unwillkürliche Sympathie oder Antipathie gegenüber allem bewirken, das sich nähert oder dem man sich nähert.

22. Normalerweise übernehmen die positiven Pole die Führung, und die Annäherung zweier positiver Pole aus entgegengesetzten Richtungen lässt einen Zusammenstoß vorausahnen.

23. Der Grundton[49] des Lebens ist Harmonie. Dissonanzen sind Hindernisse auf deinem Weg. Sie verdecken den tatsächlich vorhandenen Frieden, der im Kern aller Erfahrungen steckt; doch mit deinem Zugewinn an Erfahrung wächst auch deine Fähigkeit, das Gute hinter dem scheinbar Bösen wahrzunehmen, und entsprechend wächst deine Anziehungskraft.

24. So weit, dass du bis hin zum „Sättigungspunkt" magnetisiert wirst, kannst du deine Beziehung zu anderen und ihre Beziehung zu dir bestimmen.

25. Jeder Magnet hat die Kraft, eine harmonische Verbindung mit einem weniger kraftvollen Magneten zu induzieren.

26. Dies wird durch Herbeiführung einer Umpolung eines der beiden Magneten erreicht. Sodann vereinigen sich ungleiche Pole in Frieden und Eintracht.

27. Der Magnet mit stärkerer positiver Polarität wird den Magneten mit schwächerer positiver Polarität dazu zwingen, für die größere Kraft, die ihn beherrscht, empfänglich zu werden.

28. Der schwächere Magnet kann so gezwungen sein, für die überwältigende Einwirkung empfänglich zu sein. Er gibt sich der treibenden Kraft geschlagen, die ihm abverlangt, sich umzupolen.

29. Er wendet seine positive Polarität ab und seine negative Polarität der positiven Polarität des größeren Magneten zu, und die beiden berühren sich in harmonischer Verbindung.

---

49) Anm. d. Übers.: Im Original *fundamental* (in der Musik auch „Ausgangston", „Fundament", tiefster Ton des Akkords bzw. Hauptton einer Tonart).

30. Der negativ gepolte Magnet mag jedoch den höheren Erkenntnisstand und somit kein Verlangen nach Herrschaft haben. In seiner größeren Weisheit mag er Gewaltanwendung verachten.

31. Möglicherweise zieht er es vor, zu vermitteln, oder möchte lieber empfangen als geben. Anstatt den schwächeren Magneten gewaltsam dazu zu nötigen, sich auferlegten Bedingungen anzupassen, kann sich der stärkere Magnet aus freien Stücken selbst umpolen.

32. Wenn du eine „große Seele" bist, weißt du intuitiv, ob Bezwingung oder Widerstandslosigkeit angewandt werden sollen. Wo Zwang gebraucht wird, entspricht die darauf gründende Eintracht einer unfreiwilligen und vorübergehenden Unterordnung; der widerstandslose Weg ist bindend, weil er ein Gefühl von Freiheit gewährt.

33. Die Zwangsmethode ist unverkennbar intellektuell, während der widerstandslose Weg essenziell spirituell ist.

34. Wenn du spirituell hoch entwickelt und gleichermaßen mit intellektueller Kraft begabt bist, kannst du letztere zu deinem größten Nutzen einsetzen. In diesem Fall wirst du weder Vernunft noch Logik ausschlagen, weil du deinem Verständnis für die Mathematik des Lebens zufolge Gebrauch von spiritueller Geometrie, mentaler Algebra und physikalischer Arithmetik machen wirst, je nachdem, wie es dein Problem verlangt.

35. Du wirst entdecken, dass unsere Existenz immer wiederkehrende Gelegenheiten zur Anpassung, zum Ausgleich und zur Umpolung bereithält. Du kannst dem Zwang durch stillschweigende Unterordnung entgehen und Gewaltanwendung vermeiden, indem du zu angenehmem Einverständnis aufforderst.

36. Du kannst unwilligen Gehorsam befehlen und abverlangen, oder du kannst zu freiwilliger Kooperation auffordern und diese empfangen.

37. Du kannst zur Harmonie bewegen und Freundschaften begründen, oder du kannst Hass säen, welcher sich wie eine Schuld verhalten wird, die schließlich abgegolten werden muss.

38. Ein Verständnis für die Eigenschaften des menschlichen Magneten wird dir ermöglichen, viele Alltagsprobleme zu lösen.

39. Konflikt und Widerstand haben ihre Berechtigung, doch normalerweise stellen sie Hemmnisse und Fallstricke dar, die sich vermeiden lassen.

40. Du wirst feststellen, dass du zwecklosen Widerstand und fruchtlosen Konflikt jederzeit vermeiden kannst, indem du dich umpolst oder deinen Möchtegern-Gegner zur Umpolung veranlasst.

41. Tatsächlich stehst du unter der liebevollen Obhut von Prinzipien, die unveränderlich sind, und die ausschließlich zu deinem Nutzen gestaltet wurden.

42. Du kannst dich selbst damit in Harmonie bringen und hierdurch ein verhältnismäßig friedliches und glückliches Leben prägen, oder du kannst dich dem Unvermeidlichen entgegenstellen – mit zwangsläufig unangenehmen Folgen.

43. Du selbst bestimmst dein bewusstes Verhältnis zu allem Seienden. Du bringst genau das Maß an Zufriedenheit oder dessen Gegenteil zum Ausdruck, das du dir durch die Verbindungen eingehandelt hast, denen du gestattet hast, in dein Leben einzuziehen.

44. Du kannst aus jeglicher Erfahrung die spirituelle Lektion lernen, die diese vermitteln sollte, oder du kannst etliche gleichartige Erfahrungen erforderlich machen.

45. Du kannst schnell und mit Leichtigkeit Weisheit aus Erfahrung ziehen, oder du kannst dies langsam und unter Schwierigkeiten tun.

46. Du kannst deine persönlichen Unstände bewusst steuern, indem du ein Gespür für den Zweck der Dinge entwickelst, die du anziehst, und aus

jeder Erfahrung ziehen kannst, was du für dein weiteres Wachstum benötigst.

47. Wenn du über diese Fähigkeit in hohem Maße verfügst, kannst du schnell wachsen und Ebenen des Denkens erreichen, auf denen Gelegenheiten zu höherem Einsatz auf dich warten. Auf jeder nachfolgenden Ebene musst du lernen, die jeweils größeren Harmonien zum Ausdruck zu bringen, die durch dein höheres Wachstum für dich greifbar geworden sind, denn nur durch Ausdruckgebung kannst du dir aneignen, was für dich von Nutzen oder von Vorteil ist.

48. Du bist nun an der Grenze des grundlegenden, des tragenden, des wirkenden Prinzips des Lebens angelangt. Noch vor einigen Jahren hast du die unzähligen Schwingungen um dich herum kaum bemerkt – wie etwa die elektrischen, magnetischen, Wärme- und aktinischen[50] Schwingungen – deren Steuerung und Gebrauch dich jetzt beschäftigen.

49. Nehmen wir an, dass das, was du als „Elektronen" bezeichnest, aktive Intelligenzzentren wären, verbunden mit einem Unendlichen Bewusstsein, welches all-erfahren und allwissend ist. Jenes wundervolle Wesen, das gestaltend denkt und die Resultate in den Anfängen sieht.

50. Nehmen wir an, „Elektronen" wären nicht bloß Kraft- und Energiezentren, sondern Intelligenzzentren, und die Menschheit entdeckt schließlich, dass das Gehirn ein organisiertes Zentrum von Millionen dieser intelligenten Elektronen ist, und dass diese mit allen anderen Elektronen verbunden sind, aus welchen das Universum zusammengesetzt ist!

51. Das Universum ist die Auswirkung eines Schwingungssystems. Der Kosmos ist durch das Wirken von Schwingungsenergie gestaltet, die be-

---

50) Anm. d. Übers.: Im engl. Original actinic (von griech. *Aktis*: „Strahl", durch Strahleneinwirkung, z. B. UV- oder Röntgenstrahlen, verursacht).

stimmten Frequenzen entspricht, welche sich als Form zum Ausdruck bringen. Das Universum konnte daher in keiner Weise anders werden, als es ist, ohne dass auch die Schwingungseinwirkung, die es bildete, eine andere gewesen wäre, weil das Universum der formgewordene Ausdruck jener Schwingungseinwirkungen ist, die ihm aus der Kosmischen Energie oder dem Äther heraus Gestalt gegeben haben.

52. Sir William Crooks nahm eine Handvoll sehr feinen Sand, den er über dem Fell eine Trommel verstreute. Als er dann mit einer Stimmgabel knapp oberhalb des Fells verschiedene Töne anschlug, so dass die von der jeweiligen Tonart in Bewegung gesetzte Schwingung sich auf das Fell der Trommel übertrug, war zu sehen, wie sich der Sand verschob und sich den einzelnen angeschlagenen Tönen entsprechend in ein bestimmtes geometrisches Muster legte.

53. Bei Anschlagen eines anderen Tons verschob sich der Sand und nahm die Form eines anderen Musters an, was zeigte, dass die Töne einer Tonleiter entsprechende Formen in jeglicher Substanz erzeugen, die hinreichend formbar ist, um nach ihrem Plan Gestalt annehmen zu können.

54. Dies beweist, dass Schwingungen der Ursprung der Gestalt sind, wobei jede einzelne Schwingung eine entsprechende Form entstehen lässt.

55. Damit bilden Schwingungen die Grundlage der Physik! Gestalt, ebenso wie Licht, Wärme, Farbe und Klang, ist untrennbar mit Schwingungsaktivitäten verbunden. Jede Schwingung findet ihren Ausdruck in einer Gestalt, die ihrer jeweiligen Schwingungsfrequenz entspricht.

56. Alle Form ist also das ausgestaltete Ergebnis spezieller Frequenzen von Schwingungsenergie. Schwingungen finden ihren Ausdruck in entsprechenden geometrischen Mustern und bilden auf diese Weise Kristalle als Ausdrucksformen von Schwingungen, wobei die Verbindung mehrerer

dieser Kristalle aus den jeweiligen Elementen einen Körper bildet, der somit das Nebenprodukt der jeweiligen Schwingung ist.

57. Beobachte einmal die schönen Gebilde der Schneeflocken an kalten Wintertagen. Du wirst entdecken, dass sie am einen Tag eine ganz andere Form haben als jene vom Vortag oder vom Tag darauf, obwohl die Wetterverhältnisse nur äußerst geringfügig voneinander abweichen.

58. Trotzdem hat diese winzige Abweichung ausgereicht, diese sehr verschiedenen Formen hervorzubringen, von welchen jede einzelne der exakte Ausdruck einer besonderen, vielschichtigen Zusammenwirkung von Luftfeuchtigkeit, Luftbewegung, Luftdruck, Temperatur, Seltenheit, der elektrischen Spannung und chemischen Zusammensetzung der Luft ist, die während ihrer Bildung herrschten.

59. Wenn man einen Bindfaden in eine Schale mit Salzlösung hängt und dann herauszieht, hat sich über die gesamte Länge der eingetauchten Schnur eine Anhäufung mathematisch perfekter Salzkristalle festgesetzt.

60. Nach Beobachtungen der Naturforscher sind die Kristalle niemals genau gleich. Dies trifft nicht nur für verschiedene chemische Elemente zu, sondern wir wissen auch, dass jeder einzelne Kristall ein bisschen anders ist. Da wir nun wissen, dass diese Kristallisation auf Schwingungen zurückzuführen ist und alle Unterschiede in den Ausformungen der Kristalle daher von unterschiedlichen Schwingungsfrequenzen herrühren, können wir die Tatsache anerkennen, dass die Einzigartigkeit eines jeden Objekts auf die entsprechende Einzigartigkeit der Schwingung zurückzuführen ist, die ihm Ausdruck verlieh.

61. Dies Gesetz der Schwingung bringt die Frucht eines jeden Gedanken zur Reife, sei dieser förderlich oder ungesund, erwünscht oder lästig. Dieses Gesetz lässt die sichtbaren Dinge Gestalt annehmen; dieses Gesetz verleiht dem Diamanten Brillanz, dem Amethyst Glanz, der Weinbeere

Farbe, der Rose Duft und der Lilie Schönheit, und kraft dieses Gesetzes zieht jeder von uns die Kontakte, die Erfahrungen, die Situationen, die Umstände und das Umfeld an, durch welche wir mit den Objekten und Zielen in Beziehung stehen, die wir begehren.

62. Unsere Existenz ist wie das Produkt eines Webstuhls. Das Muster und das Dessin sind vorhanden; während unsere Webstühle jedoch bloße Maschinen sind – sobald die Schussfäden einmal eingelegt sind, wird der Webstuhl der Zeit durch eine Vielzahl frei wirkender Kräfte verkompliziert, welche das Gewebe abwandeln und das Ergebnis dabei verschönern oder hässlicher machen können, je nachdem, ob sie in Einklang mit dem Gesamtentwurf oder disharmonisch zu ihm sind.

63. Mit den Arabischen Ziffern – 1, 2, 3, 4, 5, 6, 7, 8, 9, 0 – lässt sich jede erdenkliche Zahl ausdrücken.

64. Mit den sechsundzwanzig Buchstaben des Alphabets lässt sich jeder erdenkliche Gedanke ausdrücken.

65. Mit den vierzehn Grundelementen lässt sich jedes erdenkliche Ding gestalten.

66. Was für die anorganische Welt gilt, gilt gleichermaßen für die organische Welt: Bestimmte bewusste Prozesse haben unweigerlich dieselbe Wirkung zur Folge. Eindeutig bedarf es daher einer intelligenten Kraft, die Wirkungsweise dieser Elektronen zu steuern und sie dazu zu veranlassen, sich mit regelmäßiger mathematischer Präzision zu verbinden und dadurch Materie jeder erdenklichen Form zu erschaffen.

67. Das Bewusstsein ist daher der Ursprung aller Dinge, in dem Sinne, dass die Aktivität des Bewusstseins der anfängliche Beweggrund für die Entstehung aller Dinge ist. Dies ist so, weil der erste Ursprung aller Dinge ein entsprechender Gedanke im Universalen Bewusstsein ist. Die Essenz der

Dinge macht sie zu dem, was sie sind, und die Aktivität des Bewusstseins ist der Auslöser, durch den die Essenz Gestalt annimmt.

68. Eine Vorstellung ist ein vom Bewusstsein empfangener Gedanke, und diese rationale Form des Gedankens ist die Wurzel der Gestalt, in dem Sinne, dass diese Form des Denkens der anfängliche formale Ausdruck ist, der durch Einwirken auf die Substanz deren Gestaltbildung auslöst.

69. Ohne eine im Bewusstsein erzeugte Vorstellung oder Musterform kann nichts existieren. Solche Vorstellungen, die auf das Universale einwirken, erzeugen entsprechende Ausprägungen.

70. Da Materie Kosmisches Bewusstsein in physischer Erscheinungsform ist, erkennen wir, dass alles der Intelligenz unterstellt ist, welche seine Entwicklung und Erscheinungsformen steuert. Dies ist die Intelligenz, die das Gestein zu Zusammenschluss und Kristallisation veranlasst, während die Pflanzen das Leben auf ganz andere Weise zur Erscheinung bringen.

71. Die Pflanzenwelt teilt ihre Zellen schnell und nimmt Feuchtigkeit, Luft und Licht bereitwillig auf, während das Gestein diese ausschließt. Sie beide jedoch verbinden und transformieren Elemente gerade im richtigen Verhältnis, um ihre Art fortzupflanzen, aufrechtzuerhalten und zu prägen.

72. Jahrhundertelang war der einzige Zweck des Lebens so einfach wie bei den niedrigeren Tieren und den Pflanzen: das einfache Bestreben nach Selbsterhaltung und der Zeugung von Nachkommen. Die Menschen begnügten sich mit der einfachsten biologischen Funktion, der Ernährung und der Fortpflanzung. Hunger und Liebe waren ihre einzigen Handlungsmotive. Für lange Zeit muss der Selbsterhaltungszweck ihr einziges Ziel gewesen sein.

73. „Auf dem Weg unserer Ahnen wurden bestimmte Abstammungslinien[51] durchlaufen und bestimmte Prägungen herausgebildet. Wir verlieren weder diese noch jene, da sowohl die Linien als auch die Prägungen von Generation zu Generation übertragen werden. Die Linien werden, auch wenn sie unsichtbar sind, niemals unterbrochen. Noch finden jemals plötzlich Sprünge zu Ausdrucksformen anderer Gattungen statt. Noch gehen die Prägungen jemals unter, obwohl sie durch alle Zeiten von Generation zu Generation weiterübertragen werden."[52]

74. „Wir können all die Elemente, die im Prozess der gestaltbildenden Energie als Überbringer oder Trägersubstanzen dienen, destillieren, analysieren und mischen, doch wir werden jenes Element nicht finden, das eine Nuss, eine Pflaume oder gerade so viel wie ein Senfkorn hervorbringt, wenn wir die Energie nicht über Prägungslinien – als gestaltgebende Formen, die zuerst gebildet werden müssen –, zur Verdichtung bringen.

75. Prägungslinien sind unsichtbare Geleise, über welche und durch welche die Natur fortwährend jedes Element und Ding der Schöpfung zu höherer Ordnung[53] von der Ebene der Pilze zu jener des intellektuellen und Spirituellen Menschen zwingt."[54]

76. In der höchsten Ausdrucksform findet das Prinzip der Anziehung seinen Ausdruck in Liebe. Sie ist das Eine Universale Prinzip, das die

---

51) Anm. d. Übers.: Im engl. Original *lines (were traveled)* wurde hier kontextbezogen im Sinne von *lineages (were traversed)* übersetzt.

52) Anm. d. Übers.: Das engl. Original (73, 74 – 75) entspricht im Wortlaut einem Auszug aus Thomas H. Ellis, *Nature's Invisible Forces: The Seven Principles or Laws of Nature Analyzed and Expounded, Chapter XIII: Animal to Spiritual Man*, pp. 204/5, p. 203 (Kessinger 1942). Private Erstauflage: Ellis 1917(!).

53) Anm. d. Übers.: Im engl. Original *constructivity*: „Konstruktivität" wurde hier sinngemäß („produktiv, ordnend") übersetzt.

54) siehe Fußnote 52.

scheinbar unwillkürlichen Affinitäten der Minerale und pflanzlichen Substanzen, die Leidenschaften der Tiere und die Lieben der Menschen gleichermaßen lenkt.

77. Das Gesetz der Liebe ist ein Stück reiner Wissenschaft, und die älteste und einfachste Form der Liebe ist die Wahlverwandtschaft zweier unterschiedlicher Zellen. Über allen Gesetzen steht[55] das Gesetz der Liebe, denn Liebe ist Leben.

78. Weil Fortschritt das Ziel der Natur ist und Altruismus[56] das Ziel des Fortschritts, offenbart sich das Buch des Lebens als eine Liebesgeschichte.

---

55) Anm. d. Übers.: Im Original *in* wurde in der Übersetzung durch *is* ersetzt.
56) Anm. d. Übers.: Im engl. Original *altruism* (von lat. *alter*: „der andere", „Selbstlosigkeit", „Menschenliebe", „Uneigennützigkeit").

Bewusstsein

Bewusstsein ist die Prägende Kraft,
Die schmiedet und schleift;
Und der Mensch ist Bewusstsein,
Der stetig ergreift
Das Werkzeug des Denkens; und
Formend, was ihm gefällt,
Setzt er tausendfach′ Freuden
Und Leid in die Welt.
Er denkt insgeheim –
Und schon ist es geschehen:
In der Außenwelt kann er
Sein Spiegelbild sehen.

(James Allen)[57]

---

57) Anm. d. Übers.: Der Originaltext von James Allen (1864 – 1912) mit dem Titel *Mind*, hier in singulärer Form zitiert und übersetzt, entstammt dem Buch *As A Man Thinketh*, in der dortigen Fassung (1902) im abgewandelten Wortlaut:
„*Mind is the Master Power that molds and makes, And we are mind. And ever more we take the tool of thought, And shaping what we will, Bring forth a thousand joys, or a thousand ills. We think in secret, and it comes to pass, Environment is but our looking glass.*"

Das Psychologische Master-Key-Chart

Master Key
Arkana

THE MASTER KEY IS REGISTERED
IN THE U. S. PATENT OFFICE

THE Master Key
System is the
solvent for every
Physical
Social
Political
Industrial and
Economic Ill
in existence

WILL HELP YOU
The
Master
Key
SOLVE YOUR PROBLEM

*Anmerkung des Herausgebers
zur Abbildung:*

Dies ist eine von Haanel zur
Bekanntmachung des Master
Key Systems verwendete Broschüre oder Werbeschrift. Sie
enthielt das Psychologische
Chart und Leserbriefe mit An-
preisungen des Systems. Der
letzte Urheberrechtsvermerk
datiert auf 1917. Ihre Rückseite, welche das „Verzeichnis der
Veröffentlichungen" enthält,
findet sich im Abschnitt „Abbildungen von Originalmateri-
alien" dieses Buchs.

Das Psychologische Master-Key-Chart

(der Master Key ist beim US-Patentamt angemeldet):

„Das Master Key System ist das
Lösungsmittel für jeden bestehenden
Körperlichen
Gesellschaftlichen
Politischen
Gewerblichen und
Wirtschaftlichen Mangelzustand –
Der Master Key wird dir helfen, dein Problem zu lösen!"

(Urheberrecht 1916 und 1917 bei Charles F. Haanel,
St. Louis, Missouri:

„Das Master Key System ist urheberrechtlich geschützt in Großbritannien, Kanada, Australien und allen Kolonien, Frankreich und den Kolonien, Spanien, Deutschland, den Niederlanden und allen anderen europäischen Ländern, und in allen panamerikanischen Ländern. Alle Rechte vorbehalten, einschließlich des Übersetzungsrechts in allen Sprachen.")

Das Psychologische Master-Key-Chart

Es ist eine psychologische Tatsache, dass neunzig Prozent unserer mentalen Kraft niemals oder selten in Anspruch genommen werden. Somit haben die meisten Menschen die Kraft, das Zehnfache dessen zu verwirklichen, was sie jemals zustande bringen.

Dieses Chart wird dir genau mitteilen, wo du stehst, was du derzeit erreichst und was du erreichen kannst, sofern du die nötigen Anstrengungen unternimmst. Fülle das Folgende aus:

Mentales Produkt	____ %
Gesundheit	____ %
Zeiteffizienz	____ %
Gestaltungskraft	____ %
Konzentration	____ %
Summe	____ %
Teile durch 5/ Durchschnittswert	____ %

Mentales Produkt

Als erstes prüfe dein Mentales Produkt. Was ist es wert? Schlägst du Profit daraus? Erhältst du den vollen Gegenwert dafür? – Was du für dein mentales Schaffen bekommst, hängt ausschließlich von deiner Fähigkeit ab, es so vorteilhaft wie möglich zu verkaufen. Mit großer Wahrscheinlichkeit schlagen viele Menschen, deren Können bestenfalls an deines heranreicht, zehnmal, zwanzigmal oder fünfzigmal mehr Profit aus einem Produkt, das nicht besser ist als deines. Wenn dem so ist, gibt es einen Grund dafür, und dies Chart wird ihn erklären.

Veranschlage den Wert dessen, was du zu verkaufen hast – dein Wissen, deine Erfahrung, deine Loyalität, deine Tatkraft – und wenn du all dies in voller Höhe seines Werts verkaufen kannst, dann gib dir 100 Prozent. Wenn du nur die Hälfte dessen bekommst, was es wert ist, gib dir 50 Prozent. Aber sei fair. Unterschätze nicht den Wert dessen, was du anzubieten hast. Bedenke, dass Verlust größeren Verlust nach sich zieht und dass die meisten Verluste von Selbstabwertung herrühren. Ursache und Wirkung wirken nicht manchmal und irgendwo, sondern überall und immer. Dies ist ein unveränderliches Gesetz, sodass alles, was wir empfangen, ob gut oder schlecht, das Ergebnis einer bestimmten Ursache ist und entweder in Form von Strafe oder in Form von Belohnung bei uns ankommt.

Und bedenke Folgendes: Deine Fähigkeit, aus deinem Mentalen Produkt zu einem Satz von fünf Prozent einer halben Million Dollar im Jahr Kapital zu schlagen, hängt ebenfalls nicht von Können oder Wissen ab. Du kannst dein Produkt für 2.000 Dollar im Jahr verkaufen, und dabei mag es mehr wert sein als dasjenige Vieler, die zum Satz von 25.000 Dollar jährlich abkassieren. Der Grund liegt auf der Hand. Wissen wendet sich nicht von selbst an! Du lässt es im statischen Zustand verharren – du musst es durch den Gebrauch von Gestaltungskraft und Konzentration in dynamische Form umwandeln. Das Fehlen einer konzentrierten, intelligenten, planvollen[58] Anstrengung könnte dich jährlich 20.000 Dollar kosten.

Gesundheit

Als nächstes nehmen wir die Gesundheit. Wenn du gut isst, gut schläfst, ein angemessenes Maß an Erholung hast und deine geschäftlichen, beruflichen oder haushaltlichen Pflichten ohne Rücksichtnahme auf oder Gedanken an deinen Gesundheitszustand wahrnehmen kannst, gib dir 100 Prozent. Sollte dein Körper aber ständige Aufmerksamkeit verlangen, oder solltest du dir ständig Sorgen darum machen müssen, was du essen oder nicht essen sollst, solltest du nicht schlafen können oder Schmerzen oder Qualen irgendeiner Art haben, mache Abzüge von den 100 Prozent. Wenn du meinst, deine Gesundheit sei nur 90-prozentig, oder wenn du nur zu 50 Prozent leistungsfähig bist, trage dies ein. Sei absolut fair!

Bedenke, dass dein physikalischer Leib durch einen Prozess des kontinuierlichen Abbaus und Wiederaufbaus aufrechterhalten wird. Das Leben ist einfach ein Austauschen des Alten gegen das Neue, und Gesundheit ist nur das Gleichgewicht, das die Natur während des Prozesses der Hervorbringung neuen Gewebes und gleichzeitigen Beseitigung des alten (überflüssigen) Gewebes aufrechterhält.

Unaufhörlich finden Geburt und Tod im Körper statt. Unaufhörlich werden durch den Prozess der Umwandlung von Nahrung, Wasser und

---

58) Anm. d. Übers.: Im engl. Original *charted*: „grafisch erfasst, aufgezeichnet, ausgewertet" wurde hier im übertragenen Wortsinn übersetzt, obwohl Haanel wörtlich auf den Gebrauch des Master Key-Charts anspielt.

Luft in lebendiges Gewebe neue Zellen geschaffen. Jede Hirnregung und jede Bewegung eines Muskels bedeutet den Abbau und folgerichtig Tod einiger dieser Zellen. Es ist die Anlagerung dieser toten, ungenutzten und überflüssigen Zellen, was Schmerz, Leid und Krankheit verursacht. Die Symptome sind davon abhängig, welche Organe dabei durch ihren Aufwand, die überflüssige Materie zu beseitigen, belastet werden.

Ein Verstehen dieser Gesetze und das entsprechende Wissen darum, wie sich ein Gleichgewicht zwischen den neuen Zellen, die geschaffen werden, und den alten Zellen, die beseitigt werden, wahren lässt, ist das Geheimnis vollkommener Gesundheit.

Zeiteffizienz

Von nächst höchster Bedeutung ist die Zeiteffizienz, weil Zeit alles ist, was wir haben; und was wir zustande bringen, hängt ganz und gar davon ab, welchen Gebrauch wir von unserer Zeit machen. Wenn du acht Stunden arbeitest, acht Stunden schläfst und acht Stunden auf Erholung, Lernen und Weiterbildung verwendest, und all diese Zeit wird dabei voll genutzt, dann gib dir 100 Prozent.

Wenn aber irgendein Anteil dieser acht Stunden, welche gewinnbringend verkauft werden sollten, mit Untätigkeit, Geschwätz oder irgendeiner Form der mentalen Vergeudung verbracht wird, wenn irgendein Anteil dieser Zeit damit vertan (oder mehr als vertan) wird, dass du dein Denken um krittelnde, entzweiende oder unharmonische Angelegenheiten welcher Art auch immer kreisen lässt, reduziere deinen Prozentsatz entsprechend. Wenn du einschläfst, sobald dein Kopf ins Kissen sinkt, wunderbar; solltest du aber fünfzehn Minuten bis hin zu einer Stunde damit zubringen, dich um Schlaf zu bemühen, dann senke deinen Prozentsatz noch einmal.

Sollte dein Schlaf von Träumen oder Ängsten oder Sorgen irgendwelcher Art gestört sein, reduziere deinen Prozentsatz erneut.

Wenn du dich früh emporschwingst und dich frisch und energiegeladen fühlst, dich ohne Zeitverlust unverzüglich wäschst und ankleidest, ist alles schön und gut; doch wenn du faulenzt, träumst oder trödelst, reduziere deinen Prozentsatz nochmals. Wenn du den Rest deiner Zeit mit gesunder Erholung verbringst, die dir sowohl körperlich als auch mental gut tut, ist alles bestens – du eignest dir dabei ein Kapital an, das sich auszahlen wird; doch solltest du die Zeit verstreichen haben lassen, ohne etwas dafür vorweisen zu können, solltest du körperlich, mental oder moralisch nichts hinzugewonnen haben, sollte die Zeit vergangen sein und nichts hinterlassen haben, das du einlösen kannst, nichts von Wert, dann ist sie vergeudet (und möglicherweise Schlimmeres als vergeudet, weil sie etwas Schädliches hinterlassen kann – etwas, das sich später als Hindernis auf deiner Erfolgsstrecke erweisen wird). Auch hier musst du fair zu dir selbst sein und dir genau den Prozentsatz zuschreiben, der dir zusteht.

Gestaltungskraft

Als nächstes folgt deine Gestaltungskraft. Sollten die meisten Menschen, denen du begegnest, tun, was du von ihnen willst; sollten sie dir gegenüber empfinden, wie du dir wünschst, dass sie empfinden; sollten sie denken, was du dir wünschst, dass sie denken, dann gib dir 100 Prozent, weil alles, was wir erhalten, von anderen kommen muss. Es gibt keinen anderen Kanal, über welchen der Erfolg zu uns gelangen kann. Diese Gestaltungskraft muss unbewusst ausgeübt werden – sie muss deine Persönlichkeit sein. Sofern du jedoch enormen Aufwand betreiben musst, wenn du etwas erreichen möchtest; wenn du Willenskraft dafür gebrauchen musst; wenn dich das Ergebnis eines wichtigen Vorstellungsgesprächs ärgert, dir zusetzt und dich in Grübeleien versetzt, dann reduziere deinen Prozentsatz auf 50 oder 40 Prozent oder noch weniger, weil du das dahinterliegende Prinzip nicht erkennst.

Wenn du erkennst, gibt es keinen Grund zur Sorge – du „weißt". Denn vor allem wirst du von niemandem etwas wollen oder erwarten außer dem, was das Beste für ihn ist. Du wirst erkennen, dass jeder Unterhandel beiden Beteiligten zugute kommen muss. Wenn du diese Gesetze verstehst, wenn die Prinzipien zu einem wichtigen Bestandteil deines Lebens werden, wenn sie mit deiner mentalen Haltung verwoben sind, dann hast du den Zentralschlüssel, den Master Key, gefunden. Alle Türen werden dir offen stehen, weil du erkennst, dass jedes Ereignis, jeder Zustand, jedes Ding zunächst eine Vorstellung war – und dass sich die vielfältigen Phasen und Möglichkeiten der Vorstellung in eben dem Ausmaß entwickeln werden, in dem du ruhig werden und deine Aufmerksamkeit auf diese Vorstellung richten konntest, während du alle Bewusstseinsaktivitäten zum Verstummen gebracht und alle anderen Gedanken deines bewussten Verstandes ausgeschaltet hast. Und genau entsprechend der Klarheit deiner Abbildung dieser Vorstellung sowie der Intensität, mit welcher die Vorstellung von dir Besitz ergreift, wird die Gestaltungskraft ihre Wirkung entfalten. Schließlich wird die Gestaltungskraft die Leitung übernehmen und alle Aktivitäten des Bewusstseins und Körpers steuern, und sie wird damit beginnen, jedem mit der Vorstellung verbundenen Zustand Form zu geben, so dass sich die Vorstellung früher oder später deutlich und greifbar herausbildet. Wenn du dies durch und durch verstehst und wieder und wieder danach handelst, so dass du die Umstände formen und gestalten und bestimmen kannst, dann gib dir 100 Prozent.

Konzentration

Als nächstes folgt Konzentration. Kannst du dich konzentrieren? Weißt du, was es bedeutet, sich zu konzentrieren? Kannst du die Gedanken für fünf Minuten, zehn Minuten oder fünfzehn Minuten unter absolutem Ausschluss von allem anderen auf ein beliebiges Problem richten, das sich stellt? Kannst du es entwirren, auflösen, das Problem auseinandernehmen, jeden einzelnen Abschnitt davon sehen, seinen ursächlichen Beweggrund sehen, die Lösung sehen, sie bestimmt, eindeutig und endgültig sehen – und wissen, dass deine Lösung richtig ist? Kannst du die Sache dann ruhen lassen und deine Aufmerksamkeit auf etwas anderes lenken, ohne je wieder zu der Sache zurückzukehren? Wenn du das kannst, dann gib dir 100 Prozent. Solltest du jedoch von Befürchtungen, Sorgen und Ängsten verfolgt sein; solltest du, wenn du gerade kein Problem zu lösen hast, dir selbst eines schaffen, indem du aus deiner Vorstellungskraft schöpfst; solltest fürchten, was dieser sagt oder jener denkt oder jemand anderes tut, dann reduziere deinen Prozentsatz, denn wenn du wüsstest, wie man sich konzentriert, würdest du niemandem und nichts fürchten. Du würdest über eine Kraft verfügen, welche jede andere bekannte Kraft in die Bedeutungslosigkeit versinken ließe. Achte darauf, dir genau den Prozentsatz zu geben, von welchem du meinst, dass er dir zusteht.

Nun bilde einen Mittelwert. Finde heraus, wo du stehst. Wenn du etwas oberhalb des Durchschnitts liegst, sieht dein Chart in etwa so aus:

Mentales Produkt	50 %
Gesundheit	80 %
Zeiteffizienz	80 %
Gestaltungskraft	50 %
Konzentration	10 %
Summe	270 %
Teile durch 5/ Durchschnittswert	54 %

Angenommen, du verdienst 5.000 Dollar jährlich und findest, dass dein Mentales Produkt 10.000 Dollar jährlich wert sein sollte, die du als Berechnungsgrundlage nimmst - dann würde dir jede Maßnahme, die dir behilflich wäre, deinen Ertragswert auf 10.000 Dollar jährlich aufzustocken, 5.000 Dollar im Jahr wert sein.

Ferner wäre jedes Mittel, das dir Gesundheit, Effizienz deiner Zeit, Effizienz deiner Gestaltungskraft oder Erhöhung deiner Konzentrationsfähigkeit verschaffen würde, mindestens 5.000 Dollar im Jahr wert. Viele haben die Erfahrung gemacht, dass das Master Key System all dies und vieles mehr leistet.

Das Master Key System ist ein System der angewandten Metaphysik. Dem New Standard Dictionary[59] zufolge ist „Metaphysik [...] die begründete Lehre von der essenziellen Natur und den fundamentalen Beziehun-

---

59) Anm. d. Übers.: *New Standard Dictionary (of the English Language)*, vermutl. Funk & Wagnall, ohne Jahresangabe.

gen zwischen allem Wirklichen." Die Metaphysik ist daher eine sehr praxisnahe Wissenschaft.

Schauen wir uns einmal an, welches die stärksten Kräfte in der Natur sind. In der Mineralwelt ist alles fest und unveränderlich. Im Tier- und Pflanzenreich ist alles im Wandel begriffen – in unaufhörlicher Veränderung und ständigem Erschaffenwerden und Wiedererschaffenwerden. In der Atmosphäre finden wir Wärme, Licht und Energie vor. Die einzelnen Gefilde werden nach und nach feiner und spiritueller, wenn wir vom Sichtbaren zum Unsichtbaren, vom Groben zum Feinen, und vom geringen Wirkungsvermögen zum hohen Wirkungsvermögen übergehen. Wenn wir beim Unsichtbaren angelangt sind, stoßen wir dort auf Energie in ihrer reinsten und höchst flüchtigen Form.

Und so wie die stärksten Kräfte der Natur die unsichtbaren Kräfte sind, so stellen wir fest, dass die stärksten Kräfte des Menschen seine unsichtbaren Kräfte sind – nämlich seine spirituelle Kraft – und die einzige Weise, wie die spirituelle Kraft in Erscheinung treten kann, ist über den Prozess des Denkens. Das Denken ist die einzige Wirkkraft, über die der Geist[60] verfügt, und Gedanken sind das einzige Produkt des Denkens.

Addition und Subtraktion sind daher spirituelle Übertragungen. Schlussfolgern ist ein spiritueller Prozess. Vorstellungen sind spirituelle Empfängnisse. Fragen sind spirituelle Suchscheinwerfer. Und Logik, Beweis und Philosophie sind spirituelle Mechanismen.

Jeder Gedanke bringt bestimmte Körpergewebe in Bewegung: Teile des Gehirns, der Nerven oder der Muskeln. Dies erzeugt eine tatsächliche Veränderung im Aufbau des Gewebes. Daher bedarf es lediglich einer

---

60) Anm. d. Übers.: Im engl. Original *that the spirit possess* (sic) – „Geist" i. S. von „das Spirituelle im Menschen".

bestimmten Menge an Gedanken zu einem gegebenen Thema, um eine völlige Veränderung der stofflichen Ordnung des Menschen zu bewirken.

Dies ist der Prozess, durch welchen Unvermögen in Erfolg umgewandelt wird. Gedanken des Mutes, der Kraft, der Inspiration und der Harmonie ersetzen Gedanken des Versagens, der Verzweiflung, des Mangels, der Einschränkung und des Unfriedens. Und indem diese Gedanken Wurzeln schlagen, wird das Körpergewebe umgewandelt, und der Einzelne sieht das Leben in einem neuen Licht – das Alte ist tatsächlich vorüber, alles hat sich erneuert; er ist wiedergeboren, diesmal vom Geist geboren, das Leben hat eine neue Bedeutung für ihn, er ist wiederaufgebaut und erfüllt von Freude, Zuversicht, Hoffnung und Energie. Er sieht Erfolgschancen, für welche er bisher blind war. Er erkennt Möglichkeiten, die zuvor keine Bedeutung für ihn hatten. Die Erfolgsgedanken, von welchen er nun durchdrungen ist, werden zu den Menschen um ihn herum ausgesendet, und diese wiederum helfen ihm, nach vorn zu gehen und aufzusteigen. Er zieht neue und erfolgreiche Kontakte an, und dieses wiederum verändert sein Umfeld. So dass ein Mensch durch diese einfache Ausübung des Denkens nicht nur sich selbst, sondern seine Umgebung, seine Verhältnisse und seine Lebensumstände verändert.

Du siehst – du musst einfach sehen! – dass uns der Anbruch einer neuen Zeit bevorsteht. Dass die Möglichkeiten so großartig, so faszinierend und so grenzenlos sind, dass es fast schon verwirrend ist. Noch vor einem Jahrhundert hätte jeder im Besitz eines Flugzeugs oder auch nur eines Maschinengewehrs eine gesamte mit dem damals gebräuchlichen Kriegsgerät ausgerüstete Armee vernichten können. Genauso ist es heute: Jeder, der über Kenntnisse der Möglichkeiten moderner Metaphysik verfügt, hat der Masse gegenüber einen unvorstellbaren Vorteil.

Der Master Key

Master Key
Arkana

Teil I

Bevor irgendeine Umgebung geschaffen werden kann, ob erfolgreich oder fruchtlos, bedarf es einer Art von Wirkung. Und bevor Wirkung möglich ist, muss es irgendeine Art des Denkens geben, sei es bewusst oder unbewusst. Und da Denken ein Produkt des Bewusstseins ist, wird offenkundig, dass das Bewusstsein das Gestaltungszentrum ist, von welchem aus sich alle Wirkungen fortsetzen.

Es wird nicht davon ausgegangen, dass irgendeines der unserer modernen Geschäftswelt inhärenten Gesetze, die diese in ihrer gegenwärtigen Beschaffenheit steuern, durch irgendeine Kraft auf derselben Ebene außer Kraft gesetzt oder aufgehoben werden kann; aber es ist ein Grundsatz, dass ein höheres Gesetz ein niedrigeres überwinden kann. Das Baumgesetz bestimmt, dass der Baumsaft aufsteigt – nicht durch Außerkraftsetzung des Gravitationsgesetzes, sondern durch dessen Überwindung.

Um auf die Umstände Einfluss nehmen zu können, sind Kenntnisse von bestimmten naturwissenschaftlichen Prinzipien vonnöten. Solche Kenntnisse sind ein höchst wertvolles Kapital. Sie können stufenweise erworben und so schnell wie erlernt in die Praxis umgesetzt werden. Herrschaft über die Umstände ist Teil ihres Reingewinns. Gesundheit, Harmonie und Wohlstand sind Eingänge auf ihrem Bilanzkonto. Sie kosten lediglich die Mühe des Aberntens ihre großen Reichtümer.

Der Naturforscher, der einen großen Teil seiner Zeit mit der Beobachtung von sichtbaren Erscheinungen verbringt, beobachten, erzeugt in dem Teil seines Gehirns, das für die Beobachtung bestimmt ist, fortwährend Energie. Das führt dazu, dass er sehr viel sachkundiger und geübter darin wird, zu wissen, was er sieht und eine unendliche Menge an Einzelheiten auf einen Blick zu erfassen, als sein unaufmerksamer Freund. Er ist durch

Gehirntraining zu dieser Fertigkeit gelangt. Er hat sich bewusst entschlossen, seine Intelligenz im Bereich der Beobachtung zu erweitern, also übte er diese besondere Fähigkeit ganz bewusst wieder und wieder, mit zunehmender Aufmerksamkeit und Konzentration. Nun haben wir das Ergebnis – einen seinesgleichen weit überlegenen Gelehrten der Beobachtungskunde. Andererseits wiederum kann man durch beharrliche Untätigkeit die an sich weichliche Hirnmasse verhärten und verknöchern lassen, bis das gesamte Leben nutzlos und unproduktiv ist.

Jeder Gedanke neigt dazu, sich zu materialisieren. Unsere Wünsche sind Gedankensaat, die dazu neigt, zu sprießen und zu wachsen, aufzublühen und Früchte zu tragen. Wir säen diese Saat tagtäglich. Was werden wir ernten? Jeder Einzelne hier von uns geht aus seinem früheren Denken hervor. Später werden wir aus dem hervorgehen, was wir gegenwärtig denken. Wir erschaffen unseren eigenen Charakter, unsere Persönlichkeit und unser Umfeld durch die Gedanken, die wir hervorbringen oder hegen. Gedanken suchen ihr Eigen. Das Gesetz der mentalen Anziehung bildet das genaue Gegenstück zum Gesetz der Atomaffinität. Mentale Ströme sind so real wie elektrische, magnetische oder Wärmeströme. Wählen wir diejenigen aus, welche unserem Erfolg dienlich sind? Dies ist die entscheidende Frage.

Durch die unentwegte Wirkung des Bewusstseins entwickeln sich Wege des geringsten Widerstands. Die Gehirntätigkeit wirkt auf die jeweils angewendete Fähigkeit des Gehirns zurück. Die verborgene Kraft des Bewusstseins kommt durch ständige Übung zur Entfaltung. Jede seiner Wirkungsformen wird durch Anwendung vollkommener. Übungen zur Bewusstseinsentwicklung bieten eine Vielzahl an Betrachtungsmotiven. Sie umfassen die Entwicklung der Wahrnehmungsfähigkeit, die Kultivierung der Emotionen, die Belebung der Vorstellungskraft, das symmetrische Entfalten der Intuition (welche oft, ohne nähere Begründung, eine Entscheidung vorantreibt oder unterbindet), und schließlich kann die Kraft des Bewusstseins durch die Herausbildung des moralischen Charakters fortentwickelt werden.

„Der größte Mann", sagte Seneca, „ist derjenige, der mit unerschütterlicher Entschlossenheit das Richtige wählt." Die größte Kraft des Bewusstseins muss dann durch ihre Anwendung in moralischen Kanälen bedingt sein und setzt daher voraus, dass jedes bewusste mentale Bestreben mit einem moralischen Zweck verbunden sein sollte. Ein entwickeltes moralisches Bewusstsein verändert die Betrachtung von Motiven und steigert die Kraft und Kontinuität von Handlungen. Folglich erfordert der gut entwickelte symmetrische Charakter gute körperliche, mentale und moralische Gesundheit, und diese Verbindung begründet Entschlusskraft, Energie, unwiderstehliche Stärke und unumgänglichen Erfolg.

Man wird feststellen, dass die Natur ständig bestrebt ist, Harmonie in allen Dingen zum Ausdruck zu bringen und sich immer darum bemüht, für jeden Unfrieden, jede Verletzung, jede Erschwernis eine harmonische Regulierung hervorzubringen. Deswegen beginnt die Natur, wenn das Denken harmonisch ist, mit der Erschaffung der stofflichen Bedingungen, derer es bedarf, um eine harmonische Umgebung zu bilden.

Wenn wir verstehen, dass das Bewusstsein die große Schöpferkraft ist, was bleibt dann unmöglich? Mit unserem Verlangen als der großen Gestaltungsenergie, sehen wir da etwa nicht, warum das Verlangen in unserem Leben und in unserem Schicksal kultiviert, gesteuert und gerichtet werden sollte? Männer und Frauen mit starker Geisteshaltung, die diejenigen um sie herum und oftmals auch die weit von ihnen Entfernten dominieren, strahlen tatsächlich kraftgeladene Energieströme aus, die bei Kontakt mit dem Bewusstsein anderer Menschen deren Wünsche dazu bringen, mit dem Bewusstsein der starken Persönlichkeit in Einklang zu sein. Die großen Gebieter den Menschen besitzen diese Kraft in merklichem Umfang. Ihr Einfluss ist nah und fern spürbar, und sie sichern sich die Erfüllung ihrer Wünsche, indem sie andere dazu bringen, in Einklang mit ihnen handeln zu „wollen". Auf diese Weise kann – und wird – von Menschen mit starkem Verlangen und starker Vorstellungskraft ein mächtiger Einfluss auf das Bewusstsein anderer Menschen ausgeübt, wobei letztere in der gewünschten Weise gelenkt werden. Die „magnetischen" Menschen fesseln, verlocken und ziehen an sich. Sie sind emotional und vereinnahmen den Willen anderer Menschen.

Kein einzelner ist und wird ohne die ihm innewohnende Kraft geschaffen, sich selbst zu helfen. Die eigene Persönlichkeit, welche ihre intellektuelle und moralische Selbstüberwindungskraft begreift, wird sich notwendigerweise durchsetzen. Diese Wahrheit ist das, wonach es eine mangelbehaftete Welt heute dürstet. Es steht jedem offen, die Möglichkeit, eine schlummernde intellektuelle Courage, die klar wahrnimmt, und eine moralische Courage, die großartig zur Ausführung bringt, zu erwecken. Es existiert eine göttliche Macht in jedem Menschen.

Wir sagen, die Sonne „geht auf" oder „geht unter", obwohl wir wissen, dass dies lediglich ein Erscheinungsbild einer Bewegung ist. Für unsere Sinne scheint die Erde stillzustehen, und doch wissen wir, dass sie sich schnell dreht. Wir sprechen von einer Glocke als von einem „Klangkörper", und doch wissen wir, dass sich das, was die Glocke kann, auf die Erzeugung von Schwingungen in der Luft beschränkt. Wenn diese Schwingungen eine Frequenz von 16 Hertz[61] pro Sekunde haben, verursachen sie einen für das

---

61) Anm. d. Übers.: Im engl. Original ohne Maßeinheit *(16 per second)*. Die Maßeinheit Hertz für die Anzahl der Schwingungen pro Sekunde wurde 1935 nach dem deutschen Physiker Heinrich Rudolf Hertz benannt und konnte Haanel bei Textlegung noch nicht geläufig sein.

Bewusstsein hörbaren Ton. Das Bewusstsein ist dazu fähig, Schwingungen bis zur Frequenz von 38.000 Hertz pro Sekunde zu hören. Übersteigt die Frequenz diese Anzahl, ist alles wieder still; weswegen wir wissen, dass der Ton nicht der Glocke entspringt, sondern unserem eigenen Bewusstsein.

Die Sonne bezeichnen, ja betrachten wir gar als „Lichtquelle", und doch wissen wir, dass sie lediglich Energie ausstößt, die im Äther Schwingungen mit einer Frequenz von vierhundert Trillionen (400.000.000.000.000) Hertz pro Sekunde erzeugt, welche hervorrufen, was als „Lichtwellen" bezeichnet wird; weswegen wir wissen, dass das, was wir „Licht" nennen, nur mehr eine Form von Bewegung ist, und dass das einzige Licht, das existiert, der durch die Bewegung dieser Wellen im Bewusstsein hervorgerufene Sinneseindruck ist. Wenn die Anzahl der Schwingungen zunimmt, verändert sich die Farbe des Lichts, wobei jede Farbveränderung durch kürzere und schnellere Schwingungen hervorgerufen wird; weswegen wir, obwohl wir sagen, die Rose sei „rot", das Gras sei „grün" und den Himmel sei „blau", wissen, dass diese Farben nur in unserem Bewusstsein existieren und infolge jener Schwingungen des Lichts von uns wahrgenommene Sinneseindrücke sind. Wenn die Schwingungen auf unter vierhundert Trillionen Hertz pro Sekunde verringert werden, wirken sie auf uns nicht länger als Licht, sondern wir erleben eine Wärmeempfindung.

Auf diese Weise haben wir herausgefunden, dass die Erscheinungen lediglich in unserem Bewusstsein existieren. Selbst Zeit und Raum werden aufgehoben (weil die Zeit nur das Erleben von Abfolge ist und weil es eine „Vergangenheit" oder „Zukunft" nur im gedanklichen Vergleich zur Gegenwart gibt). Letzten Endes wissen wir daher, dass ein einziges Prinzip alles Seiende lenkt und beherrscht. Jedes Atom ist für immer erhalten. Alles, wovon Trennung erfolgt, muss zwangsläufig andernorts empfangen werden. Es kann nicht verschwinden, und es existiert nur um seiner Inanspruchnahme willen. Es kann nur dorthin gehen, wo es hingezogen und somit verlangt wird. Wir können nur empfangen, was wir geben, und wir dürfen nur jenen geben, die empfangen können; und es liegt in unserer Hand, die Geschwindigkeit unseres Wachstums und den Grad der Harmonie, die wir zum Ausdruck bringen, zu bestimmen.

Die Gesetze, nach denen wir leben, sind einzig zu unserem Nutzen bestimmt. Diese Gesetze sind unabänderlich, und wir können uns ihrem Wirken nicht entziehen. Alle großen Kräfte wirken in feierlicher Stille, doch es ist uns möglich, uns in Einklang mit ihnen zu bringen und damit einem vergleichsweise friedvollen und glücklichen Leben Ausdruck zu geben.

Schwierigkeiten, Unstimmigkeiten und Hemmnisse weisen darauf hin, dass wir uns entweder weigern, herauszugeben, was wir nicht länger benötigen, oder uns weigern, zu empfangen, was wir brauchen. Wachstum wird durch den Austausch des Alten gegen das Neue oder des Guten gegen das Bessere erreicht. Es ist eine bedingte (oder wechselseitige) Wirkung, weil jeder von uns eine vollständige Denk-Entität[62] ist und diese Vollständigkeit uns ein Empfangen nur erlaubt, wenn wir gleichzeitig geben. Wir können nicht erhalten, was uns fehlt, sofern wir hartnäckig an dem festhalten, was wir haben.

Das Prinzip der Anziehung wirkt dahingehend, uns nur das zuzuführen, was uns zum Vorteil gereicht. Wir können auf unsere Situation bewusst Einfluss nehmen, indem wir lernen, den Zweck dessen zu erfassen, was wir anziehen, und imstande sind, jeder Erfahrung nur das zu entnehmen, was wir für unser weiteres Wachstum brauchen. Unsere Fähigkeit hierzu bestimmt, in welchem Umfang wir Harmonie oder Glück erreichen.

---

62) Anm. d. Übers.: Im engl. Original *thought entity* (von neulat. *entitas*, lat. *ens*, „seiend"). Gemeint ist, dass sich im Einzelnen die Gesamtheit alles Seienden widerspiegelt.

Die Fähigkeit, uns anzueignen, was wir für unser Wachstum benötigen, erweitet sich fortwährend, indem wir zu höheren Seinsebenen und größerem Vorstellungsvermögen gelangen; und je größer unsere Fähigkeit, zu verstehen, was wir brauchen, desto sicherer werden wir sein Vorhandensein erkennen, es anziehen und in uns aufnehmen. Nichts kann uns dann zu uns gelangen außer dem, was für unser Wachstum nötig ist. Alle Umstände und Erfahrungen, die uns begegnen, begegnen uns zu unserem Wohl. Schwierigkeiten und Hemmnisse werden so lange auftreten, bis wir ihren Sinngehalt empfangen und ihnen das für unser weiteres Wachstum Notwendige entnommen haben. Dass wir ernten, was wir säen, ist mathematisch exakt. Wir erstarken nachhaltig in genau dem Umfang der Bemühungen, derer es zur Überwindung unserer Schwierigkeiten bedarf.

Die kompromisslosen Ansprüche des Wachstums verlangen, dass wir das höchste Maß an Anziehungskraft für das aufbieten, was perfekt mit uns harmoniert. Unser größtes Glück werden wir am ehesten durch unser Verständnis für und bewusstes Kooperieren mit natürlichen Gesetzen erlangen.

Unsere Bewusstseinskräfte sind oft durch die lähmenden Vorstellungen gebunden, die vom primitiven Geist der Menschheit herrühren, und welche fraglos anerkannt und zur Grundlage des Handelns werden. Bilder des Schreckens, der Angst, des Unvermögens oder der Minderwertigkeit werden uns täglich verabreicht. Diese an sich sind Grund genug, warum die Menschen so wenig zustande bringen – warum das Leben Unzähliger so ergebnislos verläuft, obwohl es während der ganzen Zeit Möglichkeiten in sich birgt, die lediglich der erlösenden Berührung durch Würdigung und gesunden Ehrgeiz bedürfen, um sich zu wahrer Größe zu entfalten.

Frauen sind von diesen Bedingungen möglicherweise in stärkerem Maße betroffen als Männer. Dies trifft deswegen zu, weil ihre höher entwickelte

Empfänglichkeit sie offener für Gedankenschwingungen macht, die vom Bewusstsein anderer ausgehen, und weil die Flut von negativen und repressiven Gedanken noch spezieller auf sie abzielt.

Aber es gibt Durchbrüche. Florence Nightingale[63] schaffte ihn, als sie auf der Krim vor unbekannten jungen Frauen zu den Höhen zarten Mitgefühls und Führungsgeschicks emporstieg. Clara Barton[64], die Präsidentin des Roten Kreuzes, schaffte ihn, indem sie in den Armeen der Nordstaaten ein ähnlich geartetes Werk schuf. Jenny Lind[65] schaffte ihn, als sie ihre Fähigkeit bewies, immense finanzielle Auszeichnungen zu verwalten, während sie zugleich das ihr innewohnende leidenschaftliche Bedürfnis erfüllte, in der Tonkunst[66] zu ihrer Zeit führend zu sein. Und es gibt eine lange Reihe von Sängerinnen, Wohltäterinnen, Autorinnen und Schauspielerinnen, die bewiesen haben, zu höchsten literarischen, schauspielerischen, künstlerischen und gesellschaftspolitischen Leistungen fähig zu sein.

Frauen wie Männer fangen an, ihr eigenes Denken zu entfalten. Sie sind wach geworden für eine gewisse Vorstellung von dem, was ihnen möglich ist. Für den Fall, dass das Leben Geheimnisse birgt, verlangen sie deren Offenlegung. Zu keinem früheren Zeitpunkt sind der Einfluss und die Wirkung des Denkens derart sorgfältig und differenziert untersucht worden. Während einzelne Propheten die bedeutende Tatsache begriffen haben, dass das Bewusstsein die universale Substanz ist, ist diese grundlegende Wahrheit nie zuvor ins allgemeinere Bewusstsein vorgedrungen.

---

63) Britische Krankenpflegerin, Mathematikerin und Statistikerin (*12.05.1820 – †13.08.1910), die durch ihren Einsatz während des Krimkrieges weltberühmt wurde.

64) Clarissa Harlowe Barton (*25.12.1821 – †12.04.1912), US-amerikanische Krankenschwester und Lehrerin, begründete das Amerikanische Rote Kreuz (offizielle Gründung: 1881).

65) Johanna Maria Lind (*06.10.1820 – †02.11.1887), schwedische Opernsängerin.

66) Anm. d. Übers.: Im engl. Original *musical art* (sic: veralteter Ausdruck für „künstlerische Musik", „ernste Musik", der die so bezeichneten Musikstile erstmals als autonome Kunstform begreift).

Viele Köpfe streben nun danach, dieser großartigen Wahrheit konkreten Ausdruck zu verleihen. Die modernen Naturwissenschaften lehren uns, dass Licht und Klang lediglich verschiedene Bewegungsstärken sind; und dies kann zur Entdeckung von Kräften im Menschen führen, von welchen man sich im Vorfeld dieser Offenbarung keine Vorstellung hätten machen können.

Ein neues Jahrhundert ist angebrochen, in dessen Licht der Mensch nun etwas vom Ausmaß der Bedeutung des Lebens erfasst – etwas von seiner Herrlichkeit. In diesem Leben steckt der Keim grenzenloser Kräfte. Man spürt die Überzeugung, dass die Möglichkeiten der Errungenschaften des Menschen unermesslich sind – dass an Grenzen seines Vorwärtsstrebens nicht zu denken ist. Von diesem Gipfel aus entdeckt er, dass er aus der unendlichen Energie, deren Teil er ist, neue Kraft für sich selbst ziehen kann.

Teil II

Manche Menschen scheinen Erfolg, Können, Wohlstand und Verwirklichung mit sehr geringem bewusstem Aufwand anzuziehen. Andere erkämpfen sie sich nur mit großer Mühe. Wieder anderen gelingt es überhaupt nicht, ihre Zielsetzungen, Wünsche und Ideale zu erreichen. Woran liegt das? Warum sollten manche ihre Zielsetzungen mit Leichtigkeit verwirklichen, andere unter Schwierigkeiten und wieder andere überhaupt nicht? Die Ursache kann nicht körperlich sein, sonst wären die körperlich vollkommensten Menschen auch die erfolgreichsten. Der Unterschied muss daher mental sein – er muss im Bewusstsein begründet sein. Folglich muss das Bewusstsein die gestaltende Kraft sein, die den einzigen Unterschied zwischen den Menschen ausmacht. So ist es auch das Bewusstsein, was das Umfeld und jedes andere Hindernis auf dem Weg der Menschen überwinden kann.

Die Verwirklichung von innerer Größe durch die Gestaltungskraft des Denkens hat uns große Führer wie Alexander, Napoleon, Cromwell und unseren Washington beschert, führende Industrielle wie Carnegie, Morgan, Rockefeller und Harriman, Erfinder wie Stevenson, Morse, Marconi, Edison, Tesla, und viele andere. Wenn also der einzige Unterschied zwischen der Menschen in ihrer Fähigkeit liegt, zu denken, ihr Denken einzusetzen und zu steuern, es zu entwickeln – wenn das Geheimnis allen Erfolges, allen Könnens, aller Errungenschaft die Gestaltungskraft des Bewusstseins ist, die Gedankenkraft – dann sollte die Fähigkeit des richtigen Denkens ganz sicher das oberste Ziel eines jeden Menschen werden.

Wenn die Gestaltungskraft des Denkens in vollem Umfang verstanden worden ist, werden ihre phänomenalen Auswirkungen ersichtlich werden. Erfolge dieser Art lassen sich jedoch nicht ohne die richtige Anwendung,

Gewissenhaftigkeit und Konzentration erlangen. Der Lernende wird feststellen, dass die in der mentalen und spirituellen Welt herrschenden Gesetze ebenso unveränderlich und unfehlbar sind wie in der stofflichen Welt. Zur Gewährleistung der gewünschten Erfolge kommt es also darauf an, das Gesetz zu kennen und es zu befolgen. Man wird feststellen, dass die richtige Gesetzesbefolgung mit konstanter Exaktheit den gewünschten Erfolg erzielt. Jener Studierende, der lernt, dass Stärke von innen kommt, dass er lediglich deswegen schwach ist, weil er sich auf Hilfe von außen verlassen hat, und der sich ohne zu zögern voll in sein eigenes Denken hineinbegibt, richtet sich sofort auf, steht gerade, nimmt eine aufrechte Geisteshaltung an und bewirkt Wunder.

Von den Wissenschaftlern wissen wir, dass wir in universalem Äther leben. Dieser hat an sich keine Form, ist aber formbar und gestaltet sich um uns, in uns und in unserem Umfeld in Entsprechung dessen, was wir denken und sagen. Wir lösen seine Gestaltwerdung durch das aus,[67] was wir denken. Folglich ist das, was sich für uns in gegenständlicher Weise ausdrückt, eben das, was wir gedacht oder gesagt haben.

Das Denken ist regelgeleitet. Der Grund, weshalb wir nicht mehr Glauben zum Ausdruck gebracht haben, ist unser Unverständnis. Wir haben nicht verstanden, dass alles in exakter Übereinstimmung mit klaren Gesetzmäßigkeiten wirkt. Das Gesetz des Denkens ist ebenso konkret wie die Gesetzmäßigkeiten der Mathematik, die Gesetze der Chemie, die Gesetze der Elektrizität oder das Gravitationsgesetz. Wenn wir zu verstehen beginnen, dass Glück, Erfolg, Wohlstand und jede andere Bedingung oder Umgebung geschaffene Ergebnisse sind, und dass diese Ergebnisse durch

---

67) Anm. d. Übers.: Im engl. Original *set [the ether] into activity*, in wörtl. Übersetzung, "versetzen [den Äther] in Betätigung" (die zugleich „Auswirkung" ist).

richtiges Denken, sei es bewusst oder unbewusst, hervorgebracht worden sind, werden wir die Bedeutung ausreichender praktischer Kenntnisse der Gesetzmäßigkeiten begreifen, die das Denken steuern.

Jene Menschen, die zu einer bewussten Einsicht in die Kraft der Gedanken gelangen, befinden sich im Besitz des Besten, was das Leben zu bieten hat. Maßgebliche Dinge von höherer Ordnung werden die ihren, und diese erhabenen Gegebenheiten sind so beschaffen, dass sie zu handfesten Bestandteilen des alltäglichen Privatlebens gemacht werden können. Sie werden sich einer Welt der stärkeren Kraft bewusst und halten das Wirken dieser Kraft beständig aufrecht. Diese Kraft ist unerschöpflich, grenzenlos, und sie werden daher von Sieg zu Sieg vorwärtsgetragen. Hürden, die unüberwindbar erscheinen, werden bewältigt. Feinde werden in Freunde verwandelt, Bedingungen werden überwunden, Elemente umgewandelt, und das Schicksal wird bezwungen.

Die Versorgung mit dem Guten ist unerschöpflich, und das Verlangen kann sich nach dem richten, was immer wir begehren. Dies ist das mentale Gesetz von Angebot und Nachfrage.

Unsere Verhältnisse und unsere Umgebung sind durch unsere Gedanken gestaltet. Wir haben diese Bedingungen möglicherweise unbewusst geschaffen. Sollten sie unbefriedigend sein, besteht die Abhilfe darin, unsere Geisteshaltung bewusst zu verändern und zu sehen, wie sich unsere Verhältnisse dem neuen Geisteszustand anpassen. Daran ist nichts Verwunderliches oder Übernatürliches. Es ist einfach das Gesetz des Seins. Die Gedanken, die im Bewusstsein aufkeimen, werden notwendigerweise Früchte nach ihrer Art tragen. Auch der Gewiefteste kann „keine Trauben vom Dornstrauch pflücken und keine Feigen von den Disteln ernten"[68]. Um unsere Verhältnisse zu verbessern, müssen wir zunächst uns selbst weiterentwickeln. An unseren Gedanken und Wünschen werden die Fortschritte zuerst ablesbar sein.

In Unkenntnis der in der mentalen Welt herrschenden Gesetze zu sein bedeutet, wie ein Kind zu sein, das mit Feuer spielt, oder wie ein Mann, der ohne Kenntnisse von deren Eigenschaften und Verbindungen mit starken Chemikalien hantiert. Dies trifft allgemein zu, weil das Bewusstsein der eine große Beweggrund ist, welcher sämtliche Gegebenheiten im Leben von Männern und Frauen schafft.

Mit dem Eingeständnis, dass du allem so weit Gesagten zustimmst (und die meisten Menschen werden keine Einwendungen gegen irgendetwas erheben, das hier gesagt wird), steht immer noch eine praktische Anwendung des Gesetzes aus.

Um dieses Gesetz zu unserem Vorteil zu nutzen und uns in harmonische Beziehung damit zu bringen, so dass sein Nutzen in unserem Leben zum Ausdruck gebracht werden kann, müssen wir dafür sorgen, dass alle Bedingungen für sein richtiges Wirken erfüllt sind. Vielleicht kennen wir die Gesetze, denen die Elektrizität unterliegt, vielleicht haben wir alle dazugehörigen Vorrichtungen (die Lichtquellen, die Glaskugeln, die Drähte, die Schalter), und vielleicht wissen wir sogar, wie wir den Strom erzeugen können, doch wenn die Anschlüsse nicht richtig gelegt sind, können wir den Schalter bis zum Jüngsten Tag drücken, und es wird kein Licht geben. Genauso verhält es sich mit dem Gesetz der Anziehung. Es wirkt immerzu, überall. Ständig wird etwas geschaffen, etwas tritt zutage, alles verändert

---

68) Anm. d. Übers.: Haanel zitiert aus dem Matthäus-Evangelium (7, 16) bzw. Lukas-Evangelium (6, 44).

sich unaufhörlich. Um aber Nutzen aus diesem Prozess zu ziehen, ist es genauso vonnöten, das Gesetz zu befolgen, wie es bei der Elektrizität oder der Schwerkraft der Fall ist.

Das Bewusstsein ist schöpferisch und wirkt durch das Gesetz der Anziehung. Wir dürfen nicht versuchen, jemanden dahingehend zu beeinflussen, zu tun, was wir meinen, dass sie zu tun hätten. Jeder Einzelne hat das Recht, selbst zu wählen – doch abgesehen davon würden wir nach den Gesetzen der Gewalt agieren, welche ihrem Wesen nach zerstörerisch sind (und genau das Gegenteil des Anziehungsgesetzes). Ein paar Betrachtungen werden dich davon überzeugen, dass alle großen Naturgesetze im Stillen wirken, und dass das zugrunde liegende Prinzip das Gesetz der Anziehung ist. Es sind nur die zerstörerischen Prozesse wie Erdbeben und Katastrophen, die sich der Gewalt bedienen. Auf diese Weise wird niemals etwas Gutes geschaffen.

Um erfolgreich zu sein, muss die Aufmerksamkeit immer auf die schöpferische Ebene gerichtet sein – sie darf niemals auf Rivalität beruhen. Du wünschst nicht, jemand anderem etwas wegzunehmen. Du möchtest etwas für dich selbst schaffen, und was du für dich selbst wünschst, gönnst du jedem anderen in gleichem Maße.

Du weißt, dass es nicht nötig ist, vom einen zu nehmen, um dem anderen zu geben, sondern dass für alle reichlich vorhanden ist. Die Schatzkammer der Natur ist unerschöpflich, und wenn es an irgendeiner Stelle einen Versorgungsmangel gibt, liegt das nur daran, dass die Verteilungswege bislang noch unzureichend sind.

Fülle ist ein Naturgesetz des Universums. Der Beweis für dies Gesetz ist überzeugend. Wir finden ihn überall vor. Überall ist die Natur üppig, verschwenderisch und überbordend. In keinem geschaffenen Wesen wird Genügsamkeit eingehalten. In allem kommt Überfluss zum Ausdruck. Die

Millionen und Abermillionen von Bäumen und Blumen und Pflanzen und Tieren und der unermessliche Fortpflanzungsplan, in dem der Prozess des Erschaffens und Wiedererschaffens ewig weitergeht, deuten alle auf die Opulenz, mit der die Natur für den Menschen vorgesorgt hat. Dass es reichlich für jeden gibt, ist offensichtlich, ebenso offensichtlich ist jedoch, dass viele scheinbar von dieser Versorgung abgeschnitten sind – sie sind noch nicht zur Erkenntnis gelangt, dass alle Substanz universal ist und das Bewusstsein das Wirkprinzip, welches Ursachen in Bewegung setzt, wodurch wir mit den Dingen, die wir begehren, in Verbindung kommen.

Es ist daher offensichtlich, dass derjenige, der es versäumt, den großartigen Fortschritt, der in dieser höchsten und größten Wissenschaft gemacht wird, in vollem Umfang zu erforschen und sich zunutze zu machen, bald so weit der Zeit hinterherhinken wird wie jemand, der sich weigern wollte, die Vorteile zu würdigen und zu nutzen, die der Menschheit durch die Kenntnis der Gesetze der Elektrizität zuteil geworden sind.

Natürlich schafft das Bewusstsein negative Umstände ebenso bereitwillig wie günstige Bedingungen, und wenn wir uns bewusst oder unbewusst alle möglichen Mangelzustände, Begrenzungen und Konflikte vergegenwärtigen, schaffen wir eben diese Umstände. Dies ist es, was viele ständig unbewusst tun.

Dieses Gesetz wirkt wie jedes andere Gesetz ohne Rücksicht auf die einzelne Person, vielmehr ist es durchweg aktiv und führt jedem Einzelnen erbarmungslos haargenau das zu, was er geschaffen hat. Anders ausgedrückt, „Was der Mensch sät, das wird er ernten."[69]

Fülle bedarf daher einer Anerkennung der Gesetze der Fülle und der Tatsache, dass das Bewusstsein nicht nur der Schöpfer ist, sondern der einzige

---

69) Anm. d. Übers.: Ein weiteres Bibelzitat aus Galater 6, 7.

Schöpfer alles Existierenden. Zweifellos kann nichts geschaffen werden, bevor wir wissen, dass es geschaffen werden kann – und hierauf die entsprechenden Anstrengungen unternehmen. Es gibt heute auf der Welt nicht mehr Elektrizität als vor fünfzig Jahren, doch bevor jemand nicht das Gesetz erkannte, durch welches sie nutzbar gemacht werden konnte, kam sie uns nicht zugute. Jetzt, da man das Gesetz versteht, ist praktisch die ganze Welt davon erleuchtet. Ebenso ist es mit dem Gesetz der Fülle: Nur diejenigen, die das Gesetz anerkennen und sich in Einklang damit bringen, haben an seinem Nutzen teil.

Eine Anerkennung des Gesetzes der Fülle bildet bestimmte mentale und moralische Qualitäten heraus, welche Courage, Loyalität, Feingefühl, Klugheit, Persönlichkeit und Konstruktivität umfassen. Bei allen diesen handelt es sich um Denkmodalitäten. Und weil alles Denken kreativ ist, treten diese in Form tatsächlicher Umstände in Erscheinung, die dem mentalen Zustand entsprechen. Dies ist zwangsläufig der Fall, weil die Fähigkeit des Einzelnen zu denken seine Fähigkeit ist, auf das Universale Bewusstsein einzuwirken und es zum Ausdruck zu bringen. Es ist jener Prozess, durch welchen der Einzelne zu einem Kanal der Differenziertheit des Universalen wird. Jeder Gedanke ist eine Ursache, und jeder Zustand eine Auswirkung.

Dieses Prinzip stattet den Einzelnen mit scheinbar transzendentalen Möglichkeiten aus, welche seine Herrschaft über die Umstände durch das Schaffen und Erkennen von Möglichkeiten umfassen. Dieses Schaffen von Möglichkeiten schließt das Vorhandensein oder Geschaffenwerden der erforderlichen Qualitäten oder Begabungen ein, welche Gedankenkräfte sind und welche in einem Kraftbewusstsein münden, das auch darauf folgende Ereignisse nicht beeinträchtigen können. Dieser Aufbau von Sieges- oder Erfolgsbewusstsein ist es, dieses Bewusstsein von innerer Stärke, welches in Reaktion darauf den harmonischen Ausdruck bildet, durch den wir mit den von uns angestrebten Zielen und Zwecken verbunden werden. Dies ist das Gesetz der Anziehung in Anwendung. Dieses Gesetz, das Gemeingut ist, kann von jedem angewandt werden, der ausreichende Kenntnis von seiner Wirkungsweise hat.

Courage ist jene Kraft des Bewusstseins, welche in der Freude an mentaler Auseinandersetzung zum Ausdruck kommt. Es handelt sich um eine edle und erhabene Haltung. Sie eignet sich gleichermaßen zum Befehligen und zum Befolgen. Beides verlangt Courage. Sie tendiert oft dazu, im Verborgenen zu sein. Auch gibt es Männer und Frauen, die scheinbar nur dafür da sind, zu tun, was anderen gefällt; doch wenn es soweit ist und der verborgene Wille zum Vorschein kommt, findet man unter dem Samthandschuh eine eiserne Hand – worauf man sich verlassen kann! Wahre Courage ist besonnen, ruhig und gefasst; sie ist niemals verwegen, zänkisch, bösartig oder streitsüchtig.

Akkumulation ist die Kraft, einen Teil der Versorgung, die wir beständig erhalten, zurückzulegen und zu bewahren – um so in der Lage zu sein, Nutzen aus den größeren Chancen zu ziehen, welche auftreten werden, sobald wir dafür bereit sind. Ist nicht so gesagt worden: „Jedem, der hat, wird gegeben werden"[70]? Bei allen erfolgreichen Geschäftsleuten ist diese Qualität gut entwickelt. James J. Hill[71], der einen Besitz von mehr als zweiundfünfzig Millionen Dollar hinterließ, hat gesagt: „Wenn Sie wissen wollen, ob Sie dazu berufen sind, im Leben erfolgreich oder ein Versager zu sein, können Sie das leicht herausfinden. Der Test ist einfach, und er ist unfehlbar: Kannst du Geld sparen? Wenn nicht, scheide aus. Du verlierst.

---

70) Anm. d. Übers.: Das Bibelzitat entstammt Matthäus 25, 29.
71) James Jerome Hill (*16.09.1938 – †29.05.1916), zu Lebzeiten bekannt als "Empire Builder".

Du magst es nicht glauben, aber du verlierst todsicher. Du trägst den Samen des Erfolgs nicht in dir." Dies ist soweit sehr gut; doch jeder, der die Biografie von James J. Hill kennt, weiß auch, dass er durch Befolgung genau der von uns angegebenen Methoden in den Besitz seiner zweiundfünfzig Millionen Dollar gekommen ist. Ursprünglich begann er bei Null – er musste seine Vorstellungskraft einsetzen, um die gewaltige Bahnlinie zu idealisieren, die er quer durch die westlichen Prärien plante. Dann musste er das Gesetz der Fülle erkennen, um die Mittel und Wege bereitzustellen, sie zu verwirklichen. Hätte er dies Programm nicht durchgeführt, hätte er niemals etwas zu sparen gehabt.

Akkumulierung entwickelt eine Eigendynamik. Je mehr du akkumulierst, desto mehr begehrst du, und je mehr du begehrst, desto mehr akkumulierst du, so dass es nur kurze Zeit braucht, bis die Wirkung und Rückwirkung eine Eigendynamik entwickelt haben, die unaufhaltsam ist. Sie darf allerdings niemals mit Selbstsucht, Geiz oder Kargheit verwechselt werden. Jene sind Perversionen und machen jedes wahrhaftige Fortkommen unmöglich.

Konstruktivität ist der Schöpfungstrieb des Bewusstseins. Es liegt auf der Hand, dass jeder erfolgreiche Geschäftsmann planen, entwickeln oder konstruieren können muss. In der Geschäftswelt wird dies für gewöhnlich als Unternehmungsgeist bezeichnet. Es genügt nicht, auf ausgetretenen Pfaden mitzulaufen. Ebenso wie neue Ideen müssen neue Weisen entwickelt werden, Dinge umzusetzen. Dies kommt beim Bauen, Entwerfen, Planen, Erfinden, Entdecken und Verbessern zum Ausdruck. Es ist eine äußerst wertvolle Qualität, die ständig gefördert und weiterentwickelt werden muss. Jeder Einzelne verfügt darüber in gewissem Maße, weil er in jener Unendlichen und Ewigen Energie, der alle Dinge entspringen, ein Bewusstseinszentrum darstellt.

Wasser tritt auf drei Ebenen in Erscheinung: als Eis, als Wasser und als Dampf. Sie alle haben die gleiche Zusammensetzung, der einzige Unterschied ist ihre Temperatur; doch niemand würde versuchen wollen, einen Motor mit Eis anzutreiben. Wandle es zu Dampf um, und schon nimmt es die Last leicht auf. Ebenso verhält es sich mit deiner Energie: Möchtest du, dass sie auf kreativer Ebene wirkt, musst du damit beginnen, das Eis mit dem Feuer der Vorstellungskraft zu schmelzen – und du wirst feststellen, je stärker das Feuer ist und je mehr Eis du schmilzt, desto kraftvoller wird dein Denken werden, und desto leichter wird es dir fallen, dein Begehren zu verwirklichen.

Klugheit ist die Fähigkeit, das Naturgesetz wahrzunehmen und damit zu kooperieren. Wahre Klugheit meidet Schwindel und Täuschung wie die Pest. Es ist die Auswirkung dieser tiefen Einsicht, die dazu befähigt, ins Innerste der Dinge einzudringen und zu verstehen, wie man Ursachen in Gang setzt, welche zwangsläufig erfolgreiche Umstände schaffen werden.

Feingefühl ist eine sehr unterschwellige – und gleichzeitig eine sehr wichtige – Wirkungsgröße im Geschäftserfolg. Es ist der Intuition sehr ähnlich. Um Feingefühl zu besitzen, muss man ein gutes Gespür haben und instinktiv wissen, was zu sagen oder zu tun ist. Um feinfühlig zu sein, muss man Mitgefühl und Verständnis besitzen - jenes Verständnis, das so selten ist, denn alle Menschen sehen, hören und fühlen, doch wie hoffnungslos wenige „verstehen" auch! Feingefühl ermöglicht es uns vorauszusehen, was unmittelbar bevorsteht und das Ergebnis von Handlungen zu planen. Feingefühl ermöglicht es uns zu spüren, wann wir physische, mentale und moralische Reinheit vor uns haben, denn heute werden diese ausnahmslos als Erfolgstribut verlangt.

Loyalität ist eines der stärksten Bindeglieder, die Menschen mit Stärke und Charakter zusammenhalten. Es ist eines, das niemals ungestraft gebrochen werden kann. Dem Menschen, der eher seine rechte Hand verlieren als einen Freund verraten würde, wird es niemals an Freunden mangeln. Der Mensch, der, wenn nötig, bis zum Tode schweigend neben dem Schrein des Vertrauens oder der Freundschaft derjenigen wacht, die ihm Erlaubnis gaben, einzutreten, wird sich mit einem Strom kosmischer Energie verbunden sehen, welche ausschließlich erwünschte Bedingungen anziehen wird. Es ist undenkbar, dass ein solcher Mensch jemals irgendeinen Mangel leiden wird.

Individualität ist die Kraft, unsere eigenen verborgenen Möglichkeiten zu entfalten, uns selbst Gesetz zu sein, eher an der Menschheit als am Sachziel interessiert zu sein. Starke Menschen scheren sich nicht um die Schar der Nachahmer, die ihnen selbstzufrieden hinterherschlurft. Sie ziehen keine Befriedigung aus der bloßen Anführung großer Menschenmengen oder dem lauten Beifall der Massen. Dies schmeichelt nur niedrigen Naturen und Kleingeistern. Individualität triumphiert eher durch die Entfaltung der inneren Kraft als durch die Unterwürfigkeit des Schwächlings.

Individualität ist eine wirkliche Kraft, die allen innewohnt, und die Entwicklung und der konsequente Ausdruck dieser Kraft ermöglicht es dem Einzelnen, die Verantwortung dafür zu übernehmen, seine Schritte lieber selbst zu lenken als irgendeinem selbstgefälligen Leithammel hinterherzurennen.

Wahrheit ist die zwingende Voraussetzung allen Wohlseins. Sicher zu sein, die Wahrheit zu kennen und voll Zuversicht darauf zu stehen, ist eine unvergleichliche Befriedigung. Wahrheit ist die zugrunde liegende Wahrhaftigkeit, die Bedingung, welche jeder geschäftlichen oder sozialen Beziehung vorhergeht. Wahrheit ist der einzige feste Boden in einer Welt voller Krisen, Zweifel und Gefahren.

Jede Handlung, die sich nicht mit der Wahrheit verträgt, sei es aus Unkenntnis oder mit Absicht, zieht uns den Boden unter den Füßen weg, führt zu Konflikten und zwangsläufiger Einbuße und Konfusion. Denn während das schlichteste Gemüt die Folge jeder richtigen Handlung treffsicher vorhersagen kann, verirrt sich der größte, tiefgründigste und schärfste Geist bei Abweichung von den richtigen Prinzipien heillos und ohne jede Ahnung von den Folgen.

Jene Menschen, die in sich die Grundvoraussetzungen wahren Erfolgs schaffen, haben Zuversicht geschaffen, Siege organisiert, und es steht für sie lediglich noch an, von Zeit zu Zeit Schritte der Art zu unternehmen, wie ihnen von der neu erweckten Gedankenkraft vorgegeben wird. Und hierin liegt das magische Geheimnis aller Kraft.

Weniger als zehn Prozent unserer mentalen Prozesse finden bewusst statt. Die anderen neunzig Prozent sind unterbewusst und unbewusst, so dass derjenige, der sich für seinen Erfolg allein auf sein bewusstes Denken verlassen wollte, zu weniger als zehn Prozent leistungsfähig ist. Die Menschen, die irgendetwas von Wert vollbringen, sind jene, die dazu in der Lage sind, Nutzen aus dieser größeren Schatzkammer der mentalen Reichtümer zu ziehen. Der unermessliche Bereich des Unterbewusstseins ist der Ort, wo große Wahrheiten verborgen liegen; und hier findet das Denken auch seine Gestaltungskraft – seine Kraft, in Wechselwirkung mit seinem Inhalt zu treten, um das Sichtbare aus der unsichtbaren Welt hervorzuholen.

Jene Menschen, die die Gesetze der Elektrizität kennen, verstehen das Prinzip, nach dem Elektrizität immer von einem höheren zu einem geringeren Wirkungsvermögen übergeht; daher können sie die Energie in jeglicher gewünschten Form anwenden. Diejenigen, die dieses Gesetz nicht kennen, können nichts zustande bringen. Genauso verhält es sich mit den

Gesetzen, die in der Mentalen Welt herrschen. Diejenigen, die verstehen, dass das Bewusstsein alle Dinge durchdringt, Allgegenwärtig ist und auf jedes Begehren anspricht, können sich dies Gesetz zunutze machen und die Bedingungen, die Umstände und das Umfeld beeinflussen. Diejenigen, die unwissend sind, können sich seiner nicht bedienen, weil sie hiervon nichts wissen.

Der Ertrag dieses Wissens ist sozusagen ein Gottesgeschenk. Das „Wahre" ist, was die Menschen befreit: nicht nur von jeglicher Mangelerscheinung und Einschränkung, sondern von Kummer, Verdruss und Besorgnis. Ist es nicht wunderbar, festzustellen, dass dieses Gesetz ohne Rücksicht auf die einzelne Person gilt? Dass es hierfür keine Rolle spielt, welcher Art deine Gewohnheiten oder Denkweisen sind? – Der Weg ist bereitet.

Mit der Erkenntnis, dass diese mentale Kraft alle anderen Kräfte lenkt und beherrscht, die es gibt, dass sie kultiviert und entwickelt werden kann, dass ihrer Wirkung keine Beschränkung auferlegt werden kann, stellt sich heraus, dass sie die beste Gegebenheit der Welt ist, das Mittel gegen jeden Missstand, das Lösungskonzept für jede Schwierigkeit, die Erfüllung allen Begehrens. Genau genommen, dass sie die großartige Vorkehrung des Schöpfers für die Befreiung des Menschen ist.

Das Master Key System

Master Key
Arkana

Das Master Key System befasst sich eher mit Ursachen als mit Folgen, mit Beweisführungen statt mit Lehren, der Anwendung statt der Theorie.

Es findet schnell wachsenden Zuspruch aufgrund seiner großen Einfachheit, und weil es eine Erklärung für viele bis dato unbekannte Tatbestände sowie vorstellbare Erklärungen für viele weitere liefert.

Es ist eine Kraft, die mit einer Geschwindigkeit und Sicherheit an Boden gewinnt, dass es die Verfechter der Tradition und des Rückschritts verzagen lässt.

Dies trifft hauptsächlich zu, weil es sich Lehren, Spekulationen und Abstraktionen jeder Art enthält und sich auf das Wirken von Naturgesetzen beschränkt.

Diese Gesetze wirken mit wissenschaftlicher Exaktheit, und jene Menschen, denen es gelungen ist, sich ausreichende praktische Kenntnisse davon zu verschaffen, sind in der Lage, die Fesseln der Umgebung zu sprengen, grundlegende Kräfte zu beherrschen und sich die Potenziale der Unendlichkeit zunutze zu machen.

Viele Jahre lang hat wenig oder gar nichts, was die Geheimlehren betraf, der Öffentlichkeit preisgegeben werden dürfen; innerhalb der letzten fünfundzwanzig Jahre jedoch kam es in dieser Hinsicht zu größerer Freizügigkeit. Bis heute bilden sie einen wichtigen Bestandteil nahezu aller Lehren, in denen es um die letzte Wahrheit geht.

Diffus hat sich auf der ganzen Welt die Vorstellung verbreitet, es gäbe einen Studienprozess, dem man sich hier und dort anschlösse, und welcher zur Aneignung einer dem in Büchern oder von öffentlichen Lehrern vermittelten Wissen überlegenen Wissensform führe.

Jedoch stellte man ausnahmslos fest, dass dies Wissen sorgfältig gehütet wurde und der Studierende zum absolut undurchdringlichen Schweigen über alles verpflichtet war, was mit seinem Fortschritt zu tun hatte, so dass es unmöglich war, sich irgendetwas vorzustellen, was unwahrscheinlicher gewesen wäre als die eigenmächtige Preisgabe solcher Informationen durch jeglichen Schüler der großen Schulen der Geheimphilosophie.

Dies traf zu, weil diejenigen, die die Kontrolle darüber hatten, die Folgen einer verfrühten Enthüllung dieser wichtigen Prinzipien fürchteten. Sie befürchteten, dass ein unvorbereitetes öffentliches Bewusstsein noch nicht bereit sein könne, den richtigen Gebrauch von der außerordentlichen Kraft zu machen, welche die Anwendung dieser Prinzipien aufdeckte.

Doch die Zugänge zur wissenschaftlichen Erkenntnis sind offen für alle, und beharrliches Erforschen hat verborgene Durchlässe[72] freigelegt, welche zu den großartigsten vorstellbaren Welten der Erleuchtung führten.

Eine Zeitlang konnte man die Allgemeinheit mit der Vorstellung täuschen, Umwandlungen fänden nur auf der stofflichen Ebene statt, und man blieb weiterhin in Unkenntnis über die Tatsache, dass dies nichts als eine Entsprechung war, und dass die höheren Formen der Alchemie in den Mentalen und Spirituellen Gefilden stattfinden.

In eben diesen Gefilden wurde die angewandte Kunst der Beeinflussung der Kräfte der Natur entdeckt, und die Anwendung dieses Wissens auf Alltagsangelegenheiten stattet den Studierenden mit solch außerordentlicher Kraft aus, dass die Resultate durchweg wunderbar erscheinen.

Viele Menschen haben die im Master Key System gelehrten Prinzipien wahrgenommen, doch haben sie in ihrer Reaktion aus materialistischer Gebundenheit heraus einseitige Blickwinkel eingenommen und sind mentalen und spirituellen Ideen ohne die nötige Anerkennung der Bedeutung

---

72) Anm. d. Übers.: Im engl. Original *has revealed hidden passages*. Die figurative Doppeldeutigkeit des Textes (es können auch „verborgene Textstellen" gemeint sein) geht in der Übersetzung verloren.

der Naturgesetze gefolgt und dabei zu praxisfernen Idealisten geworden. Leugnen der Wahrheit trägt nicht zum Fortschritt bei.

Das Master Key System wird es dir ermöglichen, die Dinge eher als das wahrzunehmen, was sie sind, als was sie zu sein scheinen.

Der wissenschaftliche Geist herrscht heute in jeglichem Leistungsbereich vor. Ursachen- und Wirkungsverhältnisse werden nicht länger missachtet.

Die Entdeckung einer Herrschaft des Gesetzes markierte eine Epoche im Fortschritt der Menschheit. Sie löschte das Moment der Unwägbarkeit und Willkür aus dem Leben der Menschen und ersetzte es durch Gesetz, Beweggrund und Gewissheit.

Die Menschen verstehen jetzt, dass es für jedes Resultat eine zweckdienliche und konkrete Ursache gibt, weswegen sie, wenn ein bestimmtes Ergebnis gewünscht wird, nach der alleinigen Bedingung suchen, durch welche dies Ergebnis erzielt werden kann.

Die Basis, auf die sich alles Gesetz stützt, wurde durch induktives Schließen entdeckt, welches darauf beruht, eine Anzahl unabhängiger Fälle miteinander zu vergleichen, bis der gemeinsame Faktor sichtbar wird, der sie hervorgerufen hat.

Eben dieser Beobachtungsmethode verdanken die zivilisierten Länder einen Großteil ihres Wohlstands und den wertvolleren Teil ihres Wissens. Sie hat Leben verlängert. Sie hat Schmerzen gelindert. Sie hat Flüsse überspannt. Sie hat die Nacht mit dem Glanz des Tages erhellt. Sie hat das Sichtfeld erweitert, die Bewegung beschleunigt, die Distanz aufgehoben, den Verkehr erleichtert und es den Menschen ermöglicht, ins Meer hinabzutauchen und in die Luft aufzusteigen. Kein Wunder also, dass die Menschen bald darum bestrebt waren, den Segen dieses Beobachtungssystems auf ihre Denkmethoden auszuweiten, so dass – als klar erkennbar wurde, dass bestimmte Resultate auf eine besondere Denkmethode folgten – nur noch verblieb, diese Resultate auszuwerten.

Diese Methode ist wissenschaftlich, und es ist die einzige Methode, die es uns erlaubt, jenen Grad an Freiheit und Ungebundenheit zu bewahren, den wir gewohnheitsmäßig als unser unverzichtbares Recht betrachten – weil, wie es der Direktor der California University School of Education, Prof. A. F. Lange ausgedrückt hat, „Demokratie ... zuhause und in der Welt nur sicher [ist], wenn nationale Bereitschaft solche Dinge bezeichnet wie ein wachsendes Mehr an Gesundheit, geballte Leistungskraft in öffentlichen und privaten Unternehmen jeglicher Art, beständigen Fortschritt in der Wissenschaft und Kunst des gemeinschaftlichen Handelns, und das immer stärker vorherrschende Bemühen darum, dass all diese und alle anderen Aspekte der nationalen Entwicklung das emporstrebende Leben zum Mittelpunkt haben und sich um dieses drehen, im einzelnen wie gemeinschaftlich, wofür Naturwissenschaft, Kunst und Ethik die Richtlinien und leitenden Beweggründe liefern."

Das Master Key System basiert auf reiner wissenschaftlicher Wahrheit, und es wird die Möglichkeiten entfalten, welche im Einzelnen schlummern und lehren, wie diese zu kraftvollem Einsatz gebracht werden können, um die Leistungsfähigkeit des Betreffenden zu steigern, indem es dessen Energie, Urteilsfähigkeit, Lebenskraft und mentale Anpassungsfähigkeit erhöht. Der Studierende, der ein Verständnis von den mentalen Gesetzen erlangt, die hier enthüllt werden, wird sich eine Fähigkeit aneignen, für nie zuvor erträumte Erfolge zu sorgen, welche zudem auf eine Weise belohnt wird, die sich kaum in Worten ausdrücken lässt.

Es erklärt den richtigen Gebrauch sowohl der rezeptiven als auch der aktiven Komponenten der mentalen Natur und unterweist den Schüler in der Wahrnehmung von Gelegenheiten. Es stärkt den Willen und das

Denkvermögen und lehrt die Kultivierung und die besten Nutzungsweisen der Vorstellungskraft, des Begehrens, der Emotionen, und der intuitiven Fähigkeit. Es verleiht Entschlusskraft, Beharrlichkeit in der Absicht, Klugheit bei Entscheidungen, intelligentes Mitempfinden und einen umfassenden Genuss des Lebens auf dessen höheren Ebenen.

Das Master Key System lehrt den Gebrauch der Kraft des Bewusstseins – wahrer Kraft des Bewusstseins – nicht irgendeiner ihrer Ersatzformen und Perversionen. Es hat nichts mit Hypnose, Magie oder irgendeinem jener mehr oder minder faszinierenden Blendwerke zu tun, durch welche viele Menschen dazu verleitet werden zu glauben, dass etwas umsonst erhältlich sein könne.

Das Master Key System entwickelt und entfaltet das Verstehen, das dich in die Lage versetzt, den Körper und damit die Gesundheit zu beeinflussen. Es verbessert und stärkt das Gedächtnis. Es entwickelt Erkenntnis, jene Art Erkenntnis, die so selten ist, jene Art, die das Erkennungsmerkmal eines jeden erfolgreichen Geschäftsmannes ist, jene Art, die es den Menschen ermöglicht, nahe liegende Chancen wahrzunehmen - denn Tausende versäumen es, fast zum Greifen nahe Gelegenheiten wahrzunehmen, während sie fleißig damit beschäftigt sind, an Umständen zu arbeiten, die unmöglich dazu gebracht werden können, irgendeinen wesentlichen Ertrag zu erzielen.

Das Master Key System entwickelt Mentale Kraft, was bedeutet, dass andere instinktiv erkennen werden, dass du ein Mensch mit Stärke, mit Charakter bist – dass sie tun wollen werden, was du dir von ihnen wünschst. Es bedeutet, dass du Menschen und Dinge anziehen wirst, und dass du sein wirst, was manche Menschen als „glücklich" bezeichnen, und dass dir „alles" zufällt. Es bedeutet, dass du zu einem Verständnis der grundlegenden Naturgesetze gelangt bist und dich selbst in Einklang mit ihnen gebracht hast, dass du in Einklang mit dem Unendlichen bist, dass du das Gesetz der Anziehung verstehst, die Naturgesetze des Wachstums, die Psychologischen Gesetze, auf welchen sämtliche Vorteile in der gesellschaftlichen Welt und der Geschäftswelt beruhen.

Mentale Kraft ist Gestaltungskraft. Sie verleiht dir die Fähigkeit, selbst zu gestalten. Dies bedeutet nicht die Fähigkeit, jemand anderem etwas wegzunehmen. Die Natur macht Derartiges niemals. Die Natur lässt zwei Grashalme wachsen, wo zuvor einer wuchs, und die Kraft des Bewusstseins ermöglicht es den Menschen, das Gleiche zu tun.

Das Master Key System entwickelt Erkenntnis und Klugheit, gesteigerte Unabhängigkeit, die Fähigkeit und Bereitschaft dazu, nützlich zu sein; es baut Misstrauen, Depression, Furcht, Schwermut, und jegliche Art der Entbehrung, Einschränkung und Schwäche einschließlich Schmerz und Krankheit ab; es ruft verborgene Talente wach, liefert Unternehmungsgeist, Stärke, Energie, Lebenskraft. Es weckt ein Verständnis für das Schöne in der Kunst, der Literatur und der Wissenschaft.

Es hat die Leben von tausenden von Männern und Frauen verändert, indem es klare Prinzipien an die Stelle von zweifelhaften und verschwommenen Methoden setzte – und Prinzipien sind das Fundament, auf welchem jedes leistungsstarke System basiert.

Der Präsident des größten Unternehmens der Vereinigten Staaten [Elbert Gary von der United States Steel Corporation] hat einmal gesagt: „Die Dienste von Beratern, Unterrichtenden, Rationalisierungsfachleuten im erfolgreichen Management sind für die meisten größeren Unternehmen unverzichtbar, doch ich halte die Erkennung und Aneignung von richtigen Prinzipien für erheblich wichtiger." Das Master Key System lehrt richtige Prinzipien und schlägt praktische Anwendungsmethoden der Prinzipien vor. Hierin unterscheidet es sich von jedem anderen Lehrgang; es lehrt, dass der einzig mögliche Nutzen, der einem Prinzip anhaften kann, in dessen Anwendung liegt. Viele lesen Bücher, nehmen Studieninhalte mit nach Hause, besuchen ihr Leben lang Vorlesungen, ohne jemals Fortschritte darin zu machen, den Nutzen der damit verbundenen Prinzipien unter Beweis zu stellen. Das Master Key System schlägt Methoden vor, mittels derer der Nutzen der gelehrten Prinzipien unter Beweis gestellt und in der alltäglichen Erfahrung in die unmittelbare Tat umgesetzt werden kann.

Es findet ein Wandel im Denken der Welt statt. Dieser Wandel ereignet sich mitten unter uns und ist wichtiger als jeder, den die Welt seit dem Untergang des Heidentums erlebt hat.

Die gegenwärtige Umwälzung in den Auffassungen aller Bevölkerungsschichten, sowohl den Höchstgestellten und Kultiviertesten als auch denen der Arbeiterklasse, ist ohnegleichen in der Weltgeschichte.

Die Naturwissenschaft hat in der letzten Zeit derart große Entdeckungen gemacht, eine solche Unbegrenztheit an Ressourcen aufgedeckt, solch unerhörte Chancen und solch unerwartete Kräfte offenbart, dass Wissenschaftler immer mehr zögern, bestimmte Theorien als „fundiert" und „unbestreitbar" anzuerkennen oder bestimmte andere Theorien als „irrational" oder „unmöglich" abzulehnen. Und so wird eine neue Kultur geboren. Bräuche, Glaubensbekenntnisse und Unmenschlichkeit gehen vorüber; Vorstellungsvermögen, Vertrauen und Dienen nehmen ihre Stelle ein. Die Fesseln der Tradition werden der Menschheit vom Leib geschmolzen, und während die Schlacke des Materialismus in den Flammen aufgeht, wird das Denken befreit, und vor einer staunenden Masse steigt der Stern der Wahrheit in vollem Rund[73] auf.

---

73) Anm. d. Übers.: Im engl. Original *full(-)orbed* (die Metapher bezeichnet die Sichtbarkeit eines Himmelskörpers bei voll erleuchteter Kugel; vgl. *full moon*).

Die gesamte Welt steht an der Schwelle eines neuen Bewusstseins, einer neuen Kraft, und einer neuen Verwirklichung der dem Selbst innewohnenden Ressourcen. Das letzte Jahrhundert erblickte den glorreichsten materiellen Fortschritt der Geschichte. Das neue Jahrhundert wird den größten Fortschritt im mentalen und spirituellen Vermögen hervorbringen.

Die Naturwissenschaft hat Stoffe in Moleküle zerlegt, Moleküle in Atome, Atome in Energie, und es blieb Mr J. A. Fleming[74] in einer Ansprache vor der Royal Institution[75] vorbehalten, diese Energie in Bewusstsein zu zerlegen. Er sagt: „In ihrer äußersten Essenz könnte Energie für uns unfassbar bleiben, außer in Form einer Widerspiegelung der unmittelbaren Arbeitsweise dessen, was wir „Bewusstsein" oder „Wille" nennen."

Sehen wir uns an, welches die stärksten Kräfte der Natur sind. In der Mineralwelt ist alles fest und unveränderlich. Im Tier- und Pflanzenreich ist es im Wandel begriffen – in unaufhörlicher Veränderung, in ständigem Erschaffenwerden und Wiedererschaffenwerden. In der Atmosphäre finden wir Wärme, Licht und Energie vor. Die einzelnen Gefilde werden nach und nach feiner und spiritueller, wenn wir vom Sichtbaren zum Unsichtbaren, vom Groben zum Feinen, vom geringen Wirkungsvermögen zum hohen Wirkungsvermögen übergehen. Wenn wir beim Unsichtbaren angelangt sind, stoßen wir dort auf Energie in ihrem reinsten und höchst flüchtigen Zustand.

Und so wie die stärksten Kräfte der Natur die unsichtbaren Kräfte sind, so stellen wir fest, dass die stärksten Kräfte des Menschen seine unsichtbaren Kräfte sind – nämlich seine spirituelle Kraft – und die einzige Weise, wie die spirituelle Kraft in Erscheinung treten kann, ist über den Prozess

---

74) Sir John Ambrose Fleming (*29.11.1849 – †18.04.1945), brit. Elektroingenieur und Physiker.

75) Anm. d. Übers.: Königliche Anstalt von Großbritannien, gegr. 1799 in London von führenden brit. Wissenschaftlern um H. Cavendish und G. Finch.

des Denkens. Das Denken ist die einzige Wirkkraft, über die der Geist verfügt, und Gedanken sind das einzige Produkt des Denkens.

Daher sind Addition und Subtraktion spirituelle Übertragungen. Schlussfolgern ist ein spiritueller Prozess. Vorstellungen sind spirituelle Empfängnisse. Fragen sind spirituelle Suchscheinwerfer. Logik, Beweis und Philosophie sind spirituelle Mechanismen.

Jeder Gedanke bringt bestimmte Körpergewebe, Teile des Gehirns, der Nerven oder Muskeln in Bewegung. Daher bedarf es lediglich einer bestimmten Menge an Gedanken zu einem gegebenen Thema, um eine völlige Veränderung der stofflichen Ordnung eines Menschen zu bewirken.

Dies ist der Prozess, durch welchen Unvermögen in Erfolg umgewandelt wird. Gedanken des Mutes, der Kraft und der Inspiration ersetzen Gedanken des Versagens, der Verzweiflung, des Mangels, der Einschränkung und des Unfriedens. Und indem diese Gedanken Wurzeln schlagen, wird das Körpergewebe umgewandelt, und der Einzelne sieht das Leben in einem neuen Licht. Das Alte ist tatsächlich vorüber, alles hat sich erneuert. Er ist wiedergeboren worden, diesmal vom Geist geboren, und das Leben hat eine neue Bedeutung für ihn. Er ist wiederaufgebaut und erfüllt von Freude, Zuversicht, Hoffnung, und Energie. Er sieht Erfolgschancen, für welche er bisher blind war. Er erkennt Möglichkeiten, die zuvor keine Bedeutung für ihn hatten. Die Erfolgsgedanken, von welchen er nun durchdrungen ist, werden zu den Menschen um ihn herum ausgestrahlt, und diese wiederum helfen ihm, voranzukommen und aufzusteigen. Er zieht neue und erfolgreiche Kontakte an, und dies wiederum verändert sein Umfeld, so dass ein Mensch durch diese einfache Ausübung des Denkens nicht nur sich selbst, sondern seine Umgebung, seine Verhältnisse und seine Lebensumstände ändert.

Du siehst - du musst einfach sehen! - dass uns der Anbruch einer neuen Zeit bevorsteht. Dass die Möglichkeiten so großartig, so faszinierend, so grenzenlos sind, dass es fast schon verwirrend ist. Noch vor einem Jahrhundert hätte jeder im Besitz eines Flugzeugs oder auch nur eines Maschinengewehrs eine gesamte mit dem damals gebräuchlichen Kriegsgerät ausgerüstete Armee vernichten können. Genauso ist es heute. Jeder, der über Kenntnisse der im Master Key enthaltenen Möglichkeiten verfügt, hat der Masse gegenüber einen unvorstellbaren Vorteil.

Das Master Key System erscheint in vierundzwanzig Abschnitten; wöchentlich wird ein Teil zugeschickt. Jeder Teil enthält eine Fragenreihe, durch die dein Verständnis der Lektion getestet wird. Du bist aufgefordert und dringend gemahnt, jegliche und sämtliche Fragen zu stellen, die dir bezüglich der Lektion oder der dein eigenes spezielles Problem betreffenden Anwendung der Prinzipien in den Sinn kommen.

Vielen ist dies Privileg ein Vielfaches der Kosten der Gesamtleistung wert. Viele bezeichnen den auf diese Weise erhaltenen Rat als unbezahlbar.

Rezension:
Der Master Key

von Doktor T. R. Sanjivi

Master Key
Arkana

Rezension: Der Master Key von Doktor T. R. Sanjivi, Herausgeber des „Kalpaka"[76],Tinnevelly, Südindien

Dies ist ein Zeitalter der Erkundung, und damit der Entdeckung. Und die großartigste Entdeckung des Zeitalters ist die Entdeckung der Gedanken-Kraft oder Gedanken-Energie. Seine Bedeutung ist jedoch noch nicht in der Weise ins menschliche Bewusstsein vorgedrungen, wie sie es in jenen leuchtenden Tagen der Glanzzeit Indiens, jedenfalls in den gebildeten Kreisen, getan haben soll.

Das hier besprochene „System" ist wahrhaftig eine klare Darlegung der Gestaltungskraft richtigen Denkens, und mit Sorgfalt und System ausgearbeitet, damit seine Schüler sich die Bedeutung der aus einem regelmäßigen Schulungslehrgang gewonnenen praktischen Resultate selbst erschließen können.

Dieser Lehrgang besteht aus vierundzwanzig Teilen. Teil Eins handelt von den Beziehungen zwischen der „Welt Innerhalb" und der „Welt Außer-

---

76) Anm. d. Übers.: *„The Kalpaka"* (benannt nach dem traditionellen indischen „Wunschbaum"), ein spirituelles Monatsjournal der Yogi Publication Society.

halb". Teil Zwei befasst sich mit den beiden Formen mentaler Aktivität[77] und beinhaltet Anleitungen zur Prägung des Unterbewussten. „Wie man den Solarplexus weckt und Furcht vollkommen auflöst" wird in Teil Drei behandelt. In Teil Vier ist unter anderem von der Entwicklung von Vertrauen und Mut die Rede, und in Teil Fünf vom Geheimnis der Konzentration, Visualisierung und Verwirklichung von Idealvorstellungen. Die folgenden drei Abschnitte sind insofern bedeutsam, als sie wunderbare Unterweisungen in die Nutzbarmachung der Vorstellungskraft enthalten, das Geheimnis der Lösung für jegliches Problem und eine zuverlässige Sadhana-Übung[78], welche das Gesetz der Fülle veranschaulicht. Weitere Abschnitte nehmen die nützlichen Hinweise und Unterrichtungen hinsichtlich der dynamischen Kraft der Gedanken, der mentalen Harmonie und Leistungsfähigkeit, der Kontrolle über das Schicksal oder Karma, das Gesetz, mittels dem der Sadhaka weitere Formen der Verstandeskraft steuern kann, das Ausmerzen von Krankheit und das Geheimnis mentaler Therapeutik wieder auf. Teil Dreiundzwanzig ist ein Trost für diejenigen, denen das anwendungsorientierte Wesen der Spiritualität kein Begriff ist. Der letzte Abschnitt ist beileibe nicht der am wenigsten nützliche – und ist ein Segen für diejenigen, die danach streben, die wundervollen Geheimnisse der Theorie und Praxis des schöpferischen Denkens zu beherrschen. Dies ist die Schlusslektion, die den Studierenden gemahnt, die Wahrheit zu kennen. Durch das Studieren dieser etlichen Lektionen wird der Schüler wissen, dass er ein wunderbares Wesen mit wunderbaren verborgenen

---

77) Anm. d. Übers.: Haanel unterscheidet den bewussten (*conscious*) und den unterbewussten (*subconscious*) Aktivitätsmodus.

78) Anm. d. Übers.: Im engl. Original *sadhana* (von sanskrit *sādhana, sadh*: „direkt auf ein Ziel zugehen", „erfolgreich sein") – eine spirituelle Disziplin oder Übung mit dem Ziel, ein bestimmtes geistiges Ziel (z. B. Erleuchtung) zu erreichen. Der oder die spirituell Übende wird als *sadhaka* bezeichnet.

Stärken und Ressourcen in einem wahrhaft wunderbaren Universum ist. Studierende, die hoch hinauswollen, werden Freude an diesem Lehrgang haben. Viele der hierin vorgestellten oder beschriebenen Methoden können ihm bei seinem Existenzkampf behilflich sein.

Höhepunkt und Krönung dieser wertvollen Anleitungen ist natürlich jener Anteil, der die Übungsaufgaben zur Visualisierung und Konzentration betrifft, mittels derer wir uns die Kontrolle über den unschätzbar kostbaren Mechanismus des Bewusstseins verschaffen können. Abschließend möchten wir sagen, dass wir den Lehrgang genossen haben und allen Interessenten empfehlen möchten, das Studium zu verinnerlichen, es zu verdauen und Gewinn aus den Anleitungen zu ziehen.

Aus den Dore-Vorlesungen über Bewusstseinslehre (1909)

von Thomas Troward

Master Key
Arkana

Thomas Troward (1847 – 1916)

Thomas Troward wurde 1847 als Sohn von Albany und Frederica Troward in Punjab in Indien geboren. Um die Schule besuchen zu können, wurde er nach England zurückgebracht, wo er 1865 – im Alter von achtzehn Jahren – mit höchsten Auszeichnungen im Fach Literatur vom College abging.

Mit zweiundzwanzig Jahren kehrte er 1869 nach Indien zurück und legte die schwierige Prüfung zur Aufnahme in den indischen Staatsdienst ab. Eines der Prüfungsfächer war Metaphysik, und Troward überraschte die Anwesenden mit der Originalität seiner Antworten. Er wurde Staatsanwaltsgehilfe und wurde schnell zum Bereichsrichter im Pandschab[79] befördert, wo er die nächsten fünfundzwanzig Jahre lang im Dienst war. In Indien heiratete er seine erste Frau, mit der er drei gemeinsame Kinder hatte. Nach dem Tod seiner ersten Ehefrau heiratete er ein zweites Mal und bekam drei weitere Kinder. Seine zweite Frau Sarah Ann beteiligte sich nach seinem Tod an der Veröffentlichung seiner Werke.

Man beschrieb ihn als liebenswürdigen und einfühlsamen Mann mit schlichtem, natürlichem Auftreten. Während seines Aufenthalts in Indien erlernte er die Landessprache. Er studierte sämtliche Bibeln der Welt einschließlich des Korans, hinduistischer Schriften und Büchern über Yoga-Philosophie. Sein Studium der hebräischen Originale war die Grundvoraussetzung für sein Buch „Bible Mystery and Bible Meaning"[80].

---

79) Anm. d. Übers.: „Fünfstromland", eine ehemalige Provinz Britisch-Indiens, welche 1947 zwischen Pakistan und der Ind. Union aufgeteilt wurde.

80) Anm. d. Übers.: Im Deutschen sinngemäß „Geheimnis und Bedeutung der Bibel" – eine deutsche Übersetzung des 1913 erstveröffentlichten Titels liegt m. W. nicht vor.

Trowards Genialität blieb nicht ohne Anerkennung. Der Philosoph William James[81] beschrieb Trowards in Edinburgh gehaltene Vorlesungen über die Bewusstseinslehre als „mit Abstand die klügste philosophische Darlegung, die ich kenne – wunderschön in ihrer durchgehenden Klarheit der Gedanken und des Stils, eine geradezu vollendete Darlegung."

Thomas Troward starb am 16. Mai 1916 im Alter von 69 Jahren.

---

81) (*11.01.1842 – †26.08.1910)

In den Geist davon eintauchen[82]

Uns allen ist die Bedeutung dieser Wendung im Alltag bekannt. Der „Geist" ist das, was allem Leben und Regung gibt, er ist genau genommen das, was es überhaupt vorhanden sein lässt. Der Gedanke des Autors, die Ideenskizze des Künstlers, die Empfindung eines Musikers sind die Dinge, ohne die ihre Werke niemals entstanden wären, und so können wir ihm nur durch unser Eintauchen in die Vorstellung, welche zur Entstehung des Werkes geführt hat, den ganzen Genuss und Nutzen abgewinnen, den es uns schenken kann. Wenn wir nicht in ihren Geist eintauchen können, sind das Buch, das Bild und die Musik ohne Bedeutung für uns: Um sie würdigen zu können, müssen wir die Geisteshaltung ihres Schöpfers nachempfinden. Dies ist ein universales Prinzip; wenn wir nicht in den Geist einer Sache eintauchen, ist sie für uns unzugänglich; wenn wir aber in sie eintauchen, bilden wir in uns selbst die gleiche Eigenschaft des Lebens ab, die die Sache ins Dasein gerufen hat.

Wenn dies aber nun ein allgemeines Prinzip ist, warum können wir es nicht auf eine höhere Seinsebene übertragen? Warum nicht bis zum höchsten Punkt des Ganzen? Können wir nicht in den schaffenden Geist des Lebens selbst eintauchen, und ihn so in uns selbst als immerwährenden Quell des Lebendigseins reproduzieren?

Dies ist sicherlich eine Frage, die unsere sorgfältige Überlegung verdient hat.

---

82) Anm. d. Übers.: Im engl. Original *Entering into the Spirit of It*, allgemeiner auch: „sich in (eine Sache) einfühlen oder hineinversetzen", „bei (einer Sache) voll dabei sein".

Der Geist von etwas ist, was Ursprung seiner anhaftenden Regung ist, und daher lautet die vor uns liegende Frage: Was ist das Wesen dieser ursprünglichen antreibenden Kraft, welche im hinteren Bereich jenes unendlichen Spektrums an Leben steht, welches wir ringsum sehen, einschließlich unseres eigenen Lebens? Die Wissenschaft gibt uns hinreichend Grund zu sagen, dass es nicht stofflich ist, da die Wissenschaft inzwischen – zumindest theoretisch – alle stofflichen Dinge auf einen ursprünglichen, universal verbreiteten Äther zurückführt, dessen unzählige Teilchen sich in vollkommener Ausgewogenheit befinden; woraus allein schon aus mathematischen Gründen folgt, dass die anfängliche Bewegung, die die Welt und alle stofflichen Substanzen aus den Teilchen des zerstreuten Äthers zu verdichten begann, ihren Ursprung nicht in den Teilchen selbst haben konnte. Somit sind wir durch eine notwendige Ableitung von den Schlussfolgerungen der Naturwissenschaften dazu genötigt, uns des Vorhandenseins einer nichtstofflichen Kraft bewusst zu werden, welche imstande ist, bestimmte spezielle Bereiche abzutrennen, um dort das Wirken kosmischer Energie sichtbar zu machen – und dann in systematischer Evolutionslinie ein stoffliches Universum mit all dessen Bewohnern aufzubauen, wobei jedes Stadium den Grundstein für die Entwicklung des darauf folgenden Stadiums ist – kurzum, wir sehen uns mit einer Kraft konfrontiert, welche ihre Fähigkeiten zur Auslese und Anpassung von Mitteln an die Zwecke in riesigem Ausmaß zur Schau stellt und auf diese Weise, gemäß einem erkennbaren Plan kosmischer Progression, Energie und Leben verteilt. Daher ist es nicht nur „Leben", sondern auch „Intelligenz", und von Intelligenz geleitetes Leben wird zu „Willenskraft". Eben diese grundlegende Ursprungsenergie meinen wir, wenn wir vom „Geist" sprechen, und in eben diesen Geist des ganzen Universums müssen wir eintauchen, wollen wir ihn als Quelle des Ursprünglichen Lebens in uns reproduzieren.

Im Fall der Produkte künstlerischer Genialität wissen wir inzwischen, dass wir in die Regung des schöpferischen Bewusstseins des Künstlers eintauchen müssen, bevor wir das Prinzip erkennen können, das den Anlass für sein Werk gibt. Wir müssen lernen, an dieser Empfindung teilzuhaben, um einen Ausdruck zu finden für das,[83] was der Beweggrund seiner schöpferischen Tätigkeit ist. Können wir nicht dasselbe Prinzip auf das Höhere Schöpferische Bewusstsein übertragen, mit dem wir in Austausch treten wollen? Im Werk des Künstlers steckt etwas, was mit dem Werk der ursprünglichen Schöpfung verwandt ist. Sein Werk – sei es literarisch, ein Musikstück oder aus dem Bereich der Bildenden Kunst – ist ursprüngliche Schöpfung im kleinen Maßstab, und hierin unterscheidet es sich vom Werk des Ingenieurs (welches konstruktiv ist) oder dem des Wissenschaftlers (welches analytisch ist); denn der Künstler schafft gewissermaßen Etwas aus dem Nichts, weswegen er vom Ausgangspunkt der bloßen Empfindung aus beginnt und nicht von einem vorab existierenden Sachzwang her. Dies trifft bei gegebenem Sachverhalt auch für das Ursprüngliche Bewusstsein zu – weil es in dem Stadium, in welchem die erste Regung der Schöpfung stattfindet, keine bestehenden Bedingungen dafür gibt, die Bewegung eher in die eine Richtung als in die andere zu drängen. Somit ist die Richtung, die der schöpferische Impuls nimmt, nicht von äußeren Umständen her bestimmt, und die erste Regung muss daher von der Einwirkung des Ursprünglichen Bewusstseins auf sich selbst herrühren; es ist das Streben dieses Bewusstseins nach Verwirklichung all dessen, was es zu sein verspürt.

Der Schöpfungsprozess ist daher zuallererst reine Gefühlssache – genau das, was wir als „Leitmotiv" eines Kunstwerks bezeichnen.

---

83) Anm. d. Übers.: Im engl. Original *to find [an] expression for [that] which is...* (sic) wurde in der Übersetzung sinngemäß ergänzt.

Dieses ursprüngliche Empfinden ist eben das, in das es einzutauchen gilt, weil es Ursprung und Quelle[84] der gesamten hierauf folgenden Kausalkette ist. Was kann dieses ursprüngliche Empfinden des Geistes dann sein? Da der Geist „das Leben an sich" ist, kann sein Empfinden nur dem volleren Ausdruck des Lebens gelten – jede andere Art von Empfinden wäre selbstzerstörerisch und ist daher unvorstellbar.

Weiterhin schließt der volle Ausdruck des Lebens Glück ein, und Glück setzt Harmonie voraus, und Harmonie bedarf der Ordnung, und Ordnung umfasst Proportion, und Proportion bringt Schönheit mit sich; so dass wir, wenn wir die dem Geist innewohnende Tendenz hin zur Erzeugung von Leben feststellen, eine ähnliche innewohnende Tendenz zur Erzeugung auch dieser anderen Qualitäten feststellen können; und da der Drang danach, die größere Fülle freudigen Lebens zu schenken, nur als „Liebe" bezeichnet werden kann, lässt sich das Ganze jenes Empfindens, welches der ursprüngliche Bewegungsantrieb des Geistes ist, zusammenfassend „Liebe und Schönheit" nennen – wobei der Geist sich in Formen von Schönheit in Lebenszentren ausprägt, die in harmonischer, wechselseitiger Beziehung zu ihm selbst stehen. Dies ist eine verallgemeinerte Darstellung des umfassenden Prinzips, durch das sich Geist – gemäß eines ihm innewohnenden Gesetzes der Neigung – vom Innersten zum Äußersten ausdehnt.

Er findet sich gleichsam, in jeweils passender Form, in verschiedensten Lebens- und Energiezentren widergespiegelt; zunächst aber können diese Abbilder außerhalb des Ursprungsbewusstseins nicht vorhanden sein. Ihre ersten Ansätze sind mentale Bilder, weswegen wir neben den Kräften der Intelligenz und der Selektion auch die der Vorstellungskraft als dem Göttlichen Bewusstsein zugehörig begreifen müssen; und wir müssen uns diese

---

84) Anm. d. Übers.: Im engl. Original *„fons and origo"* (hier lat. für "source and origin").

Kräfte als Auswirkungen des anfänglichen Liebes- und Schönheitsmotivs vorstellen.

Eben dies ist der Geist, in den wir eintauchen müssen, und die Herangehensweise hierfür ist eine absolut schlüssige: Es handelt sich um dieselbe Methode, mit welcher aller wissenschaftliche Fortschritt gemacht wird. Sie besteht darin, zunächst zu beobachten, wie ein bestimmtes Gesetz unter den naturgegebenen Bedingungen funktioniert, dann reiflich zu überlegen, welches Prinzip dieses unwillkürliche Wirken erkennen lässt, und schließlich hiervon abzuleiten, wie dasselbe Prinzip unter eigens ausgewählten, nicht naturgegebenen Umständen wirken würde.

Der Fortschritt im Schiffbau liefert ein gutes Beispiel für das, was ich meine. Früher wurde Holz anstelle von Eisen eingesetzt, weil Holz auf dem Wasser schwimmt, während Eisen sinkt; doch heute werden die Flotten der Welt aus Eisen gebaut; reifliches Denken brachte das Gesetz der Schwimmfähigkeit hervor, demzufolge jeder beliebige Gegenstand schwimmfähig ist, welcher der Masse nach leichter als die jeweils verdrängte Flüssigkeitsmenge ist; und so lassen wir heutzutage Eisen aufgrund genau desselben Gesetzes oben schwimmen, welches es sinken lässt, weil wir durch Einbeziehung der persönlichen Einflussgröße Bedingungen schaffen, die nicht von sich aus auftreten – dies in Entsprechung der esoterischen Maxime, dass „alle Natur, die nicht gefördert wird, scheitert". Nun wollen wir denselben Prozess, ein allgemeines Gesetz zu spezialisieren, auf das erste aller Gesetze anwenden – jenes der allgemeinen Tendenz des Geistes selbst, Leben zu spenden. Ohne die Komponente einer individuellen Persönlichkeit kann der Geist nur kosmisch, durch allgemeines Gesetz wirken; das Gesetz aber lässt eine weit höhere Spezialisierung zu, und diese Spezialisierung kann nur durch Einbringung des persönlichen Faktors erreicht werden. Um jedoch diesen Faktor einbringen zu können, muss der Einzelne sich des Prinzips bewusst sein, welches der unwillkürlichen oder kosmischen Wirkung des Gesetzes zugrunde liegt.

Wo also kann er dieses Lebensprinzip finden? Ganz sicher nicht beim Nachsinnen über den Tod. Um ein Prinzip dazu zu veranlassen, so zu wirken wie von uns benötigt, müssen wir seine Wirkungsweise beobachten, während es sich gerade unwillkürlich in dieser speziellen Richtung auswirkt. Wir müssen hinterfragen, warum es so weit in die richtige Richtung geht – und mit diesem Wissen können wir es dann weiter vorantreiben. Das Gesetz der Schwimmfähigkeit ist nicht durch Betrachtung des Versinkens von Dingen entdeckt worden, sondern durch Betrachtung der Schwimmfähigkeit von Dingen, die von Natur aus oben schwammen, und durch intelligentes Hinterfragen, warum sie dieses taten.

Die Einsicht in ein Prinzip wird durch Studieren seiner affirmativen Wirkung gewonnen, indem wir verstehen, dass wir in der Lage sind, die negativen Umstände abzuändern, die dieser Wirkung entgegenstehen.

Nun ist der Tod das Nichtvorhandensein von Leben, und Krankheit ist der Mangel an Gesundheit, weswegen wir, um in den Geist des Lebens einzutauchen, ihn dort betrachten müssen, wo er zu finden ist, und nicht dort, wo nicht – wir stoßen auf die alte Frage: „Was sucht ihr den Lebendigen unter den Toten?"[85] Aus diesem Grund beginnen wir unsere Untersuchungen mit der Betrachtung der kosmischen Schöpfung, denn an dieser Stelle finden wir den durch unermessliche Ewigkeit wirkenden Geist des Lebens; nicht bloß als unsterbliche Energie, sondern mit einer fortwährenden Entfaltung in Richtung höherer Lebensstufen. Könnten wir nur derart in den Geist eintauchen, dass wir ihn persönlich in uns selbst zu dem machen könnten, was er offenkundig in sich selbst ist, dann wäre das

---

85) Anm. d. Übers.: Zitat aus Lukas 24, Vers 5 (ff: „... Er ist nicht hier, er ist auferstanden.")

Meisterwerk vollbracht. Das bedeutet, unser Leben als unmittelbaren Teil des Ursprünglichen Geistes zu begreifen; und wenn wir jetzt verstehen, dass das Denken oder die Vorstellungskraft des Geistes die große Seinswirklichkeit ist, und dass alle stofflichen Gegebenheiten bloß Analogien sind, ist die logische Folgerung, dass wir unseren individuellen Platz im Denken des Ursprungsbewusstseins halten müssen.

Wir haben bereits gesehen, dass das Wirken des Ursprungsbewusstseins notwendig „allgemein" sein muss: das heißt Arten entsprechen muss, welche Mengen von Einzelwesen umfassen. Diese „Art" ist das Abbild des Schöpferischen Bewusstseins auf der Ebene jener speziellen Genialität, und auf der humanen Ebene ist es der Mensch – nicht im Zusammenhang mit speziellen Umständen, sondern in seiner Existenz als unumschränktes Ideal.

In dem Verhältnis, in dem wir lernen, unsere innere Auffassung von uns selbst getrennt von speziellen Umständen zu betrachten und uns auf unsere reine Natur als Abbilder des Göttlichen Ideals zu beziehen, werfen wir unsererseits dessen ursprüngliche Auffassung von sich selbst in die Göttliche Vorstellungskraft zurück, wie sie im allgemeinen oder typischen Menschen zum Ausdruck kommt; und so taucht der Einzelne, der sich dieser Geisteshaltung bewusst wird, durch ein Naturgesetz der Ursache und Wirkung fortwährend in den Geist des Lebens ein, der so zu einem immerwährenden Lebensquell in ihm wird, der sich unwillkürlich in ihm auftut.

Er stellt nun fest, wie in der Bibel steht zu sein: „das Abbild und Ebenbild Gottes." Er hat jene Stufe erreicht, auf welcher er dem Schöpfungsprozess eine neue Ausgangsbasis bietet, und der Geist beginnt, indem er ein persönliches Zentrum in ihm vorfindet, sein Werk erneut – womit das große

Problem gelöst ist, wie das Universale in die Lage zu versetzen sei, direkt auf die Ebene des Speziellen einzuwirken.

In diesem Sinne, da er das erforderliche Zentrum für einen neuen Start des schöpferischen Geistes bietet, wird der Mensch auch als „Mikrokosmos" oder Universum in kleinem Maßstab bezeichnet; und dies ist auch, was mit der esoterischen Doktrin der Oktave gemeint ist, auf welche ich vielleicht bei anderer Gelegenheit ausführlicher zu sprechen kommen kann.

Wenn man die hier dargelegten Prinzipien sorgfältig durchdenkt, wird man feststellen, dass sie so manches erhellen, was sonst nicht zugänglich wäre, und sie werden außerdem den Schlüssel für die nachfolgenden Abhandlungen bieten.

Der Leser ist daher aufgefordert, sie sorgfältig für sich selbst zu Ende zu denken und ihren Zusammenhang mit dem folgenden Aufsatz zu beachten.

Individualität

Individualität ist das notwendige Gegenstück zum Universalen Geist, welcher am vergangenen Sonntag Gegenstand unserer Betrachtungen war. Das gesamte Problem des Lebens besteht darin, die wahre Beziehung des Einzelnen zum Universalen Ursprünglichen Geist zu entdecken; und der erste Schritt in die Richtung dieser Ermittlung ist, zu begreifen, was der Universale Geist an sich ist. Wir haben dies bereits ansatzweise getan, und die Schlussfolgerungen, zu denen wir kamen, lauten:

Dass die Essenz des Geistes Leben, Liebe und Schönheit ist.

Dass sein Beweggrund oder grundlegender Bewegungsantrieb darin besteht, das Leben, die Liebe und die Schönheit zum Ausdruck zu bringen, welche er selbst zu sein verspürt.

Dass das Universale nicht auf der Ebene des Speziellen wirken kann, außer indem es selbst zum Speziellen wird, das heißt, indem es über das Individuelle zum Ausdruck kommt.

Wenn diese drei Grundsätze einmal klar erfasst worden sind, besitzen wir eine solide Basis, von welcher aus wir mit der Betrachtung des heutigen Themas beginnen können.

Die erste Frage, die ganz von selbst aufkommt, ist:

Wenn all dies so sei, warum bringt dann nicht jedes Individuum das Leben, die Liebe und Schönheit des Universalen Geistes zum Ausdruck?

Die Antwort auf diese Frage gibt das Gesetz des Bewusstseins. Wir können uns keiner Sache bewusst sein, ohne dass wir eine gewisse Beziehung zwischen ihr und uns selbst erkennen. Sie muss uns in irgendeiner Weise betreffen, andernfalls wir uns ihres Vorhandenseins nicht bewusst sind; und entsprechend unseres Betroffenseins erkennen wir, in welcher Weise wir mit ihr verbunden sind. Eben dieses Selbsterkennen unsererseits, übertragen auf die Gesamtheit aller unserer Beziehungen – ob spirituell, intellektuell oder physisch – konstituiert unsere Verwirklichung des Lebens. Wegen dieses Prinzips also, zur Verwirklichung seines eigenen Belebtseins durch seine Beziehung, zu welcher diese bewusste Verwirklichung gelangen kann, wird die Erzeugung von Zentren des Lebens für das Ursprungsbewusstsein unerlässlich. Hieraus folgt nun, dass diese das Verwirklichung nur dann vollständig sein kann, wo das Individuum absolute Freiheit hat, sie zu verweigern; denn sonst hätte ja keine wahre Verwirklichung stattgefunden. Lasst uns beispielsweise betrachten, wie die Liebe funktioniert. Liebe muss unwillkürlich sein oder ist überhaupt nicht vorhanden. Wir können uns so etwas wie „mechanisch bedingte" Liebe nicht vorstellen. Doch alles, was so ausgestaltet ist, dass es ohne jeden Eigenantrieb automatisch eine Wirkung erzielt, ist nichts als ein Mechanismus. Folglich kann, wenn das Ursprungsbewusstsein der Verwirklichung der Gegebenheit der Liebe dienen sollte, diese nur über die Beziehung zu einem Wesen erfolgen, das dazu fähig ist, Liebe zu verweigern. Gleiches gilt für die Verwirklichung all der anderen Formen des Belebtseins; so dass nur im Verhältnis (da das einzelne Leben ein unabhängiges Wirkzentrum ist, das sich entweder positiv oder negativ betätigen kann) überhaupt wirkliches Leben erzeugt werden konnte. Je weiter das Geschaffene von einem bloßen mechanischen Gebilde entfernt ist, desto höher der Grad der Schöpfung. Das Sonnensystem ist ein vollkommenes Werk der mechanischen Schöpfung – zur Erzeugung von Zentren, die mit der höchsten Natur des Göttlichen Bewusstseins korrelieren können, bedarf es nicht nur eines gleich wie vollkommenen Mechanismus, sondern eines mentalen Zentrums, welches an sich eine unabhängige Quelle der Wirkkraft darstellt. Folglich sollte der Mensch sich, um der Sache gerecht zu werden, entweder in positive oder negative Beziehung zum Ursprungsbewusstsein setzen; sonst wäre er nichts weiter als eine Aufziehfigur.

In diesem „Sachzwang" finden wir daher den Grund dafür, dass die Reproduktion des Lebens, der Liebe und der Schönheit des Geistes nicht in jedem Menschen zutage tritt. Sie tritt, soweit eine mechanische und unwillkürliche Wirkung diese abbilden kann, in der Welt der Natur zutage, doch für ihre vollkommene Reproduktion bedarf es einer Freiheit, die der des Ursprünglichen Geistes gleicht – welche also sowohl die Freiheit der Negation als auch die der Bejahung einschließt.

Doch warum trifft der Einzelne dann eine abschlägige Wahl? Weil er das Gesetz seiner eigenen Individualität nicht begreift und es für ein Gesetz der Einschränkung statt für ein Gesetz der Freiheit hält. Er rechnet nicht damit, den Ausgangspunkt des Schöpfungsprozesses in sich selbst reproduziert zu sehen, weswegen er auf der mechanischen Seite der Dinge nach der Grundlage seiner Schlussfolgerungen über das Leben sucht. Dementsprechend führen ihn seine Überlegungen zu dem Schluss, das Leben sei eingeschränkt, da er die Einschränkung im Vorfeld als gegeben vorausgesetzt hat und in seiner Folgerung logischerweise nicht davon abweichen kann. Dann denkt er, dies sei das Gesetz, und verspottet daher den Gedanken, dies zu überschreiten. Er verweist auf die Abfolge von Ursache und Wirkung, durch welche Tod, Krankheit und Unglück über den Einzelnen herrschen, und sagt, dass die Abfolge Gesetz sei.

Und er hat soweit absolut Recht – es ist ein Gesetz; jedoch nicht „das Gesetz". Wenn wir erst auf dieser Verständnisstufe angelangt sind, haben wir noch nicht gelernt, dass ein höheres Gesetz ein geringeres so vollständig einschließen kann, dass es dieses ganz verschluckt.

Der Fehlschluss, der mit diesem negativen Einwand einhergeht, ist die Annahme, dass das Gesetz der Einschränkung in allen Seinsstufen entscheidend sei. Es ist jener Fehlschluss der alten Schiffsbauer hinsichtlich der Unmöglichkeit, Eisenschiffe zu bauen. Was man machen muss, ist an das Prinzip gelangen, das im Hintergrund des Gesetzes in seiner affirmativen Wirkung liegt, und dieses unter höheren Bedingungen zu spezialisieren als unter denen, die von sich aus in der Natur erscheinen; und dies ist nur durch Einbezug der persönlichen Komponente möglich, das heißt, einer individuellen Intelligenz, die das Prinzip verstehen kann.

Die Frage ist also: Was ist das Prinzip, durch welches wir entstanden sind (und dies ist lediglich eine persönliche Anwendung der allgemeinen Frage: Wie ist überhaupt etwas entstanden)? Nun ist, wie ich im vorangehenden Abschnitt aufgezeigt habe, die äußerste Herleitung aus der Naturwissenschaft, dass die Ursprungsregung im Universalen Bewusstsein stattfindet und analog zur Regung unserer eigenen Vorstellungskraft ist; und wie wir gerade gesehen haben, kann das vollkommene Ideal nur das eines Wesens sein, welches alle Eigenschaften des Ursprungsbewusstseins erwidern kann. Folglich ist der Mensch in seinem innersten Wesen die Hervorbringung des Göttlichen Bewusstseins, das ein Bild seiner selbst auf die Ebene des Relativen projiziert – als Gegenstück zu seiner eigenen Sphäre des Absoluten.

Wenn wir daher zum innersten Prinzip in uns vordringen wollen (welches die Philosophie und die Bibel gleichermaßen dazu erklären, nach dem Bild und Ebenbild Gottes geschaffen zu sein) anstatt zu den äußeren Trägersubstanzen, die es als seine Werkzeuge nach außen verlagert, über welche es auf den verschiedenen Seinsebenen wirken kann, werden wir entdecken, dass wir bei einem Prinzip in uns selbst angelangt sind, welches „in loco dei"[86] gegenüber all unseren Trägersubstanzen sowie auch unserem Umfeld

---

86) Anm. d. Übers.: Lat. für „an Gottes Statt".

gegenüber steht. Es ist ihnen allen übergeordnet, und es erschafft sie, wie wenig wir uns dieser Tatsache auch bewusst sein mögen, und im Verhältnis zu ihnen nimmt es den Platz der Ersten Ursache ein. Dies zu erkennen, ist die Entdeckung unserer eigenen Beziehung zur gesamten Welt des Relativen. Andererseits darf uns dies nicht zum Fehler der Annahme verleiten, es gäbe nichts Höheres – denn, wie wir bereits gesehen haben, ist dies innerste Prinzip oder Ego selbst die Auswirkung einer vorhergehenden Ursache, da es dem Abbildungsprozess des Göttlichen Bewusstseins entspringt.

Wir sehen uns daher in einer Zwischenstellung zwischen wahrer Erster Ursache einerseits und der Welt der Ursachen zweiten Ranges andererseits; und um das Wesen dieser Position zu verstehen, müssen wir auf den Grundsatz zurückgreifen, dass das Universale auf der Ebene des Speziellen nur mittels des Individuellen wirken kann.

Dann erkennen wir, dass das Individuelle die Funktion hat, den unverteilten Fluss des Universalen in zweckmäßige Richtungen dafür zu unterteilen, verschiedene Bahnen zweiter Ursächlichkeit einzuschlagen.

Der Platz des Menschen im kosmischen System ist der eines Verteilers der Göttlichen Energie, welche aber dem inhärenten Gesetz jener Energie unterliegt, die er verteilt. Ein Beispiel hierfür sehen wir in der gewöhnlichen Naturwissenschaft im Umstand, dass wir niemals Energie schaffen; alles, was wir tun können, ist, sie zu verteilen. Das bloße Wort „Mensch" bedeutet „Verteiler" oder „Bemesser", so wie in allen von der Sanskrit[87]-Wurzel „MN" abgeleiteten Wörtern. Sie beinhaltet die Vorstellung des

---

87) Anm. d. Übers.: Korr. des im Original vorgefundenen *Sanderit* (sic). Sanskrit ist die älteste indoarische Sprache, gilt als heilige Sprache der Hindus und lebt als „Literatursprache" in religiösen Ritualen und Texten fort.

(Ver-)Messens, wie sie in den Wörtern Mond, Monat, Mens[88], Meinung[89], und „Maund", der indischen Gewichtseinheit von 80 Pfund; und aus diesem Grund wird vom Menschen in der Bibel als einem „Verwalter" oder Verteiler der Göttlichen Gaben gesprochen. Indem sich unser Bewusstsein für die volle Bedeutung dieser Position öffnet, werden die darin enthaltenen ungeheuren Möglichkeiten und auch Aufgaben offensichtlich.

Sie bedeutet, dass der Einzelne das schöpferische Zentrum seiner eigenen Welt ist. Unsere früheren Erfahrungen liefern keinen Gegenbeweis hierzu, sondern sind im Gegenteil Beweis dafür. Unsere wahre Natur ist immer gegenwärtig, wir haben lediglich bislang die niedrigere und mechanische Seite der Dinge als unsere Ausgangsbasis gewählt und haben damit Einschränkung an Stelle von Entfaltung geschaffen. Und selbst mit dem Wissen um das Schöpferische Gesetz, welches wir nun erworben haben, werden wir dieses weiterhin tun, wenn wir unsere Ausgangsbasis in den Dingen suchen, die geringer sind als wir – und nicht im Einzigen, was über uns steht, nämlich das Göttliche Bewusstsein; denn nur dort können wir unbegrenzbare Schöpferische Energie finden. Leben ist Sein, es ist das Erleben von Bewusstseinszuständen, und es besteht eine unermüdliche gegenseitige Entsprechung dieser inneren Zustände und unserer äußeren Umstände. Nun sehen wir an der Ursprungsschöpfung, dass der Bewusstseinszustand die Ursache, und die entsprechenden Umstände die Auswirkung sein müssen, weil es zu Beginn der Schöpfung keine Bedingungen gab, und das Wirken des Schöpferischen Bewusstseins auf sich selbst nur ein Bewusstseinszustand gewesen sein kann. Dies ist somit eindeutig die Schöpferische Abfolge – von Zuständen zu Umständen. Wir aber kehren

---

88) Anm. d. Übers.: Lat. *mens*: „Bewusstsein, Geist, Verstand".
89) Anm. d. Übers.: Im engl. Original *mind*, an dieser Stelle ausnahmsweise nicht als „Bewusstsein" (Geist, Seele, Verstand, Absicht...), sondern in sekundärer Konnotation übersetzt.

diese Abfolge um und versuchen, von Umständen ausgehend Zustände zu erschaffen.

Wir sagen: „Wenn ich die und die Umstände hätte, würden diese den Gefühlszustand bewirken, den ich mir wünsche" – und indem wir dies sagen, laufen wir bereits Gefahr, uns hinsichtlich der gegenseitigen Entsprechung zu vertun, denn es kann sich später herausstellen, dass die besonderen Umstände, auf die wir fixiert waren, nicht geeignet sind, den gewünschten Zustand zu bewirken. Oder dann wiederum, wenn sie ihn bis zu einem gewissen Grad bewirken können, könnten andere Umstände eine noch stärkere Intensität davon bewirken und gleichzeitig den Weg zur Verwirklichung von noch höheren Zuständen und noch besseren Umständen ebnen. Daher gehen wir am klügsten vor, dem Vorbild des Ursprungsbewusstseins zu folgen und mentale Selbsterkenntnis zu unserer Ausgangsbasis zu machen, da wir wissen, dass durch das inhärente Gesetz des Geistes die entsprechenden Umstände durch einen natürlichen Wachstumsprozess eintreten werden. Folglich ist die große Selbsterkenntnis die unserer Beziehung zum Höchsten Bewusstsein. Welches das Erzeugungszentrum ist, während wir Verteilungszentren sind; gerade so, wie die Elektrizität an der zentralen Versorgungsstelle erzeugt und durch zweckentsprechende Verteilungszentren in verschiedenen Energieformen abgegeben wird – so dass sie an der einen Stelle einen Raum beleuchtet, an einer anderen eine Nachricht übermittelt und an einer dritten eine Straßenbahn antreibt. In gleicher Weise nimmt die Energie des Universalen Bewusstseins durch das spezielle Bewusstsein des Einzelnen spezielle Formen an. Es gerät dabei nicht mit den Wegen seiner Individualität in Konflikt, sondern wirkt entlang dieser Wege, wodurch der Einzelne nicht weniger, sondern stärker „er selbst" wird. So ist es keine zwingende Kraft, sondern eine erweiternde und erleuchtende, so dass der Einzelne, je besser er die Wechselwirkung zwischen ihr und sich selbst erkennt, umso stärker mit Leben erfüllt sein muss.

Damit brauchen wir uns auch keine Sorgen um zukünftige Bedingungen zu machen, weil wir wissen, dass die All-Erzeugende Kraft durch uns und für uns wirkt; und dass sie nach dem durch die gesamte existierende Schöpfung untermauerten Gesetz all die Umstände hervorbringt, derer es für den Ausdruck des Lebens, der Liebe und der Schönheit bedarf, welche sie ausmachen, so dass wir voll darauf vertrauen können, dass sie uns nach und nach den Weg ebnen wird. Die Worte des Großen Lehrers, „Sorgt euch also nicht um morgen –" (und beachte, dass die richtige Übersetzung betont, „Seid nicht besorgt –")[90] sind die praktische Anwendung der vernünftigsten Philosophie. Dies bedeutet natürlich nicht, dass wir uns nicht bemühen sollten. Wir müssen unseren Teil an der Arbeit beisteuern, und dürfen nicht von Gott erwarten, für uns zu tun, was Er nur durch uns zu tun vermag. Wir müssen unsere Vernunft und naturgegebenen Fähigkeiten dazu nutzen, an den gegenwärtigen Umständen zu arbeiten. Wir müssen sie so weit nutzen, doch wir dürfen nicht versuchen, weiter zu gehen als es die gegebenen Umstände erfordern; wir dürfen nicht versuchen, Dinge übers Knie zu brechen, sondern müssen sie auf natürliche Weise wachsen lassen – im Wissen, dass sie dies unter der Führung der All-Erschaffenden Weisheit tun.

Indem wir diese Vorgehensweise beherzigen, werden wir mehr und mehr dazu übergehen, die mentale Haltung als den Schlüssel zu unserer Entwicklung im Leben anzusehen, in dem Wissen, dass alles andere hieraus hervorgehen muss; und wir werden weiterhin entdecken, dass unsere

---

90) Anm. d. Übers.: Zitat aus Matthäus 6, Vers 34 (ff: „… denn der morgige Tag wird für sich selbst sorgen. Jeder Tag hat genug eigene Plage.")

mentale Haltung letztendlich von der Weise bestimmt wird, wie wir das Göttliche Bewusstsein betrachten. Am Ende werden wir das Göttliche Bewusstsein als nichts anderes als das Leben, die Liebe und die Schönheit erkennen – wobei die Schönheit identisch mit Weisheit oder der perfekten Anpassung von Teilen an das Ganze ist – und wir werden uns selbst als Verteilungszentren dieser ursprünglichen Energien wahrnehmen, und somit unsererseits als untergeordnete Zentren der Schöpfungskraft. Und wenn wir hierin bewanderter werden, werden wir entdecken, dass wir ein Gesetz der Einschränkung nach dem anderen überschreiten, indem wir das höhere Gesetz entdecken, von welchem das niedrigere nur ein anteiliger Ausdruck ist, bis wir als unser höchstes Ziel nichts Geringeres als das Vollkommene Gesetz der Freiheit klar vor Augen haben – nicht Freiheit ohne Gesetz, welche Anarchie ist, sondern Freiheit nach Gesetz. Auf diese Weise werden wir entdecken, dass der Apostel[91] wortwörtlich wahr sprach, als er sagte, wir würden werden wie Er, da wir Ihn sähen, wie Er sei – weil der gesamte Prozess, durch den sich unsere Individualität herausbildet, ein Prozess der Widerspiegelung des Bildnisses ist, welches im Göttlichen Bewusstsein existiert.

Wenn wir auf diese Weise das Gesetz unseres eigenen Seins erfahren, werden wir es auf Weisen spezialisieren können, von welchen wir bislang kaum einen Begriff haben, doch wie es bei allen natürlichen Gesetzen der Fall ist, kann die Spezialisierung erst stattfinden, wenn das grundlegende Prinzip des übergeordneten Bewusstseins voll verwirklicht worden ist. Aus diesen Gründen sollte der Studierende sich nach Kräften bemühen, sich das Gesetz der Beziehung zwischen dem Universalen Bewusstsein

---

91) Anm. d. Übers.: Johannes. Das Zitat entstammt dem 1. Brief Johannes, 3, Vers 2.

und den Individuellen Bewusstseinszuständen[92] sowohl theoretisch als auch praktisch immer vollständiger zu vergegenwärtigen. Es ist das Gesetz der Wechselwirkung. Wenn man diese Tatsache der Wechselseitigkeit begriffen hat, wird man feststellen, dass sie sowohl erklärt, warum es dem Einzelnen nicht gelingt, die Fülle des Lebens zum Ausdruck zu bringen (die der Geist ist), und warum er aber zur Fülle diese Ausdrucks gelangen kann; gerade so, wie das gleiche Gesetz erklärt, warum Eisen im Wasser sinkt, und wie es aber dazu gebracht werden kann, oben zu schwimmen. Die Individualisierung des Universalen Geistes durch das Erkennen seiner Wechselwirkung mit uns selbst ist, was das Geheimnis der Aufrechterhaltung und des Wachstums unserer eigenen Individualität ausmacht.

---

92) Anm. d. Übers.: Im engl. Original *Individual Minds*, hier mangels dt. Pluralform für „individuelles Bewusstsein" mit „individuellen Bewusstseinszuständen" übersetzt (wobei „Zustand" das bezeichnet, was das jeweilige Individuum von anderen abgrenzt bzw. unterscheidet, und dabei die variante Qualität des Individuellen – gegenüber dem unveränderlichen Universalen – am besten wiedergibt).

aus

Das Naturgesetz in der Spirituellen Welt

(1890)

von Henry Drummond

Master Key
Arkana

Henry Drummond (1851 – 1897)

Henry Drummond wurde 1851 in Schottland geboren. Er war ein vielfach talentierter Mann. Auch wenn man sich seiner möglicherweise vor allem als des begabten Evangelisten erinnert, der Dwight L. Moody[93] in dessen Erweckungsbewegung unterstützte, war er auch Dozent für Naturwissenschaften.

Obwohl er niemals einen akademischen Grad erhielt[94], war er ein ordinierter Pastor und Professor der Theologie. Außerdem schrieb er mehrere Bücher. „Natural Law in the Spiritual World", veröffentlicht im Jahr 1883, wurde im Zeitraum von fünf Jahren 70.000 Mal verkauft und machte ihn berühmt. Er veröffentlichte ein weiteres populäres Buch, „Tropical Africa", nachdem er eine geologische Forschungsstudie in Südafrika unternommen hatte. Auch „The Ascent of Man" war ein zu seinen Lebzeiten bedeutendes Buch.

„The Greatest Thing in the World" jedoch, eine im Jahr 1974 geschriebene Betrachtung, die die Bedeutung des dreizehnten Verses im ersten Korintherbrief[95] beleuchtet, ist das Werk, das ihm Bekanntheit über die nachfolgenden Generationen hinaus garantierte. Schon zu seinen Lebzeiten viel gelesen und zitiert, wuchs sein Verkauf auf mehr als zwölf Millionen Exemplare an, und bis heute hält sein Einfluss auf die Menschen an, die beiden großen Gebote Gottes zu befolgen: Gott zu lieben und seinen Nächsten zu lieben.

---

93) Dwight Lyman Moody (*05.02.1837 – †22.12.1899), US-amerikanischer Erweckungsprediger.

94) Anm. d. Übers.: In anderen Quellen wird das Jahr 1876 als Abschlussjahr von Drummonds Studien genannt; vgl. Meyers Konversationslexikon, Bd. 18, Jahressupplement 1890–1891.

95) Anm. d. Übers.: Das „Hohelied der Liebe" aus dem Neuen Testament.

Einführung

„Diese Herangehensweise wendet sich von Hypothesen ab, die durch keine wissenschaftlich geläufige logische Regel prüfbar sind – unabhängig davon, ob die Hypothese sich auf Intuition, Erwartungen oder allgemeine Wahrscheinlichkeit zu stützen beansprucht. Und weiterhin wendet sich diese Herangehensweise von Idealisierungen ab, welche sich selbst zur Gesetzlosigkeit bekennen, welche bekunden, den Anwendungsbereich des Gesetzes zu überscheiten. Wir sagen, das Leben und seine Gestaltung werden für uns gänzlich auf eine Gesetzesgrundlage gestellt sein, sie müssen restlos in jenem Bereich der Wissenschaft (nicht der Naturwissenschaft, sondern der Sitten- und Gesellschaftslehre) liegen, in dem es uns freisteht, unsere Intelligenz in den Herangehensweisen einzusetzen, die uns als verständliche Logik geläufig sind, Methoden also, die der Verstand auswerten kann. Wenn Sie uns mit Hypothesen konfrontieren, ganz gleich, wie großartig und berührend diese sein mögen – sofern sie nicht in Begriffen unseres sonstigen Wissens dargelegt werden können, sofern sie disparat zu jener Welt der Folgerichtigkeit und der Sinneseindrücke sind, welche uns als oberste Bezugsgröße für all unser wahres Wissen dient, dann schütteln wir den Kopf und wenden uns ab."

– (Frederick Harrison)[96]

„Die ethische Wissenschaft ist bereits für alle Zeiten abgeschlossen, was ihre Leitvorstellung und wichtigsten Prinzipien betrifft, und wartet seither sozusagen darauf, dass die Naturwissenschaft zu ihr aufschließt."

– (Paradoxe Philosophie)

---

96) Anm. d. Übers.: Zitat aus "A Modern Symposium: The Soul and Future Life", Harrison et al (1878). Der Essayist F. Harrison war Positivist und Anhänger von Auguste Comte.

167

Teil 1

„Naturgesetz" ist ein neues Wort. Es ist die neueste und bedeutendste wissenschaftliche Entdeckung. Der modernen Welt ist kein anderer sprechender Beweis für die Großartigkeit dieser Vorstellung zugänglich als die Großartigkeit der Bemühungen, die seit jeher zu ihrer Rechtfertigung unternommen wurden. In früheren Jahrhunderten, vor der Geburt der Naturwissenschaft, wurden Phänomene isoliert betrachtet. Die damalige Welt war chaotisch, eine Ansammlung einzelner, isolierter, voneinander unabhängiger Gegebenheiten. Tiefer Denkende sahen zwar, dass Beziehungen zwischen diesen Gegebenheiten bestehen mussten, doch die Herrschaft des Gesetzes war für die Menschen der Antike immer nur ein weit entferntes Traumbild. Ihre Philosophien, darunter in auffallender Weise die der Stoiker und Pythagoreer, waren heroisch darum bemüht, die Einzelsubstanzen des Universums in denkbarer Form anzuordnen, doch von diesen künstlichen und fantastischen Anordnungen ist uns heute nichts erhalten außer einer historischen Bezeugung der Herrlichkeit jener Harmonie, welche sie nicht erreichen konnten.

Mit Kopernikus, Galileo und Kepler wurden die ersten regulären Grundsätze des Universums wahrnehmbar. Als die Natur ihr großes Geheimnis an Newton abtrat, wurde die Schwerkraft als Tatsache an sich nicht höher bewertet als die Enthüllung, dass Gesetzmäßigkeit eine Tatsache war. Und von da an gab das Erforschen von Einzelphänomenen dem umfassenderen Studium ihrer Beziehungen den Vorrang. Das Streben nach Gesetzmäßigkeiten wurde zur Leidenschaft der Wissenschaft.

Unmöglich einzuschätzen ist, was die Entdeckung der Gesetzmäßigkeit für die Natur getan hat. Als reines Schauspiel offenbart das Universum heute eine so überragende Schönheit, dass demjenigen, der sich mit wissenschaftlicher Arbeit diszipliniert, allein sein Anblick eine überwältigende Entlohnung bringt. In diesen Gesetzmäßigkeiten blickt man der Wahrheit ins Gesicht, fest und unveränderlich. Jedes einzelne Gesetz ist ein Werkzeug wissenschaftlicher Forschung, einfach anzupassen, universal anzuwenden und in seinen Ergebnissen unfehlbar. Und trotz der allseitigen Begrenzung seines Wirkungskreises ist das Gesetz immer noch die großartigste, reichhaltigste und sicherste Quelle menschlichen Wissens.

Es ist vorläufig nicht nötig, Definitionen des Begriffs „Naturgesetz" mehr als nur zu streifen. Der Herzog von Argyll[97] deutet fünf Sinne an, in welchen das Wort gebraucht wird, doch wir mögen uns hier damit begnügen, es in seiner einfachsten und offensichtlichsten Bedeutung zu verwenden. Der grundlegende Gesetzesbegriff ist eine bestimmte Wirkungsabfolge oder gleichbleibende Ordnung der Naturphänomene untereinander. Es ist wichtig, dieses Gesetzesbild in seiner Einfachheit zu rezipieren, weil das Konzept oft dadurch korrumpiert wird, dass man irrige Ansichten von Ursache und Wirkung damit verknüpft. In seinem wahren Sinn sagt das Naturgesetz nichts über Ursachen aus. Die Naturgesetze sind einfach Aussagen über den geordneten Zustand der Dinge in der Natur; das, was in der Natur durch genügend fachkundige Beobachter vorgefunden wird. Darüber, was diese Gesetze an sich sind, besteht keine Übereinkunft. Sogar dass es sie überhaupt wirklich gibt, ist alles andere als sicher. Sie sind abhängig vom Menschen in seinen vielfachen Begrenztheiten und stellen für ihn den beständigen Ausdruck dessen dar, was er in der ihn umgebenden Welt stets vorzufinden erwartet. Dass sie aber irgendeinen ursächlichen Zusammenhang mit den ihm umgebenden Dingen haben, ist nicht

---

97) Anm. d. Übers.: George John Douglas Campbell (*30.04.1823 – †24.04.1900) trug zum Zeitpunkt der Veröffentlichung diesen erblichen Titel des Campbell-Clans als 8. und 1. Duke of Argyll. Der Text nimmt Bezug auf sein 1867 erschienenes Buch „The Reign of Law".

feststellbar. Die Naturgesetze rufen nichts ins Leben, erhalten nichts aufrecht; sie sind lediglich für die Einheitlichkeit der Aufrechterhaltung dessen verantwortlich, was entstanden ist und was jetzt aufrechterhalten wird. Sie sind daher Wirkungsweisen und keine Beweggründe; Prozesse, und keine Antriebskräfte. Das Gravitationsgesetzt beispielsweise spricht für die Wissenschaft nur vom Prozess. Es bietet keinerlei Erhellung bezüglich seiner selbst. Newton hat nicht die Schwere entdeckt – diese ist bislang noch unentdeckt. Er entdeckte ihr Gesetz, welches Gravitation ist, doch dies sagt uns nichts über ihren Ursprung, ihre Beschaffenheit oder ihre Verursachung.

Die Naturgesetze sind also große Grundsätze, welche nicht nur die Welt durchziehen, sondern, wie wir heute wissen, auch das Universum, indem sie es wie Breitengrade auf intelligente Ordnung reduzieren. An sich, dies sei nochmals wiederholt, mögen sie ebenso wenig wirklich sein wie Breitengrade. Doch sie existieren für uns. Sie sind für uns von einer Hand gezogen, die das Ganze zog, damit wir den Teil verstehen können; vielleicht so gezogen, dass wir mit dem Verstehen des Anteils mit der Zeit lernen können, das Ganze zu verstehen. Nun löst sich die Fragestellung, die wir uns selbst unterbreiten, in die einfache Frage auf: „Sind diese Grundsätze auf das beschränkt, was wir als den natürlichen Lebensbereich bezeichnen? Ist es nicht denkbar, dass sie weiter reichen? Ist es möglich, dass jene Hand, die sie festlegte, die Arbeit dort aufgab, wo sie am allermeisten benötigt wurden? Teilte diese Hand die Welt in zwei Hälften auf, in einen Kosmos und ein Chaos, deren höhere das Chaos ist? Müssen wir, mit der Natur als Sinnbild all der dem Menschen bekannten Harmonie und Schönheit, immer noch vom „Übernatürlichen" sprechen, dies nicht im Sinne eines zweckdienlichen Wortes, sondern als einer anderen Weltordnung, einer uns unverständlichen Welt, in der die Herrschaft des Mysteriums die Gesetzesherrschaft ablöst?

Diese Frage – der wir sorgfältig nachgehen wollen – gilt den Gesetzen, nicht den Phänomenen. Dass die Phänomene der Spirituellen Welt den Phänomenen der Natürlichen Welt entsprechen, bedarf keiner neuerlichen Feststellung. Seit Platon sein Höhlengleichnis und sein Liniengleichnis formulierte, seit Christus in Gleichnissen sprach; seit Plotinus[98] die Welt als in Erscheinung getretenes Abbild beschrieb; seit dem Mystizismus Swedenborgs[99]; seit Francis Bacon und Blaise Pascal; seit "Sartor Resartus"[100], seit „In Memoriam"[101] war es unter Denkern alles andere als gang und gäbe, dass „das Unsichtbare Gottes an der Schöpfung der Welt klar ersichtlich ist, nachvollziehbar durch die geschaffenen Dinge"[102]. Miltons Frage,

„Was, wenn die Erde
Nichts als der Schatten des Himmels sei, und die Dinge darin
Eines um das andere gerade so viel wie auf Erden das Denken ist?"[103],

ist heute überflüssig geworden. „In unserer Lehre der Darstellungen und Entsprechungen," sagt Swedenborg, „wollen wir diese beiden symbolischen und typischen Ähnlichkeiten abhandeln, und die erstaunlichen Dinge, welche sich (und ich will nicht sagen, nur im lebenden Körper, sondern durch die gesamte Natur hindurch) ereignen, und die so vollständig

---

98) (ca. *204 – †270 v. Chr.)
99) Emanuel Swedenborg (*1688 – †1772), Theologe und Naturwissenschaftler.
100) Anm. d. Übers.: Titel des ersten Hauptwerks von Thomas Carlyle (*04.12.1795 – †05.02.1881), publiziert in 1832.
101) Anm. d. Übers.: Der poetische Nachruf auf Arthur Hallam, „In Memoriam" (1850), verhalf Alfred Baron Tennyson (*06.08.1809 – †06.10.1892) zum literarischen Durchbruch.
102) Anm. d. Übers.: Zitat aus Römer 1, Vers 20.
103) Anm. d. Übers.: Aus John Miltons „Paradise Lost" (1667).

mit höchsten und spirituellen Dingen übereinstimmen, dass man schwören möchte, die materielle Welt sei bloß ein symbolischer Ausdruck der spirituellen Welt." – Und Carlyle, „Alle sichtbaren Dinge sind Sinnbilder. Was du siehst, ist nicht für sich betrachtet vorhanden; streng genommen ist es überhaupt nicht da. Materie existiert nur im Spirituellen, und um eine Vorstellung darzustellen und sie auszugestalten."

Doch die Analogien der Gesetzmäßigkeiten sind vollkommen verschieden von den Analogien der Phänomene und haben einen ganz anderen Wert. Mit Blaise Pascal zu verallgemeinern, dass „La nature est une image de la grace",[104] wäre bloße Poesie. Der Zweck von Herveys[105] „Meditations in a Flower Garden" oder Flavels[106] „Husbandry Spiritualized" ist hauptsächlich homiletischer[107] Natur. Dass solche Werke ein Interesse verfolgen, lässt sich nicht abstreiten. Die Platzierung des Gleichnisses in der Lehre, und dies besonders nach der Sanktion der Größten der Lehrer, muss immer erkannt werden. Tatsächlich verlangen die bloßen Erfordernisse der Sprache nach dieser Methode, die Wahrheit darzustellen. Das Zeitweilige ist das Rahmengefüge des Ewigwährenden, und Gedanken können nur über die Dinge geäußert werden.

Doch Analogien zwischen Phänomenen stehen in derselben Beziehung zu Analogien des Gesetzes, in der die Phänomene selbst zum Gesetz stehen. Die Erhellung der Wahrheit durch das Gesetz ist, wie wir gesehen haben, ein immenser Fortschritt in der Erhellung der Phänomene. Die Entdeckung der Gesetzmäßigkeit ist schlicht die Entdeckung der Wissenschaft.

---

104) Anm. d. Übers.: Frz. für „Die Natur ist ein Abbild der Gnade (Gottes)."
105) James Hervey (*26.02.1714 – †25.12.1758)
106) John Flavel (*1627 – †1691)
107) Anm. d. Übers.: Im engl. Original *homiletical* (von gr. Homiletik: „die Kunst des Umgangs"), hier konkret: „die Predigtlehre betreffend".

Und wenn die Analogien des Naturgesetzes auf die Spirituelle Welt ausgeweitet werden können, fällt dieses gesamte Gebiet sofort in den Bereich der Wissenschaft und sichert sich sowohl einen Ausgangspunkt als auch seine Erhellung in Struktur und Lauf der Natur. Daher kann allem, was beansprucht, ein Gleichnis zu sein, dieses umso mehr zugeschrieben werden – mit dem Zusatz, dass ein Nachweis anhand von Gesetzmäßigkeiten keines Richtwerts einer noch so fortgeschrittenen Wissenschaft bedürfte.

Dass die Stichhaltigkeit der Analogie generell ernstlich in Frage gestellt worden ist, muss man offen zugestehen. Zweifellos gibt es in besonderen Fällen viele Schwierigkeiten und sogar Anfälligkeiten für grobe Fehler beim Versuch, Analogie festzustellen. Der Wert der Ähnlichkeit stellt sich für verschiedene Köpfe verschieden dar, und bei der Erörterung von Einzelbeispielen werden stets Fragen nach der Bedeutung auftauchen. Natürlich kann, mit John Stuart Mill[108] gesprochen, „wenn die Analogie belegt werden kann, dem darauf begründeten Argument nicht widerstanden werden. Doch die Schwierigkeit des Nachweises ist so groß, dass viele sich genötigt sehen, der Analogie als Argumentationsmethode nur das allergeringste Gewicht beizumessen." Der analoge Beleg hat generell mehr Erfolg darin, Einwände zu beschwichtigen, als darin, die Wahrheit zu zeigen.

Obwohl er selten widerlegt, weist er oft Anfechtungen zurück; gleich jenen Waffen, welche, wenn sie den Feind auch nicht töten, doch seine Schläge abwehren können. Es muss eingeräumt werden, dass der analoge Beleg jedenfalls nur eine schwache Stütze ist und kaum jemals die Ehre erfährt, als „Beweis" bezeichnet zu werden. Andere Experten wie Sir Willi-

---

108) (*20.05.1806 – †08.05.1873)

am Hamilton[109] wiederum gestehen der Analogie einen vorrangigen Platz in der Logik zu und betrachten sie als die Grundlage der Induktion.

Glücklicherweise aber bleibt uns die ganze Diskussion zu diesem breitgetretenen Thema erspart, und dies aus zwei zwingenden Gründen. Zum einen verlangen wir nicht von der Natur, den direkten Beweis für die Religion zu erbringen. Das war niemals ihre Aufgabe. Ihre Aufgabe ist, zu übertragen[110]. Und dies ist am Ende möglicherweise der fruchtbarste Beweis. Der beste Beweis einer Sache ist, dass wir sie sehen; sehen wir sie nicht, wird uns der Beweis vielleicht nicht von ihr überzeugen. Es ist eher der Mangel an Unterscheidungsfähigkeit, an der hellseherischen Kraft, das Ewigwährende im Zeitweiligen erkennen zu können, was den Skeptiker hervorruft, als das Fehlen der Begründung. Zweitens aber, und um konkreter zu werden, müssen wir einen maßgeblichen Umstand in Betracht ziehen, welcher (obwohl er später noch deutlicher aufgezeigt werden wird) hier sogleich genannt werden soll. Der Standpunkt, den einzunehmen wir veranlasst wurden, ist nicht, dass die Spirituellen Gesetze analog zu den Naturgesetzen wären, sondern dass sie dieselben Gesetze sind. Dies ist keine Frage der Analogie, sondern der Gleichheit. Die Naturgesetze sind keine Schatten oder Bilder des Spirituellen im selben Sinn, wie der Herbst den Verfall symbolisiert oder das fallende Blatt den Tod. Wie uns das Gesetz der Kontinuität mahnen könnte, enden die Naturgesetze nicht mit dem Sichtbaren, um dann einer neuen Gesetzesreihe Platz zu machen, die eine starke Ähnlichkeit mit ihnen aufweist.

Die Gesetze des Unsichtbaren sind dieselben Gesetze, Projektionen des Natürlichen sind nicht übernatürlich. Analoge Phänomene sind nicht das

---

109) Der schottische Philosoph William Hamilton (*08.03.1788 – †06.05.1856).
110) Anm. d. Übers.: Im engl. Original *to interpret* (u. a. „(aus)deuten, auslegen, auswerten, übertragen") hier mit dem Schwerpunkt „herüber-" statt „heraus-" übersetzt.

Ergebnis übereinstimmender Gesetzmäßigkeiten, sondern derselben Gesetzmäßigkeiten – Gesetzmäßigkeiten, die sich sozusagen am einen Ende auf Materie und am anderen Ende auf den Geist beziehen können. Da der Verzicht auf das Wort „Analogie" jedoch einige Unannehmlichkeiten mit sich bringt, werden wir es gelegentlich weiterhin verwenden. Wer das eigentliche Verhältnis erfasst, wird im Geiste den umfassenderen Begriff dafür einsetzen.

Lassen Sie uns nun einen Moment lang den augenblicklichen Stand der Fragestellung betrachten. Kann man sagen, dass die Gesetze der Spirituellen Welt in irgendeiner Hinsicht dafür befunden werden, überhaupt Analogien zur Natürlichen Welt aufzuweisen? Hier und da findet man sicherlich einen Versuch – und einen geglückten Versuch – ein oder zwei der großen Moralprinzipien der Spirituellen Welt vernunftgerecht darzulegen. Doch auf die Physische Welt wurde sich dabei nicht berufen. Ihr großartiges System der Gesetzmäßigkeiten bleibt außerhalb, und sein Beitrag wird derweil entweder stillschweigend ignoriert oder absichtlich beiseite gelassen. Das Physische, wird gesagt, ist zu entfernt vom Spirituellen. Die Moralische Welt mag eine Basis für religiöse Wahrheit liefern, doch selbst dies ist oft das gewagteste[111] Zugeständnis; während ein Berufen auf das Physische Universum allseits, dem Anschein nach, als abwegig und fruchtlos verworfen wird. Von Seiten der Wissenschaft wiederum wurde nichts getan, um eine engere Verbundenheit voranzubringen. Die Wissenschaft hat die Theologie nach ihrer eigenen Einschätzung gedeutet. Sie ist „eine Sache für sich"[112]. Die Spirituelle Welt ist nicht nur eine andere Welt, son-

---

111) Anm. d. Übers. Im engl. Original *baldest* (sic), in der Übersetzung durch *boldest* ersetzt.

112) Anm. d. Übers.: Im engl. Original *a thing apart*, d. h. eine (vom Eigentlichen) „abgesonderte", „weit entfernte", „abseits gelegene" Angelegenheit.

dern eine anders geartete Welt; eine Welt, die nach einem völlig anderen Prinzip angelegt ist, unter einem anderen Steuerungssystem.

Die Gesetzesherrschaft ist nach und nach in alle Bereiche der Natur vorgedrungen, wobei sie allseits Wissen in Wissenschaft transformiert hat. Der Prozess geht weiter, und die Natur erscheint uns langsam als große Einheit, bis die Grenzen zur Spirituellen Welt erreicht sind. Dort endet das Gesetz der Kontinuität, und die Harmonie versagt. Und die Menschen, die ihre Grundlektionen wahrlich nach den Regeln der niedrigeren Gesetze gelernt haben und nun im Streben nach höherem Wissen weitergehen, sind plötzlich mit dem Großen Sonderzustand konfrontiert.

Selbst jene, die das Verhältnis zwischen dem Natürlichen und dem Spirituellen höchst sorgfältig untersucht haben, scheinen sich freiwillig für eine endgültige Trennung in Gesetzesfragen entschieden zu haben. Es überrascht, wenn beispielsweise ein solcher Schriftsteller wie Horace Bushnell[113] die Spirituelle Welt als „eine weitere Naturordnung, die von unserer auf nicht vermittelbare Weise abgesondert ist", beschreibt und sie weitergehend so definiert: „Gott hat eigentlich eine weitere und höhere Ordnung aufgestellt, nämlich jene des spirituellen Seins und Herrschens, für welches die Natur existiert; eine Ordnung, die nicht unter das Gesetz von Ursache und Wirkung fällt, sondern nach anderen Gesetzesarten geregelt und geordnet ist." Wenige haben bei der Darstellung von Spiritueller Wahrheit von der Natürlichen Welt her tieferen Einblick gezeigt als Bushnell; doch versäumt er nicht nur, die hinsichtlich des Gesetzes bestehende Analogie zu erkennen, sondern stellt diese gar entschieden in Abrede.

In der neueren Literatur dieser ganzen Region scheint es an keiner Stelle eine Vorwärtsbewegung in der Verortung „der Natur und des Übernatür-

---

113) (*14.04.1802 – †17.02.1876)

lichen" zu geben. Alle sind sich darin einig, von der Natur und vom Übernatürlichen zu sprechen. Die Natur im Übernatürlichen ist, so weit es um Gesetze geht, nach wie vor eine unbekannte Wahrheit.

„Die wissenschaftlichen Grundlagen des Glaubens"[114] ist eine suggestive Überschrift. Der versierte Verfasser verkündet, dass es in seinen Untersuchungen darum ginge, aufzuzeigen, dass „die Welt der Natur und des Bewusstseins, wie sie von der Wissenschaft bekannt gemacht worden ist, eine Grundlage und eine Vorbereitung für das sittlich und spirituell höchste Leben des Menschen bilden, welches durch die Selbstoffenbarung Gottes heraufbeschworen wurde." Alles in allem scheint Mr Murphy in seiner Sichtweise der Beziehung von Wissenschaft und Religion philosophischer und tiefgründiger zu sein als jeder moderne Schriftsteller. Sein Religionsbegriff ist weit gefasst und gehoben, seine naturwissenschaftliche Kenntnis zweckdienlich. Er macht beharrlichen, bewunderungswürdigen und oft originellen Gebrauch von der Analogie; und doch hat er es trotz der Verheißung im bezeichneten Ausspruch versäumt, eine Analogie in jenem Gesetzesbereich zu finden, wo diese sicherlich, allem anderen voran, am sinnvollsten zu suchen wäre. Selbst im breiten Themenfeld der Analogien des von ihm als „evangelische Religion" Bezeichneten mit der Natur entdeckt Mr Murphy nichts.

Dies ist auch nicht entweder auf Kurzsichtigkeit oder auf Übersichtigkeit zurückführbar. Das Thema fällt ihm wiederholt ein, und er verwirft es absichtlich – verwirft es nicht bloß als fruchtlos, sondern mit entschiedener Aberkennung seiner Relevanz. Den unvergesslichen Abschnitt des

---

114) Anm. d. Übers.: Originaltitel *The scientific bases of faith* von Joseph John Murphy (*1827 – †1894).

Ausgangswerks, der den Text von Butlers „Analogie"[115] bildet, nennt er „dieses seichte und falsche Gerede". Er sagt: „Die Bezeichnung von Butlers Entwurf einer religiösen Philosophie sollte dann ‚die Analogie der gesetzlichen und evangelischen Religion zur Struktur der Natur' sein. Doch ergibt das überhaupt einen wahren Sinn? Ist diese doppelte Analogie wirklich vorhanden?

Wenn Gerechtigkeit unter Menschen mit moralischer Wesensart ein Naturgesetz ist, besteht die naheste Analogie zwischen der Struktur der Natur und rein gesetzlicher Religion. Gesetzliche Religion ist nur die Ausweitung von natürlicher Gerechtigkeit in Richtung eines zukünftigen Lebens. ... Gilt dies aber für die evangelische Religion? Finden die Lehren der Göttlichen Gnade irgendeine ähnliche Bekräftigung in den Analogien der Natur? Ich glaube nicht."

Und bezogen auf eine spezielle Frage, indem er Unsterblichkeit anspricht, behauptet er, dass „die Analogien der bloßen Natur der Unsterblichkeitslehre entgegenstehen".

Was Butlers großes Werk auf diesem Gebiet betrifft, ist es zu diesem Zeitpunkt überflüssig zu betonen, dass seine Absichten nicht eben in dieser Richtung lagen. Er war nicht darum bemüht, Analogien zwischen der Religion und Struktur und Lauf der Natur aufzuzeigen. Sein Thema war „Die Ähnlichkeit der Religion mit der Struktur und dem Lauf der Natur". Und obwohl er direkte Analogien von Phänomenen, so wie solche zwischen den Metamorphosen von Insekten und der Lehre von einem zukünftigen Seinszustand, aufzeigte; und obwohl er zeigte, dass „die natürliche und

---

115) Anm. d. Übers.: Der Text nimmt Bezug auf Joseph Butlers (*18.05.1692 – †16.06.1752) in 1736 erstveröffentlichtes "The Analogy of Religion, Natural and Revealed, to the Constitution and Course of Nature".

moralische Struktur und Steuerung der Welt so verbunden sind, dass sie zusammen nur ein System bilden", war seine wahre Absicht weniger, beweisende Tatsachen aufzustellen, als vielmehr, Einwände abzuweisen. Seine Betonung lag entsprechend eher auf den Problematiken beider Systeme als auf deren eindeutigen Grundsätzen; und er brachte seine Argumentation so umfassend dar, dass ihr Einfluss auf viele bekanntlich war, sie nicht etwa dazu zu bringen, die Spirituelle Welt auf der Grundlage des Natürlichen gelten zu lassen, sondern sie an beiden verzweifeln zu machen. Butler lebte zu einer Zeit, da die Verteidigung wichtiger als der Aufbau war, in der das Material für einen Aufbau spärlich und ungesichert war, und in der, was hinzukam, einige der zu verteidigenden Dinge für eine Verteidigung ziemlich ungeeignet waren. Trotz alledem ist sein Einfluss auf dieses gesamte Gebiet seither einmalig geblieben.

Dann also liegt die Spirituelle Welt doch, wie es im Augenblick scheint, außerhalb des Naturgesetzes. Die Theologie wird weiterhin, wie von jeher, als „eine Sache für sich"[116] betrachtet. Sie bleibt weiterhin eine gewaltige und herrliche Konstruktion, dies aber gänzlich nach ihren eigenen Grundsätzen. Ebenso wenig kann dies der Theologie zur Last gelegt werden. Die Natur hat lange das Wort gehabt; selbst da ihre Stimme halblaut ist, manchmal gar unhörbar. Die Wissenschaft ist der wahre Schuldige, weil die Theologie geduldig auf ihre Entwicklung warten musste. Als Höchste aller Wissenschaften sollte die Theologie sich in der Entwicklungslinie als Letzte einordnen. Es bleibt ihr vorbehalten, den letzten Einklang zu vervollständigen. Trotzdem, wenn sie weiterhin „eine Sache für sich" bleibt, werden mit zunehmendem Recht Proteste aufkommen wie dieser hier vom „Unbemerkten Universum", wenn es, indem es von einer von Wundern

---

116) Anm. d. Übers.: Vergl. hierzu Anmerkung 112.

geprägten Auffassung einer älteren Theologie spricht, verkündet: „Sofern er der Führung solcher Auslegungen nachgibt, wird jeder intelligente Mensch bei jeglichem Versuch, diese Phänomene zu erklären, auf ewig verwirrt bleiben – weil sie keine fassbare Beziehung zu irgendetwas haben sollen, was ihnen vorausging oder ihnen nachfolgte; klar definiert, sie werden dazu gemacht, ein Universum innerhalb eines Universums zu bilden – ein Teilstück, das durch eine unüberwindliche Hemmschwelle vom Zuständigkeitsbereich der wissenschaftlichen Erkundung abgeschnitten wurde."

Dies ist das Geheimnis des gegenwärtigen Abstiegs der Religion in der Welt der Wissenschaft. Denn die Wissenschaft will nichts von einer Großen Ausnahme wissen. Nach einzigartigen Grundsätzen geschaffene Konstruktionen, „Teilstücke, die durch eine unüberwindliche Hemmschwelle vom Zuständigkeitsbereich der wissenschaftlichen Erkundung abgeschnitten wurden", wagt sie nicht anzuerkennen. Die Natur hat sie dies gelehrt, und die Natur hat Recht. Es liegt im Aufgabenbereich der Wissenschaft, die Natur hier um jeden Preis zu verteidigen. Doch darin, der Theologie Intoleranz anzulasten, hat sie sich selbst zu einer weniger entschuldbaren Intoleranz verleiten lassen. Sie hat zu schnell dazu Stellung bezogen: Was wäre, wenn die Religion noch in den Bereich des Gesetzes gebracht würde? Das Gesetz ist die Offenbarung der Zeit. Über die Jahrhunderte haben sich die Wissenschaften langsam, eine nach der anderen, in geometrischer Form herauskristallisiert, wobei die einzelnen Formen nicht nur in sich vollkommen waren, sondern auch in ihrem Verhältnis zu allen anderen Formen. Und viele Formen mussten vor der Ausprägung des Spirituellen vervollkommnet werden: Das Anorganische muss vor dem Organischen ausgearbeitet sein, das Natürliche vor dem Spirituellen. Die Theologie erscheint gegenwärtig nur in einer überholten und provisorischen philosophischen Form. Nach und nach wird man sehen, ob sie nicht wandelbar ist. Denn die Theologie muss die unumgänglichen Entwicklungsstadien durchlaufen, wie jede andere Wissenschaft auch. Die Methode, Wissenschaft zu schaffen, ist nun voll etabliert. In fast allen Fällen sind die natürliche Geschichte und die Entwicklung ein und dasselbe. Nehmen wir zum Beispiel den Fall der Geologie. Vor einem Jahrhundert gab es diese nicht. Die Wissenschaft machte sich auf den Weg, nach ihr zu suchen, und kam mit einer Geologie zurück, welcher – sollte die Natur Harmonie sein – die Falschheit geradezu ins Gesicht geschrieben war. Es war die Geologie des Katastrophismus, eine Geologie, die mit der Natur, wie sie andere Wissenschaften offenbaren, so wenig gemein hatte, dass ein verständiger Geist sie – allein aus Vernunftgründen – als Endgestalt jeglicher Wissenschaft hätte von sich weisen dürfen. Und ihr Irrgang wurde bald, und gründlich, aufgedeckt. Das Aufkommen von veränderten, aktualistischen[117] Prinzipien vertrieb das Wort „Katastrophe" praktisch aus der Wissenschaft und kennzeichnete die Geburtsstunde der Geologie, wie wir sie heute kennen. Das heißt, die Geologie fiel endlich unter das große System der Gesetzmäßigkeiten. Religiöse Lehren, wenigstens viele von ihnen, waren bis zu dieser Zeit fast so katastrophisch wie die frühere Geologie. Sie entsprechen nicht der Natur, wie wir sie zu entschlüsseln gelernt haben. Wenn irgendjemand meint (wie es auch von der Wissenschaft beklagt wird), die Lüge von den Dingen in der Spirituellen Welt, wie sie von der Theologie aufgestellt wird, sei nicht mit der Welt ringsum vereinbar – kurz: sie sei nicht wissenschaftlich, hat er das Recht zu fragen, ob dies nicht in Wirklichkeit die Endgestalt jener Theologieabteilungen sei, denen seine Beschwerde gilt.

---

117) Anm. d. Übers.: Im engl. Original *uniformitarian principles*: „Aktualitätsprinzip", Uniformitätsprinzip" oder „Gleichförmigkeitsprinzip" bezeichnen die dem Katastrophismus entgegenstehende wissenschaftliche Methode der Geologie, Rückschlüsse z. B. von heutigen auf vergangene Prozesse zu ziehen.

Darüber hinaus darf er eine neuerliche Untersuchung mit sämtlichen modernen Methoden und Mitteln verlangen; und die Wissenschaft ist ihren Prinzipien mindestens so verpflichtet wie dem, was sie aus ihrer eigenen Vergangenheit gelernt hat, mit ihrer Beurteilung so lange zurückzuhalten, bis der letzte Versuch unternommen worden ist. Der Erfolg eines solchen Versuchs wird dem eigenen Vertrauen in die Natur entsprechend entweder hoffnungsvoll erwartet oder befürchtet – im Verhältnis zum eigenen Glauben an die Göttlichkeit des Menschen und an die Göttlichkeit der Dinge. Wenn irgendetwas Wahres an der Einheitlichkeit der Natur ist, an diesem obersten Prinzip der Stetigkeit, welches mit jeder wissenschaftlichen Entdeckung an Glanz gewinnt, steht die Sache fest. Wenn es eine Grundlage für die Theologie gibt, wenn die Phänomene der Spirituellen Welt real sind, läge es in der Natur der Sache, dass sie in den Bereich des Gesetzes fallen müssten. Derart ist sogleich der Anspruch der Wissenschaft an die Religion, und die Prophezeiung, dass er erfüllt werden kann und wird.

Die Linnaeussche Botanik[118], ein rein künstliches System, war ein brillanter Beitrag zum menschlichen Wissen und trug seinerzeit mehr zur Erweiterung des Verständnisses vom Pflanzenreich bei als alles vorher Dagewesene. Doch alle künstlichen Systeme müssen vergehen. Niemand wusste besser als der große schwedische Naturalist selbst, dass sein System, das ein künstliches war, nur provisorisch war. Die Natur muss in ihrem eigenen Licht studiert werden. Und als das Feld der Botanik stärker erhellt war, trat allmählich, als ursprünglich Gewachsenes, das Jussieusche[119] und Can-

---

118) Anm. d. Übers.: Nach dem Schöpfer der binominalen Nomenklatur (welche die Grundlage für die Klassifikation in Kategorien in der modernen Botanik und Zoologie wurde) Carl Nilsson Linnaeus (*23.05.1707 – †10.01.1778), später als Carl von Linné geadelt.

119) Anm. d. Übers.: Die Referenz ist nicht eindeutig. Mit großer Wahrscheinlichkeit Antoine Laurent de Jussieu (*12.04.1748 – †17.09.1836), der das Linnaeussche System erweiternd optimierte.

dollessche[120] System in Erscheinung und entfaltete sich so natürlich wie die Blütenblätter einer seiner Blumen, und indem sie sich als Stimme der Natur selbst dem Verstand der Menschen aufzwangen, vertrieben sie das Linnaeanische System für immer. – Es wäre ungerechtfertigt, zu sagen, die heutige Theologie sei so künstlich wie das Linnaeanische System; in vielen Einzelheiten bedarf es nur einer neuen Ausdrucksform, um sie im modernsten Sinn wissenschaftlich zu machen. Doch wenn sie eine Grundlage in Struktur und Lauf der Natur hat, ist diese Grundlage niemals hinreichend nachgewiesen worden. Sie richtete sich eher nach institutioneller Autorität als nach dem Gesetz; und es ist eine neue Grundlage zu suchen und zu finden, um sie jenen darbieten zu können, für welche das Gesetz allein die oberste Instanz ist. Hieraus lässt sich natürlich nicht darauf schließen, dass die wissenschaftliche Methode die grundlegenden Unterschiede der Spirituellen Welt jemals aufheben würde. Wahre Wissenschaft verfolgt in keinem Bereich eine solche pauschale Gleichmacherei. Innerhalb der Geschlossenheit der Ganzen muss es immer Raum für die charakteristischen Unterschiede der Einzelteile geben, und jene gegenwärtigen Denkrichtungen, die solche Unterschiede ausklammern, schaffen in ihrem Einfachheitsfanatismus tatsächlich ein Durcheinander. – Wie von Mr Hutton[121] treffend gesagt wurde: „Jeglicher Versuch, die Unterscheidungsmerkmale einer höheren Wissenschaft einer niedrigeren einzuverleiben – ob von chemischen zu mechanischen Veränderungen, von physiologischen zu chemischen, vor allen Dingen aber von mentalen zu physiologischen Ver-

---

Möglich ist auch Adrien-Henri de Jussieu (23.12.1797 – †29.06.1853), ebenfalls Botaniker und Sohn des Erstgenannten.

120) Anm. d. Übers.: Der Botaniker Augustin-Pyrame (Pyramus) de Candolle (*04.02.1778 – †09.09.1841).

121) Anm. d. Übers.: James Hutton (*03.06.1726 – †26.03.1797) gilt als Begründer der modernen Geologie.

änderungen – ist eine Missachtung der grundlegenden Voraussetzung aller Wissenschaften, da es sich um den Versuch handelt, Darstellungen (oder vielmehr Entstellungen) einer Erscheinungsform von der Konzeption einer anderen Erscheinungsform abzuleiten, welche erstere nicht umfasst, weswegen sie ihr indirekt und gesetzwidrig untergejubelt werden muss, bevor sie ihr wieder entnommen werden kann. Deswegen führt eine solche Vorgehensweise (anstatt unsere Möglichkeiten zu erweitern, uns das Universum ohne eingehende Untersuchung der Einzelheiten zu erklären) zu Fehldeutungen von Tatsachen auf Grundlage einer eingebrachten Theorie – und endet im Allgemeinen mit gewaltsamer Verdrehung der am wenigsten bekannten Wissenschaft zur Art der bekannteren."

Was vonnöten ist, ist einfach eine einheitliche Konzeption, jedoch keine konzeptionelle Einheitlichkeit der Art, die auf absoluter Gleichheit der Erscheinungen gründen würde. Diese letztere mag zwar eine Einheitlichkeit sein, doch wäre es eine sehr gefällige Version davon. Der höchste Grad an Einheitlichkeit ist dann erreicht, wenn es eine unendliche Vielfalt an Phänomenen gibt, eine unendliche Vielschichtigkeit an Verhältnissen, aber eine große Einfachheit des Gesetzes. Die Wissenschaft wird dann am Ziel sein, wenn alle bekannten Phänomene in einem riesigen Kreis angeordnet werden können, dessen Radien von einigen wenigen hinreichend bekannten Gesetzen gebildet werden – wobei diese Radien zugleich abtrennen und verbinden, sie in einzelne Gruppen aufteilen, jedoch alle mit einem gemeinsamen Zentrum verbinden. Zu zeigen, dass die Radien für einige der charakteristischsten Erscheinungen der Spirituellen Welt innerhalb dieses Kreises bereits von der Wissenschaft gezogen worden sind, ist zentrales Anliegen der nachfolgenden Abhandlungen. Dort ist ein Ansatz zu finden, einige der einfacheren Tatsachen der Spirituellen Welt in Termini der Biologie wiederzugeben. Jegliches Argument für die Übertragung des

Naturgesetzes auf die Spirituelle Welt ist am besten anhand von Erfahrungen[122] zu überprüfen. Und obwohl die nachfolgenden Seiten nicht in erster Linie dafür ausgelegt sind, ein Prinzip zu erhärten, mögen sie hier doch als Belege verbucht werden. Der Praxistest ist streng, doch dafür umso befriedigender.

Und was ist gewonnen, wenn die Sache begründet ist? Nicht wenig. Zum einen wird, wie schon teilweise angedeutet wurde, der wissenschaftliche Anspruch der Zeit erfüllt sein. Dieser Anspruch beinhaltet, dass alles, was das Leben und Verhalten betrifft, auf eine wissenschaftliche Grundlage zu stellen ist. Den einzigen großen Vorstoß, dies zu erfüllen, unternimmt gegenwärtig der Positivismus.[123]

Doch was wiederum ist eine wissenschaftliche Grundlage? Was genau ist dieser Anspruch der Zeit? „Unter Wissenschaft verstehe ich," sagt Huxley[124], „alles Wissen, das auf Beweismitteln und Folgerungen der gleichen Art gründet wie jene, die unser Beipflichten zu gewöhnlichen wissenschaftlichen Behauptungen einfordern; und wenn irgendjemand die Behauptung erfüllen kann, dass seine Theologie auf stichhaltigen Beweismitteln und folgerichtigem Denken basiert, so scheint es mir, dass eine solche Theologie ihren Platz als Teil der Wissenschaft einnehmen muss." Dass die Behauptung bereits erfüllt worden sei, wird von vielen geltend gemacht, die es verdient haben, zu Fragen wissenschaftlicher Beweismittel angehört zu werden. Wenn aber von manchen mehr als dies verlangt wird, mehr vielleicht nicht im Sinne einer höheren, sondern einer anderen Art,

---

122) Anm. d. Übers.: Im engl. Original *in the „a posteriori" form* ("aus der Wahrnehmung gewonnen").

123) Anm. d. Übers.: Der von Auguste Comte (1798 – 1857) begründete Positivismus bezeichnet eine Richtung der Philosophie (und humanistischen Religionsersatz im 19. Jh.), worin die Erkenntnis auf „positiven Befunden" bzw. Nachweisen wie in den Naturwissenschaften fußt.

124) Thomas Henry Huxley (*04.05.1825 – †29.06.1895).

kann zumindest der Versuch unternommen werden, sie zufriedenzustellen. Mr Frederic Harrison[125], stellvertretend für die Positive Denkmethode[126], „wendet sich von Idealisierungen ab, welche sich selbst zur Gesetzlosigkeit bekennen, welche bekunden, den Anwendungsbereich des Gesetzes zu überscheiten. Wir sagen, das Leben und seine Gestaltung werden für uns gänzlich auf eine Gesetzesgrundlage gestellt sein, sie müssen restlos in jenem Bereich der Wissenschaft (nicht der Naturwissenschaft, sondern der Sitten- und Gesellschaftslehre) liegen, in dem es uns freisteht, unsere Intelligenz in den Herangehensweisen einzusetzen, die uns als verständliche Logik geläufig sind, Methoden also, die der Verstand auswerten kann. Wenn Sie uns mit Hypothesen konfrontieren, ganz gleich, wie großartig und berührend diese sein mögen – sofern sie nicht in Begriffen unseres sonstigen Wissens dargelegt werden können, sofern sie disparat zu jener Welt der Folgerichtigkeit und der Sinneseindrücke sind, welche uns als oberste Bezugsgröße für all unser wahres Wissen dient, dann schütteln wir den Kopf und wenden uns ab." Dies ist ein höchst vernünftiger Anspruch, und wir nehmen die Herausforderung demütig an. Wir glauben, religiöse Wahrheit oder überhaupt alle Vorgänge, die sich der weitesten Gegebenheiten des Spirituellen Lebens sicher sind, können „in Begriffen unseres sonstigen Wissens" erklärt werden.

Wir sagen dabei nicht, wie bereits angedeutet wurde, dass der Vorschlag ein Bestreben enthält, das Vorhandensein der Spirituellen Welt zu beweisen. Bedarf dies eines Beweises? Und wenn dem so wäre, welcher Art Beweis würde vor Gericht gelten? Die Gegebenheiten der Spirituellen Welt sind für Tausende so real wie die Gegebenheiten der Natürlichen Welt –

---

125) (*18.10.1831 – †14.01.1923)

126) Anm. d. Übers.: Gemeint ist die positivistische Strömung der Zeit, welche sich von allem Transzendenten abwandte; vgl. Anmerkung 122.

und für Hunderte gar realer. Wäre man aber aufgefordert, zu beweisen, dass die Spirituelle Welt mit den entsprechenden Fähigkeiten wahrnehmbar ist, würde man dies genau so machen, als würde man versuchen, zu beweisen, dass die Natürliche Welt ein Erkennungsobjekt für die Sinne wäre – und mit ebenso viel oder ebenso wenig Erfolg. In jedem Fall würde die Gegebenheit wohl als zur Vorführung ungeeignet befunden werden, doch im einen Fall nicht ungeeigneter als im anderen. Wäre man aufgefordert, das Vorhandensein Spirituellen Lebens zu beweisen, würde man dies ebenfalls genau auf die Weise machen, wie man versuchen würde, Natürliches Leben zu beweisen. Und dies würde möglicherweise mit größerer Hoffnung unternommen.

Doch dies steht nicht im Sofortprogramm. Die Wissenschaft befasst sich mit bekannten Tatsachen; und indem wir bestimmte bekannte Tatsachen in der Spirituellen Welt annehmen, gehen wir dazu über, diese anzuordnen, hinter ihre Gesetze zu kommen, zu erforschen, ob diese „in Begriffen unseres sonstigen Wissens dargelegt werden können".

Gleichzeitig sind wir – obwohl wir keinen philosophischen Beweis der Existenz eines Spirituellen Lebens und einer Spirituellen Welt in Angriff nehmen – nicht ohne Hoffnung, dass der allgemeine Gedankengang sich hier für einige, die ernsthaft in diesen Richtungen forschen, als nützlich erweisen mag. Für die meisten Ansichten ist der Stolperstein vielleicht weniger die bloße Existenz des Unsichtbaren als das Fehlen von Festlegung, die anscheinend hoffnungslose Unbestimmtheit, und nicht zuletzt die Lust an dieser Unbestimmtheit als bloßer Unbestimmtheit seitens einiger, die diese als das Qualitätsmerkmal Spiritueller Dinge betrachten. Es wird wohl zumindest etwas sein, ernsthaft Suchenden mitzuteilen, dass die Spirituelle Welt kein Luftschloss einer der Erde und dem Himmel unbekannten

Bauart ist, sondern ein wohlgeordnetes Reich, das mit vielen vertrauten Dingen ausgestattet ist und von wohlbekannten Gesetzen geregelt wird.

Es ist wohl nicht notwendig, den Zugewinn an Klarheit mit einer zweiten Überschrift zu betonen. Die Spirituelle Welt ist dem Stand der Dinge nach voller Verworrenheit. Dem Zweifel kann man nur entkommen, indem man dem Denken entkommt. Im Hinblick auf viele wichtige Artikel der Religion ist vielleicht der beste und der schlechteste Lehrgang, der einem Zweifler derzeit zugänglich ist, seine einfache Gutgläubigkeit. Wer ist für diesen Zustand verantwortlich?

Es kommt wie eine notwendige Verbesserungssteuer auf die Ära herab, in der wir leben. Die alte Vertrauensgrundlage, die institutionelle Autorität, wird aufgegeben; die neue, die Wissenschaft, hat ihren Platz noch nicht eingenommen. Zuvor verlangten die Menschen nicht, die Wahrheit zu sehen; sie brauchten sie nur zu glauben. Daher war die Wahrheit von der Theologie noch nicht in eine sichtbare Form übertragen worden – welche jedoch ihre ursprüngliche Form gewesen ist. Doch nun fordern sie, sie zu sehen. Und wenn sie ihnen gezeigt wird, schrecken sie verzweifelt zurück. Wir können nicht sagen, was sie sehen. Doch wir können sagen, was sie sehen könnten. Träten die Naturgesetze in der Spirituellen Welt in Kraft, könnten sie die großen Grundsätze religiöser Wahrheit genauso einfach und klar erkennen wie die deutlichen Grundsätze der Wissenschaft. Während sie in diese Natürlich-Spirituelle Welt starren würden, würden sie zu sich selber sagen: „Wir haben so etwas schon gesehen. Diese Ordnung kennen wir. Sie ist nicht willkürlich[127]. Dieses Gesetz hier ist das alte Gesetz von dort, und dieses Phänomen hier, was kann es anderes sein als jenes dort

---

127) Anm. d. Übers.: In engl. Original *arbitrary* (von lat. *arbitrarius*: „willkürlich"), im Gegensatz zur Entstehung einer Sache aus der Naturnotwendigkeit heraus.

drüben, welches dort in exakt demselben Verhältnis zum dortigen Gesetz stand?" – Und so nimmt alles aus der neuen Form allmählich neue Bedeutung an. So wird die Spirituelle Welt langsam Natürlich; und, was von fast gleichgroßer Bedeutung ist, die Natürliche Welt wird langsam Spirituell. Die Natur ist kein bloßes Abbild oder Sinnbild des Spirituellen. Sie ist wie das Spirituelle in kleinerem Maßstab. In der Spirituellen Welt drehen sich dieselben Räder – nur ohne Eisen. Dieselben Figuren huschen über die Bühne, es laufen dieselben Wachstumsprozesse ab, dieselben Funktionen werden erfüllt, es herrschen dieselben biologischen Gesetze – nur mit einer jeweils anderen Beschaffenheit der belebten Welt[128]. Platons „Gefangener" hat, wenn auch nicht außerhalb der Höhle, sein Gesicht dem Licht zugewandt.

„Die Erde ist zum Bersten voll mit Himmel,
Und alles Strauchwerk ist entflammt mit Gott."[129]

Wie viel der Spirituellen Welt vom Naturgesetz erfasst ist, wollen wir im Augenblick nicht erforschen. Es ist jedenfalls sicher, dass nicht alles davon erfasst ist. Und nichts verleiht der Herangehensweise mehr Glaubwürdigkeit als dies. Zum einen bleibt noch Raum für das Geheimnis. Wäre kein Platz für das Geheimnis verblieben, hätte sie sich sowohl als unwissenschaftlich als auch irreligiös erwiesen. Eine Wissenschaft ohne Geheimnis kennen wir nicht; eine Religion ohne Geheimnis ist absurd. Dies ist kein Versuch, Religion auf eine Frage der Mathematik zu reduzieren oder

---

128) Anm. d. Übers.: Im engl. Original *different quality of Bios* (von griech. *Bios*: "das Leben", die belebte Welt als Teil des Kosmos).
129) Anm. d. Übers.: Zitat aus „Aurora Leigh", Book VII von Elizabeth Barrett Browning (*06.03.1806 – †29.06.1861).

Gott in biologischen Formeln zu veranschaulichen. Der Ausschluss des Geheimnisses aus dem Universum entspricht dem Ausschluss der Religion. Wie weit die wissenschaftliche Methode in die Spirituelle Welt auch immer vordringen mag, es wird immer ein unerforschter Bereich übrig bleiben, der einem wissenschaftlichen Glauben offensteht. „Ich werde mich niemals zu jener Auffassung versteigen, die Vertrauen zu Wissen „erhöhen" will. Für mich ist der Weg der Wahrheit, über die Kenntnis meiner Unkenntnis zur Ergebenheit des Glaubens zu gelangen, und dann, von dieser Basis aus, mein Wissen zum Glauben zu erhöhen."[130]

Um diese Geheimnisverkündung nicht beunruhigend erscheinen zu lassen, wollen wir hinzufügen, dass dieses Geheimnis auch wissenschaftlich ist. Das eine Thema, hinsichtlich dessen sich alle Wissenschaftler einig sind, die eine Thematik, bei welcher alle gleichermaßen wortgewandt werden, der eine pathetische Zug in all ihrem Schreiben und Reden und Denken betrifft diese letzte Unwägbarkeit, die vollkommene Schwärze des Dunkels, die ihre Arbeit auf allen Seiten umgibt. Wenn das Licht der Natur die Spirituelle Umgebung für uns ausleuchten soll, kann es schon ein schwarzes Unbekanntes geben, das dieser Zone der Dunkelheit um die Natürliche Welt herum zumindest in manchen Punkten entspricht.

Doch der endgültige Zugewinn würde sich auf dem Gebiet der Theologie manifestieren. Die Verankerung der Spirituellen Gesetze im „festen Grund der Natur", auf welchen der Geist vertraut, „der für die Ewigkeit baut"[131] würde der Gewissheit in der Religion eine neue Grundlage bieten. Es wur-

---

130) (Eigenzitat H. Drummond.)

131) Anm. d. Übers.: Das Originalzitat des Dichters William Wordsworth (*07.04.1770 – †23.04.1850) war bis 1936 das Motto der Zeitschrift „Nature": *To the solid ground Of Nature trusts the mind which builds for aye.* ("Auf den festen Grund der Natur vertraut der Geist, der für die Ewigkeit baut.")

de bereits angedeutet, dass die Autorität der Autorität abnimmt. Dies ist eine schlichte Tatsache. Und sie war unumgänglich. Autorität – das heißt, menschliche Autorität – ist für Kinder. Und es kommt zwangsläufig eine Zeit, wo diese der Frage, „Was soll ich tun?", oder: „Was soll ich glauben?" die Erwachsenenfrage, „Warum?" hinzufügen. Diese Frage wiederum ist heilig – und muss beantwortet werden.

„Wie wahrhaft unangreifbar ihre zentrale Stellung ist," stellte Herbert Spencer[132] treffend fest, „hat die Religion nie hinlänglich erfasst. Im frommsten Glauben, wie wir ihn gewöhnlich sehen, liegt ein innerster Kern der Skepsis verborgen; und diese Skepsis verursacht jene Furcht vor der Untersuchung, welche die Religion bei der Konfrontation mit der Wissenschaft an den Tag legt." In der Tat; die Religion hat niemals erfasst, wie unangreifbar viele ihrer Positionen sind. Sie ist noch nicht auf die Grundlage gestellt worden, welche sie unangreifbar machen würde. Und in einer Übergangsphase wie der Gegenwart, die mit einer Hand an der Autorität festhält und mit der anderen, auf der Suche nach einem neuen starken Halt, in der Dunkelheit umhertastet, ist die Theologie sicherlich zu bedauern. Woher rührt diese Furcht bei der Konfrontation mit der Wissenschaft? Es kann keine Furcht vor wissenschaftlichen Tatsachen sein. Keine einzige wissenschaftliche Tatsache hat jemals eine Tatsache in der Religion in ein zweifelhaftes Licht gerückt. Der Theologe weiß dies, und bekennt, dass er sich nicht vor Fakten fürchtet. Was hat die Wissenschaft dann getan, die Theologie erzittern zu lassen? – Es ist ihre Herangehensweise. Es ist ihr System. Es ist ihre Gesetzesherrschaft. Es ist ihre Harmonie und Kontinuität. Der Angriff ist nicht gezielt. Nicht ein einziger Punkt wird angegriffen. Es ist das ganze System, das im Vergleich mit dem anderen, und gemessen

---

132) (*27.04.1820 – †08.12.1903)

an dessen Gleichgewicht, für mangelhaft befunden wird. Dasjenige Auge, das das erstere gesehen hat, kann dieses nicht betrachten. Um dies tun zu können und in der Betrachtung[133] zu verweilen, muss es sich nun einmal von seiner gegenwärtigen Zeit entbinden.

Herbert Spencer verweist weiterhin darauf (mit welchem Wahrheitsgehalt, braucht nicht hier erörtert zu werden), dass die Reinigung[134] der Religion immer von der Wissenschaft ausging. Es ist in jedem Fall sehr offensichtlich, dass eine immense Forderung binnen kurzem verringert werden muss. Die Verlagerung der Ausstattung wird zeitaufwändig sein. Doch sie muss zuwege gebracht werden. Und nicht das geringste Ergebnis des Prozesses wird die Auswirkung auf die Wissenschaft selbst sein. Kein Wissensbereich leistet je einen Beitrag für einen anderen, ohne sein Eigen mit Zinseszins zurückzuerhalten – man beachte die gegenseitigen Dienste der Biologie und der Soziologie. Von dem Zeitpunkt an, als Comte die Analogie zwischen Phänomenen, die unter größeren menschlichen Gemeinschaften vorkamen, und denen von Tierkolonien beschrieb, haben die Biowissenschaft und die Gesellschaftswissenschaft so sehr zueinander beigetragen, dass ihre Entwicklung seither nahezu Hand in Hand verlief. Man konnte verfolgen, wie ein von der anderen entlehntes Konzept mit der Zeit seinen Weg zurückfindet, dann immer in einer erweiterten Form, um seinen Ursprungsbereich weiter zu erhellen und zu bereichern. So muss es auch bei der Wissenschaft und der Religion sein. Wenn die Reinigung der Religion von der Wissenschaft ausgeht, wird die Reinigung der Wis-

---

133) Anm. d. Übers.: Im engl. Original *[in the] contemplation*, auch: „[in der] inneren Einkehr" (im Gegensatz zur äußeren, natürlichen Welt der sichtbaren Erscheinungen).

134) Anm. d. Übers.: Gemeint ist eine Reinigung von Irrtümern, Korruption, unmoralischen Praktiken, etc. im Sinne einer Evolution der Religion; vgl. Spencers „System of Synthetic Philosophy" (1860).

senschaft, in einem tieferen Sinne, von der Religion herrühren. Zuletzt muss das wahre Wirken der Natur zu Ehren kommen – und die Wissenschaft ihren Platz als großer Kommentator einnehmen. Für Wissenschaftler nicht weniger als für Theologen wird dann

> „[...] die Wissenschaft
> Ein kostbarer Besucher sein; und dann,
> Und nur dann, auch den eignen Namen wert:
> Denn dann wird ihr Herz brennen, und ihr Aug´,
> Glanzlos und leblos, nicht mehr unterstehn
> Dem Gegenstand in roher Sklaverei;
> Sondern gelehrt, geduldig zu verfolgen
> Der Dinge Gang, und Dienst zu tun
> Klarer Geordnetheit, doch deshalb nicht
> In Säumnis ihres edelsten Gebrauchs,
> Des glanzvollsten Terrains, das sie erschließt
> In anschaulicher Weisung, als ein Halt,
> Nicht Trugbild, für den schweifenden Verstand."[135]

Die Gabe der Wissenschaft an die Theologie wird jedoch nicht weniger reich sein. Mit der Inspiration der Natur zur Erhellung dessen, was die Inspiration der Offenbarung im Dunkel gelassen hat, wird die Irrlehre in einigen ganzen Bereichen unmöglich. Mit der Demonstration der Natürlichkeit des Übernatürlichen kann es sein, dass die Skepsis sogar als unwissenschaftlich betrachtet wird. Und jene, die lange um ein paar nackte Wahrheiten gerungen haben, um das Leben zu veredeln und ihre Seelen

---

135) Anm. d. Übers.: Das engl. Original zitiert einen Auszug aus "The Excursion", Book 4, Despondency Corrected (1814) von William Wordsworth; vgl. hierzu Anm. 130.

im Gedanken an die Zukunft zu beruhigen, werden nicht im Zweifel belassen.

Es ist unmöglich zu glauben, dass die erstaunliche Abfolge von Offenbarungen im Bereich der Natur im Verlauf der letzten Jahrhunderte, über welche zu staunen die Welt schon beinahe müde wurde, nichts für das höhere Leben abwerfen soll. Wenn die Entwicklung der Glaubenslehre von irgendeiner Bedeutung für die Zukunft sein soll, muss die Theologie aus der weiteren Offenbarung der sichtbaren Welt für die weitere Offenbarung der unsichtbaren Welt schöpfen. Sie braucht und kann nichts zur Realität beitragen; doch so wie Newtons Vision sich auf eine deutlichere und sattere Welt stützte als die Platons, so können wir, obwohl wir dieselben Dinge in der Spirituellen Welt sehen wie unsere Väter, diese deutlicher und satter sehen. Dank des Einwirkens von Jahrhunderten ist das geistige Auge ein feineres Werkzeug und verlangt eine höher geordnete Welt. Wäre die Offenbarung der Gesetzmäßigkeit eher erfolgt, wäre sie unverständlich gewesen. Offenbarung gibt niemals von sich aus etwas preis, das der Mensch selbst entdecken könnte – möglicherweise nach dem Prinzip, dass er nur dann, wenn er es entdecken kann, auch fähig ist, es zu würdigen. Außerdem benötigen Kinder keine Gesetze außer Gesetzen im Sinne von Vorschriften. Sie betten sich in Arglosigkeit auf Autorität und stellen keine Fragen. Doch es kommt eine Zeit, wenn die Welt das Mannesalter erreicht, da sie Fragen stellen werden und, was dazu kommt, alles auf die Antworten setzen. Jetzt ist die Zeit. Somit müssen wir unsere Lehren darlegen, statt die Grundsätze weltlichen Denkens an einem für den Großen Ausnahmefall reservierten Platz – und daher ausgestoßen – abzulegen; allerdings in ihrer Verwandtschaft mit aller Wahrheit und in ihrem Gesetzeszusammenhang mit der gesamten Matur. Dies ist tatsächlich einfach, das von Christus höchstpersönlich begonnene Lehrsystem fortzusetzen.

Und was ist die Suche nach spiritueller Wahrheit in den Naturgesetzen anderes als ein Versuch, die Gleichnisse zu äußern, welche so lange ohne einen Prediger in der Welt ringsum verborgen waren, und den Menschen abermals zu sagen, dass das Himmelreich „wie dieses" und „wie jenes" ist?[136]

---

136) Anm. d. Übers.: Im engl. Original *like unto this and to that* (Hervorhebungen der Anspielungen auf Gleichnisse der Bibeltexte durch die Übers.).

Teil 2

Nachdem das Gesetz der Kontinuität in dieser Untersuchung schon als bedeutender Faktor bezeichnet worden ist, erscheint es nicht unangemessen, das Plädoyer für das Naturgesetz in der Spirituellen Sphäre mit einer kurzen Darlegung und Anwendung dieses wichtigen Prinzips zu unterstützen. Das Gesetz der Kontinuität liefert einen apriorischen[137] Beweis höchst überzeugender Art für die Geltung, die wir uns zu verschaffen suchen – ja sogar einer solchen Art, dass sie unserem Verstand endgültig erscheint. Kurz angedeutet, der gewonnene Boden ist der, dass der Mensch, wenn die Natur Harmonie ist, in all seinen Beziehungen – körperlich, mental, moralisch und spirituell – in ihren Wirkungskreis fällt. Es ist vollkommen unwahrscheinlich, dass der spirituelle Mensch in allen Wachstumsbedingungen, Entwicklungsgrundlagen und Lebensbedingungen gewaltsam vom leiblichen Menschen getrennt sein sollte. Es ist überhaupt schwer vorstellbar, dass das natürliche Leben von einer Prinzipienreihe geleitet sein sollte, und diese zu einer bestimmten Zeit – genau dem Zeitpunkt, an dem sie benötigt werden – plötzlich einer anderen Prinzipienreihe weichen sollte, die völlig neu und ohne jeden Bezug dazu ist. Die Natur hat uns nie gelehrt, mit einer solchen Katastrophe zu rechnen. Sie hat uns nirgendwo darauf vorbereitet. Und der Mensch kann im Wesen der Dinge, im Wesen des Denkens, im Wesen der Sprache nicht in zwei so zusammenhanglose Hälften gespalten werden.

Der spirituelle Mensch, das ist richtig, muss in einem anderen Wissenschaftsbereich erforscht werden als der natürliche Mensch. Doch die von

---

137) Anm. d. Übers.: Im engl. Original *a priori* (lat.: „vom Früheren her), „von der Wahrnehmung unabhängig, allein durch das Denken gewonnen".

der Wissenschaft begründete Harmonie ist keine Harmonie innerhalb der Grenzen spezieller Bereiche. Das Universum ist die Harmonie, das Universum, von welchem diese nur Teile sind. Und die Harmonie der Teile hängt, trotz all ihres Gewichts und all ihrer Bedeutung, von der Harmonie des Ganzen ab. Während es also mehrere Harmonien gibt, gibt es zugleich nur eine einzige Harmonie. Die Aufteilung der Erscheinungen des Universums in sorgsam gehütete Untergruppen und die Zuweisung bestimmter bedeutender Gesetze zu einer jeden davon, das darf nicht vergessen werden, ganz egal, wie sehr die Natur sich dafür eignet, sind künstlich vorgenommen. Wir finden eine Evolution in der Botanik, eine weitere in der Geologie, und eine weitere in der Astronomie, und die Folge ist, dass man dazu verleitet ist, diese unsensibel als drei voneinander unabhängige Evolutionen zu betrachten. Doch diese Wissenschaften sind natürlich nur Bereiche, die wir selbst geschaffen haben, um Wissen leichter zugänglich zu machen – Verkleinerungen der Natur auf den Umfang unserer eigenen Intelligenz. Und wir müssen uns davor hüten, die Natur nicht ausschließlich zu diesem Zweck zu unterteilen. Die Wissenschaft hat alles so zerlegt, dass es ein mentales Problem aufwirft, das Puzzle wieder zusammenzusetzen; und wir müssen in Übung bleiben, indem wir ständig die Natur als Ganzes im Hinterkopf behalten, wenn die Wissenschaft nicht von ihren eigenen Verfeinerungen zugrundegerichtet werden soll. Da die Evolution in so vielen unterschiedlichen Wissenschaftsbereichen festzustellen ist, besteht die Wahrscheinlichkeit, dass es sich um ein universales Prinzip handelt. Und es besteht keinerlei Vorbehalt gegen den Ausschluss dieses Gesetzes und vieler anderer aus dem Bereich spirituellen Lebens. Andererseits gibt es sehr triftige Gründe, weshalb die Naturgesetze bis auf die Spirituelle Sphäre ausgedehnt sein dürften – dies nicht in irgendeiner an die neuen Umstände angepassten Weise, sondern unverändert ausgedehnt.

Doch nun zur Darlegung. Eine der frappantesten Verallgemeinerungen der jüngsten Wissenschaft ist die, dass selbst Gesetze ihre Gesetzmäßigkeit haben. Phänomene wurden, mit fortschreitendem Wissen, zunächst zusammenfassend gegliedert, und die Natur bot binnen kurzem das Schauspiel eines Kosmos dar, wobei die großen Naturgesetze die Schönheitslinien bildeten. Solange diese Gesetze allerdings lediglich große Grenzlinien waren, die die Natur durchzogen, solange sie also getrennt voneinander verliefen, blieb das System der Natur noch unvollendet. Das Prinzip, das nach Gesetzmäßigkeit unter den Phänomenen suchte, musste tiefergehen und nach einer Gesetzmäßigkeit unter den Gesetzen suchen. Demgemäß wurden die Gesetze selbst behandelt, wie sie die Phänomene behandelten, und so fanden sie sich schließlich in einem noch engeren Kreis gruppiert. Dieser innerste Kreis wird von einem einzelnen großen Gesetz geleitet, dem Gesetz der Kontinuität. Es ist das Gesetz für die Gesetze.

Es mag bezeichnend sein, dass es wenige genaue Definitionen für Kontinuität gibt. Selbst in Sir W. R. Groves[138] berühmter Abhandlung, der Quellschrift der modernen Fassung davon, weitab von heutiger Wahrheit, findet sich kein Definitionsversuch. Tatsächlich ist ihr Einschlag so überwältigend, sie spricht die Vorstellungskraft so viel stärker an als die Vernunft, dass man sie lieber darstellen als definieren wollte. Ihre wahre Größe besteht im letzten unauslöschlichen Eindruck, den es hinsichtlich der Einheitlichkeit der Natur hinterlässt. Denn es war dem Gesetz der Kontinuität vorbehalten, der Harmonie des Universums den letzten Schliff zu geben.

---

138) Anm. d. Übers.: Sir William Robert Grove (*11.07.1811 – †01.08.1896). Die Textreferenz ist nicht eindeutig: vermutl. eine der Publikationen im London and Edinburgh Philosophical Magazine, „On a new voltaic combination" (1838) oder „On Voltaic Series and the Combination of Gases by Platinum" (1839).

Möglicherweise ist der am stärksten zufriedenstellende Weg, sich selbst ein angemessenes Verständnis vom Prinzip der Kontinuität zu verschaffen, zu versuchen, sich das Universum ohne dasselbe vorzustellen. Das Gegenteil eines kontinuierlichen Universums wäre ein diskontinuierliches Universum, ein zusammenhangloses und unbedeutendes Universum – gerade so unbedeutend in allen seinen Weisen, Dinge zu tun, wie eine unbedeutende Person. Faktisch würde das Entnehmen der Kontinuität aus dem Universum dasselbe sein, als würde man einem Einzelnen die Vernunft entziehen. Das Universum würde gestört ablaufen; die Welt wäre eine verrückte Welt.

Es gab einmal ein Kinderbuch, das den faszinierenden Titel „Die Zufallswelt"[139] trug. Es schilderte eine Welt, in der alles durch Zufall geschah. Die Sonne konnte aufgehen oder auch nicht; oder sie würde zu irgendeiner Stunde zum Vorschein kommen, oder statt ihrer würde vielleicht der Mond aufsteigen. Bei ihrer Geburt konnten die Kinder einen Kopf oder ein Dutzend Köpfe haben, und diese Köpfe säßen vielleicht nicht auf ihren Schultern – möglicherweise wären da keine Schultern – sondern über ihre Glieder verteilt. Wenn jemand in die Luft sprang, war es unmöglich, vorauszusagen, ob er jemals wieder herabkommen würde. Dass er gestern heruntergekommen war, garantierte nicht, dass er es auch beim nächsten Mal tun würde. Denn jeder vorangehende und nachfolgende Tag war anders, und die Schwerkraft und alles andere veränderten sich stündlich. Heute konnte der Körper eines Kindes so leicht sein, dass es ihm unmöglich war, von seinem Stuhl auf den Boden hinunterzusteigen; aber morgen, beim Versuch, das Experiment zu wiederholen, könnte der Auftrieb ihn durch ein dreistöckiges Haus schleudern und irgendwo nahe

---

139) Im engl. Original „*The Chance World*".

dem Erdmittelpunkt zerschmettern. In dieser Zufallswelt waren Ursache und Wirkung aufgehoben. Das Gesetz war ausgelöscht. Und die Folge für die Einwohner einer solchen Welt könnte nur sein, dass es keine Vernunft gäbe. Es wäre eine verrückte Welt mit einer Bevölkerung von Verrückten.

Nun ist dies nicht mehr als ein realistisches Bild dessen, was die Welt ohne Gesetzmäßigkeiten wäre, oder das Universum ohne Kontinuität. Und hieran können wir die Notwendigkeit eines Prinzips oder Gesetzes ausmachen, nach dessen Maßgabe Gesetze durch das gesamte System hindurch „kontinuierlich" sind und sein werden. Der Mensch als vernunftbegabtes und moralisches Wesen verlangt eine Zusicherung, dass wenn er sich wegen irgendeines bestimmten Resultats auf die Natur verlässt, weil die Natur ihn zuvor zur Erwartung eines solchen Resultats veranlasst hat, sein Verstand nicht beleidigt noch sein Vertrauen ihr gegenüber missbraucht werde. Wenn er der Natur vertrauen soll, kurzum, muss ihm garantiert sein, dass er dabei „niemals in Verwirrung geraten"[140] wird. Die Autoren des „Unseen Universe"[141] schließen die Untersuchung dieses Prinzips mit folgenden Worten ab: „Wenn wir von der Existenz eines allwaltenden Herrschers über das Universum ausgehen, kann das Prinzip der Kontinuität als klare Bekundung unseres Vertrauens darauf gelten, dass Er uns nicht in dauernde geistige Verwirrung stürzen wird, und wir können uns ähnliche Vertrauensbekundungen bezüglich der anderen Fähigkeiten des Menschen gut vorstellen." – Oder, wie es an anderer Stelle treffend formuliert wurde, Kontinuität ist der Ausdruck „der Göttlichen

---

140) Anm. d. Übers.: Ein Bibelzitat aus dem Alten Testament, Psalm 71, 1: "In thee, O Lord, do I put my trust: *let me never be put to [shame and] confusion*".

141) Anm. d. Übers.: Originaltitel „The Unseen Universe" (1875); ab 1882 unter Nennung der zuvor anonymen Autoren Balfour Stewart und Peter Guthrie Tait neu aufgelegt.

Wahrhaftigkeit in der Natur"[142]. Die bemerkenswertesten Beispiele für die Kontinuität der Gesetzmäßigkeit sind vielleicht jene, die die Astronomie liefert – insbesondere im Zusammenhang mit den neueren Beifügungen der Spektralanalyse. Doch selbst im Fall der einfacheren Gesetze ist die Beweisführung vollendet. Es gibt keinen Grund außer der Kontinuität, zu vermuten, dass beispielsweise die Schwerkraft außerhalb unserer Welt herrschen sollte. Doch wo immer Materie innerhalb des gesamten Universums entdeckt wird, sei es in Form eines Sterns oder Planeten, eines Kometen oder Meteoriten, stellt man fest, dass sie dieses Gesetz befolgt. „Wenn es keinen anderen Hinweis auf eine Einheitlichkeit gäbe als diesen, wäre dies nahezu hinreichend. Denn die Einheit, welche die Mechanismen der Himmel in sich tragen, ist wahrhaftig eine Einheit, die allumfassend und vollkommen ist. Der Aufbau unserer eigenen Körper, mit allem, was damit zusammenhängt, ist ein von derselben Gravitationskraft beherrschter Aufbau (und daher an sie angepasst), welche die Gestalt und die Bewegungen unzähliger Welten bestimmt hat. Jeder Teil des menschlichen Organismus ist an Gegebenheiten angepasst, die allesamt sofort zerstört werden würden, sollten die Gravitationskräfte sich wandeln oder versagen."

Doch es ist überflüssig, Beispiele zu vervielfachen. Nachdem wir das Prinzip erklärt haben, können wir sofort zu seiner Anwendung übergehen. Und das Argument lässt sich mit einem Satz zusammenfassen. In gleicher Weise, wie sich die Naturgesetze durch das Universum der Materie und des Raums hindurch ausdehnen, werden sie sich auch durch das Universum des Geistes ausdehnen.

Wenn dies in Abrede gestellt wird, was dann? Wer es von der Hand weisen will, muss den Gegenbeweis erbringen. Das Argument ist auf ein Prin-

---

142) Anm. d. Übers.: Zitat aus "Old Faiths in New Light", Newman Smyth (1879).

zip gegründet, welches jetzt als universal anerkannt ist; und die Last des Gegenbeweises muss bei jenen liegen, die dreist genug sein mögen, den Standpunkt zu vertreten, es gäbe einen Bereich, in dem das Prinzip der Kontinuität schließlich versagt. Hierfür müsste man zunächst die Fakten der Natur aufheben, dann die der Wissenschaft, und zuletzt den menschlichen Verstand.

Es mag als sinnfälliger Einwand erscheinen, dass viele der Naturgesetze in keinerlei Zusammenhang mit der Spirituellen Welt stehen und hier tatsächlich nicht fortgesetzt werden. Die Schwerkraft zum Beispiel – welche unmittelbare Anwendung findet diese in der Spirituellen Welt? Die Antwort ist dreifach. Erstens ist nicht nachgewiesen, dass sie hier nicht weiterhin gilt. Wenn der Geist in irgendeiner Hinsicht stofflich wäre, müsste sie notwendigerweise gelten. Zweitens könnte die Schwerkraft für die Spirituelle Sphäre gelten, obwohl sie nicht direkt nachzuweisen ist. Der Geist kann mit Kräften ausgestattet sein, die ihn dazu befähigen, sich über die Schwerkraft zu erheben. Während des Wirkens dieser Kräfte muss die Schwerkraft ebenso wenig außer Kraft sein wie es bei einer Pflanze der Fall ist, welche während des Wachstumsprozesses in die Luft emporsteigt. Dies tut sie kraft eines höheren Gesetzes und in wahrnehmbarer Widersetzung gegen das geringere. Drittens, sollte das Spirituelle nicht stofflich sein, lässt sich immer noch nicht sagen, dass die Ausdehnung der Schwerkraft an dieser Stelle endet. Nicht die Schwerkraft besteht nicht mehr – es ist die Materie.

Dieser Punkt bedarf jedoch aus einem anderen Grund näherer Ausarbeitung. Im Fall der gerade erwähnten Pflanze ist ein Wachstums- oder Vitalitätsprinzip am Werk, das die Anziehung der Schwerkraft übersteigt. Warum gibt es keine Spur von diesem Gesetz in der Anorganischen Welt? Handelt es sich hier nicht um ein weiteres Beispiel der Diskontinuität des

Gesetzes? Wenn das Gesetz der Vitalität so wenig Bezug zum Reich des Anorganischen hat – weniger gar als die Schwerkraft zum Spirituellen – was wird dann aus der Kontinuität? Ist es nicht unmittelbar einleuchtend, dass jedes Naturreich seine eigene Gesetzesreihe besitzt, welche sich möglicherweise für das spezifische Reich unangetastet ausdehnt, sich aber niemals darüber hinaus erstreckt?

Es ist ganz richtig, dass wir beim Übergang vom Anorganischen zum Organischen auf eine neue Gesetzesreihe treffen. Der Grund, weswegen die niedrigere Gesetzesreihe nicht in der höheren Sphäre zu wirken scheint, ist jedoch nicht, dass sie aufgehoben würde, sondern dass sie überlagert wird. Und der Grund, weshalb man die höheren Gesetze nicht in der niedrigeren wirken sieht, ist nicht, dass sie nicht abwärtskontinuierlich wären, sondern dass es dort nichts gibt, auf das sie einwirken könnten. Nicht das Gesetz versagt, sondern die Gelegenheit fehlt. Die biologischen Gesetze wirken auf Lebenszeit fort. Das heißt, wo immer Leben existiert, kann man ihr Wirken feststellen, gerade so, wie die Schwerkraft überall dort wirkt, wo Materie existiert.

Wir haben uns im letzten Abschnitt absichtlich mit einem Irrtum abgegeben. Wir haben gesagt, die biologischen Gesetze würden sich sicherlich auf die niedrigere oder mineralische Sphäre ausdehnen, wäre dort irgendetwas vorhanden, auf das sie einwirken könnten. Nun wirken Gesetze aber auf gar nichts ein. Es wurde bereits gesagt – obwohl es offenbar nicht oft genug betont werden kann – dass Gesetze lediglich Regeln der Wirkung[143] sind und selbst keine Beweggründe. Die zutreffende Aussage wür-

---

143) Anm. d. Übers.: Dem aufmerksamen Leser ist dies aus Drummond, Teil 1 geläufig. Das engl. Original weicht jedoch an dieser Stelle vom Inhalt der referenzierten ab: Was dort *modes of operation* (etwa: „Wirkungsweisen") heißt, ist hier interessanterweise zu *codes of operation* („Operationscodes", auch: „Regeln der Wirkung") geworden.

de daher lauten, dass die biologischen Gesetze sich auf die niedrigere Sphäre ausdehnen würden, fänden sie dort irgendetwas Passendes vor - nicht um darauf einzuwirken, sondern um es in Ordnung zu halten. Wenn es kein Wirken gibt, wenn nichts in Ordnung gehalten wird, ist hierfür nicht die Kontinuität verantwortlich. Das Gesetz wird stets auf seinem Posten sein, nicht nur dann, wenn seine Dienste geboten sind, sondern überall, wo diese realisiert werden können.

Hierauf wird aufmerksam gemacht, weil es sich um eine Korrektur eines Denkfehlers handelt, zu der man sich oft veranlasst sehen wird. Es ist so schwierig, im Zusammenhang mit den Naturgesetzen nicht die Vorstellung von Substanz im Kopf zu haben, die Vorstellung, dass sie die Triebkräfte sind, die Essenzen, die Energien, dass man ständig im Begriff ist, falschen Schlüssen anheimzufallen. Somit würde ein flüchtiger Blick auf das vorliegende Argument seitens eines jeden, der schlecht genug ausgerüstet ist, das Gesetz mit Substanz oder mit Ursache zu verwechseln, wahrscheinlich zu seiner sofortigen Verwerfung führen.

Denn, um dieselbe Form der Veranschaulichung beizubehalten, es könnte als Nächstes darauf gedrungen werden, dass ein solches Gesetz wie die Biogenese, welches (wie wir im Weiteren zu zeigen hoffen) das tragende Gesetz des Lebens sowohl der natürlichen als auch der spirituellen Welten ist, in der letzteren Sphäre keine wie auch immer geartete Anwendung finden kann. Das Leben, mit dem es in der Natürlichen Welt zu tun hat, strömt in keiner Weise in die Spirituelle Welt ein, und deshalb, so könnte man folgern, kann das Gesetz der Biogenese nicht hierauf ausdehnbar sein. Das Gesetz der Kontinuität scheint an der Stelle, wo das Natürliche ins Spirituelle übergeht, abgebrochen zu sein. Das Lebensprinzip des Körpers ist etwas anders Geartetes als das Lebensprinzip des spirituellen Lebens. Biogenese hat mit der belebten Welt zu tun, mit dem natürlichen Leben, mit Zellen und Keimen, und da es keine genau gleichartigen Zellen und Keime in der Spirituellen Welt gibt, kann das Gesetz also nicht gelten. Was alles ebenso wahr ist, als würde man sagen, das fünfte Postulat des Ersten Euklidischen Buchs[144] sei gültig, wenn die Figuren mit Kreide auf eine Tafel gezeichnet seien, würde aber im Hinblick auf Holz- oder Steinaufbauten nicht gelten.

Der Lehrsatz gilt durchgehend für die ganze Welt, und zweifellos gleichermaßen für die Sonne und den Mond und die Sterne. Dieselbe Universalität kann eben auch für das Gesetz des Lebens behauptet werden. Überall, wo es Leben gibt, können wir erwarten, es nach Maßgabe desselben Gesetzes gestaltet, angeordnet und gesteuert zu finden. Am Anfang des natürlichen Lebens finden wir das Gesetz vor, dass natürliches Leben nur vorher existierendem natürlichem Leben entstammen kann; und am Anfang des spirituellen Lebens entdecken wir, dass das spirituelle Leben nur aus vorher existierendem spirituellem Leben hervorgehen kann. Doch hier gibt es nicht zwei Gesetze; es gibt eines – die Biogenese. Am einen Ende hat das Gesetz mit Materie zu tun, am anderen mit dem Geist. Die qualitativen Begriffe „natürlich" und „spirituell" machen dabei keinen Unterschied. Die Biogenese ist das Gesetz für alles Leben und für alle Arten von Leben, und die spezifische Substanz, mit welcher es einhergeht, ist für die Biogenese ebenso irrelevant wie für die Gravitation. Die Gravitation wirkt unabhängig davon, ob es sich bei der Substanz um die Sonne und die Sterne, oder Sandkörner oder Regentropfen handelt. Die Biogenese wirkt in gleicher Weise überall dort, wo Leben existiert.

---

144) Anm. d. Übers.: Das „Parallelenaxiom" des griechischen Mathematikers Euklid von Alexandria (ca. 360 – 280 v. Chr.).

Das Fazit ist letztendlich, dass die Gesetze des natürlichen Lebens, ausgehend vom Wesen des Gesetzes im Allgemeinen und von der Tragweite des Kontinuitätsprinzips im Speziellen her gesehen, eben die des spirituellen Lebens sein müssen. Dies schließt nicht, man beachte, die Möglichkeit des Vorhandenseins zusätzlicher neuer Gesetze innerhalb der Spirituellen Sphäre aus; es schließt nicht einmal die Vermutung ein, dass die alten Gesetze die unübersehbaren Gesetze der Spirituellen Welt sein werden, welchen beiden Punkten wir uns gleich zuwenden wollen. Es macht einfach geltend, dass diese unabhängig von allem anderen dort Vorgefundenen eben dort zu finden sein müssen; dass sie dort vorhanden sein müssen, obwohl sie dort vielleicht nicht zu sehen sind, und dass sie sich über diese hinaus erstrecken müssen, falls es irgendetwas über diese hinaus gibt. Wenn das Kontinuitätsgesetz wahr ist, ist der einzige Weg, dem Schluss zu entgehen, dass die Gesetze des natürlichen Lebens auch die Gesetze (oder zumindest Gesetze) des spirituellen Lebens sind, zu sagen, es gäbe kein spirituelles Leben. Es ist tatsächlich einfacher, die Phänomene fallen zu lassen als von dem Gesetz abzurücken.

Es verbleiben nun zwei Fragen zur weiteren Betrachtung – eine in Bezug auf die Möglichkeit neuer Gesetzmäßigkeiten im Spirituellen; die andere zur gemutmaßten Unsichtbarkeit oder Unauffälligkeit der alten Gesetze aufgrund ihrer Nachrangigkeit gegenüber den neuen.

Beginnen wir damit, einzuräumen, dass es neue Gesetze geben könnte. Dann könnte man das Argument vorbringen, dass – da wir während des Übergangs von niedrigeren zu höheren Reichen in der Natur gemeinhin auf neue Gesetze stoßen, während die alten weiterhin in Kraft bleiben – die neueren Gesetze, welchen man in der Spirituellen Welt zu begegnen erwartet, die älteren so übertreffen und überwältigen würden, dass die Analogie oder Gleichheit (selbst wenn man diese feststellen könnte) nutzlos wäre. Die neuen Gesetze würden so anders geartete und so viel erhabenere Wirkungsweisen und Energien vertreten, dass diese die wahren Schlüssel zur Spirituellen Welt liefern würden. Wie die Gravitation praktisch aus der Sicht verloren ist, wenn wir in den Bereich des Lebens gelangen, würde auch die Biogenese aus der Sicht verloren werden, sobald wir die Spirituelle Sphäre betreten.

Wir müssen in dieser Darlegung zunächst die alte Verwechslung von Gesetz und Energie auflösen. Die Gravitation wird in der organischen Welt nicht aus der Sicht verloren. Die Schwere mag dies in gewissem Umfang werden, doch nicht die Gravitation; und die Schwere nur dort, wo eine höhere Kraft ihrem Wirken entgegenwirkt. Gleichzeitig kann nicht bestritten werden, dass das Unübersehbare in der Organischen Natur nicht das große Anorganische Gesetz ist.

Doch der Einwand wandelt sich zur Behauptung, dass wir von der Analogie her argumentierend wiederum erwarten dürften, die Biogenese aus der Sicht zu verlieren, wenn wir in die Spirituelle Sphäre gelangen. Worauf eine Antwort lautet, dass wir sie in Wirklichkeit nicht aus der Sicht verlieren. Und somit bei weitem nicht unsichtbar, erstreckt sie sich über die äußerste Schwelle der Spirituellen Welt und, wie wir sehen werden, durchdringt diese überall. Was wir in gewissem Umfang aus der Sicht verlieren, ist die natürliche belebte Welt. In der Spirituellen Welt ist dies nicht das Unübersehbare, und es ist dort ebenso undeutlich, wie die Schwere im Organischen undeutlich wird, weil etwas Höheres, Stärkeres, der höheren Ebene Wesenseigeneres eintritt. Dass es sozusagen höhere Energien in der Spirituellen Welt gibt, muss natürlich noch auf die gleiche Weise mit der Begründung durch Analogie und durch Erfahrungswerte bestätigt werden; doch daraus folgt nicht, dass diese andere Gesetze bedingen. Ein Gesetz hat mit Wirksamkeit nichts zu tun. Wir können eine Substanz oder eine Energie aus der Sicht verlieren, doch es ist ein Missbrauch der Sprache, vom Verlieren eines Gesetzes aus der Sicht zu sprechen.

Existieren denn keine anderen Gesetze in der Spirituellen Welt außer denen, die die Projektionen oder Erweiterungen der Naturgesetze sind? Von der Anzahl der Naturgesetze, die in der höheren Sphäre zu finden sind, vom weiten Geltungsbereich, den sie tatsächlich umspannen, und von ihrem besonderen Stellenwert in der ganzen Region her kann zumindest geantwortet werden, dass der dafür verbleibende Spielraum gering ist. Doch wenn der Einwand dagegengehalten wird, dass es der Analogie entgegenstünde und an sich unsinnig sei, dass es keine neuen Gesetze für diese höhere Sphäre geben sollte, liegt die Antwort auf der Hand. Lasst diese Gesetze entstehen. Wenn das spirituelle Wesen sich im Anfang, im Wachstum und bei der Entwicklung nicht an natürlichen Prinzipien anlehnt, lasst die wahren Prinzipien darlegen und erläutern. Wir haben nicht bestritten, dass es neue Gesetze geben kann. Man wäre beinahe überrascht, wenn es keine gäbe. Die vom Natürlichen zum Spirituellen weitergegebene Materialansammlung – ohne Unterbrechung, wie es scheint, vom Natürlichen zum Spirituellen – ist so groß, dass es, bis diese nicht entschlüsselt wurde, unmöglich ist zu sagen, welcher Freiraum noch verbleibt, der nicht von uns bekannten Gesetzen umspannt wäre. Im Augenblick ist es unmöglich, die Dimension dieser mutmaßlichen „Terra incognita"[145] auch nur annähernd abzuschätzen. Vom einen Standpunkt aus betrachtet müsste sie riesig sein, von einem anderen aus winzig klein. Doch wie groß der von den möglichen neuen Gesetzen gesteuerte Bereich auch sei, möglicherweise schmälert er die Dimension des Geltungsbereichs, in dem nach wie vor die alten Gesetze herrschen, nicht auch nur um Haaresbreite.

---

145) Anm. d. Übers.: Lat. für „unbekanntes Land".

Dieser Geltungsbereich selbst muss, relativ zu uns gesehen, wenn auch vielleicht nicht an sich, von großem Ausmaß sein. Die Größe des Schlüssels, der ihn öffnen soll, das heißt, der Umfang aller Naturgesetze, welche für passend befunden werden können, ist eine Garantie dafür, dass der Bereich des Kenntlichen in der Spirituellen Welt mindestens so umfassend ist wie jene Regionen der Natürlichen Welt, welche mit Hilfe dieser Gesetze erforscht werden konnten. Zweifellos sind auch noch einige Naturgesetze zu entdecken, und diese können beizeiten weiteren Aufschluss über den spirituellen Bereich geben. Würden wir dann alles kennen, was es gibt? – Beileibe nicht. Wir können nur all das wissen, was vielleicht bekannt wird. Und das könnte sehr wenig sein. Dem Höchsten Willen, welcher das Zepter dieses unsichtbaren Reichs schwingt, muss ein Recht auf Freiheit eingeräumt werden – jene Freiheit, welche, indem er sie in unseren Willen legt, Er uns lehrt, im Seinen zu ehren. Auch in Vielem seines Umgangs mit uns, in dem, was man die väterliche Beziehung nenne könnte, mag kein besonderes Gesetz erscheinen – kein Gesetz außer dem höchsten von allen, jenem Gesetz, von dem alle anderen Gesetze Bestandteile sind, jenem Gesetz, welches weder die Natur gänzlich widerspiegeln noch der Verstand zu ergründen beginnen kann – das Gesetz der Liebe. Wer hierin aber alle anderen Gesetze aus der Sicht verliert, fügt diesem dabei nichts hinzu, noch schmälert es derjenige, der überall bestimmte sich von diesem her ausbreitende Gesetze vorfindet.

Was die mutmaßlichen neuen Gesetze der Spirituellen Welt betrifft – das heißt, jene Gesetze, welche erstmalig in der Spirituellen Welt entdeckt werden und tiefer unten keine Analogien besitzen – ist Folgendes zu sagen, dass es einen triftigen Grund gegen eine Übertreibung entweder ihrer Anzahl oder ihrer Bedeutung gibt – jedenfalls ihrer Bedeutung für unsere unmittelbaren Erfordernisse. Auf die Beziehung zwischen der Sprache und dem Kontinuitätsgesetz wurde bereits am Rande verwiesen. Es ist klar, dass wir die Spirituellen Gesetze nur in einer aus dem sichtbaren Universum entlehnten Sprache zum Ausdruck bringen können. Weil wir für unser Vokabular auf Bilder angewiesen sind, könnten sich, falls eine Reihe völlig neuer und fremder Gesetze in der Spirituellen Welt vorhanden wäre, diese Gesetze aus bloßem Mangel an Wörtern niemals zu eindeutigen Vorstellungen formen. Die hypothetischen neuen Gesetze, welche vielleicht noch auf dem Wissensgebiet der Natur- oder Geisteswissenschaften zu entdecken sind, könnten einen Index dieser hypothetischen höheren Gesetze liefern, dies würde aber natürlich bedeuten, dass Letztere nicht länger fremd wären, sondern in Analogie stünden, oder, noch wahrscheinlicher, in Übereinstimmung.

Wenn andererseits die Naturgesetze der Zukunft nichts über diese höheren Gesetze zu sagen haben, was kann dann von ihnen gesagt werden? Woher soll die Sprache kommen, in der sie formuliert werden sollen? Wenn ihre Enthüllung von irgendeinem praktischen Nutzen für uns sein könnte, dürften wir sicher sein, dass der Schlüssel dazu, ihre Offenbarung, in irgendeiner Weise in die Natur gelegt worden wäre. Wenn sie hingegen keinen unmittelbaren Nutzen für den Menschen haben sollen, ist es besser, sie brächten ihn nicht durcheinander. Dann müssen unsere höheren Gesetzeskenntnisse also doch durch unsere niedrigeren Gesetzeskenntnisse begrenzt sein. Die Naturgesetze, wie sie augenblicklich bekannt sind (gleich, um was immer sie noch ergänzt werden mögen), geben die Naturgegebenheiten recht gut wieder. Und von ihren Analogien oder ihren Projektionen in die Spirituelle Sphäre hinein lässt sich ebenfalls sagen, dass sie eine gute Beschreibung dieser Sphäre, oder vom einen oder anderen bedeutenden Unterbereich davon bieten. Es ist an der Zeit, diese Beschreibung zu geben.

Das Größte unter den theologischen Gesetzen sind die verhüllten Naturgesetze. Es wird die glanzvolle Aufgabe der Theologie der Zukunft sein, den Deckmantel zu lüften und einer nachlassenden Skepsis die Natürlichkeit des Übernatürlichen zu enthüllen.

Es ist geradezu eigenartig, dass die Übereinstimmung der Gesetze der Spirituellen Welt mit den Naturgesetzen so lange der Erkennung entgangen sein sollte. Denn abgesehen von der Wahrscheinlichkeit aus apriorischen Gründen steckt sie im gesamten Gefüge des Gleichnisses! Wenn zwei beliebige Phänomene in den beiden Sphären als analog erkannt werden, muss die Parallelität auf dem Umstand beruhen, dass die Gesetze, die sie steuern, nicht analog sind, sondern übereinstimmen. Und doch scheint diese Grundlage der Parabel übersehen worden zu sein. So Prinzipal Shairp[146]:

> *„Dass man Spirituelle Wahrheiten so im Antlitz der*
> *Natur widergespiegelt sieht, beruht nicht auf*
> *irgendeiner eingebildeten, sondern wirklichen Analogie*
> *zwischen den natürlichen und den spirituellen Welten.*
> *Sie sind in gewissem Sinne, was nicht wissenschaftlich*
> *gesichert ist, aber für die vitale und religiöse*
> *Vorstellungskraft wahrnehmbar, Gegenstücke zueinander.“*

Aber ist dies nicht die Erklärung, dass parallele Phänomene durch übereinstimmende Gesetze bedingt sind? Es ist eine gute Frage, ob man Gesetzmäßigkeiten überhaupt als analog bezeichnen kann. Phänomene sind parallel; Gesetze, welche sie dazu machen, sind an sich eins!

---

146) Anm. d. Übers.: Der Kritiker , Dichter und Universitätsprofessor John Campbell Shairp (*30.07.1819 – †18.09.1885).

Die Erörterung des Verhältnisses zwischen dem Natürlichen und dem Spirituellen Reich lief bislang beinahe darauf hinaus, dass die Spirituellen Gesetze ursprünglich nach dem Schema der Naturgesetze formuliert wurden; und der Eindruck, den man bei erstmaliger Betrachtung der beiden Welten vonseiten der Analogie gewinnen könnte, wäre natürlich, dass die niedrigere Welt zuerst geschaffen worden wäre: als eine Art Grundgerüst, auf welchem die höhere und Spirituelle Welt anschließend errichtet werden sollte. Eben das genaue Gegenteil war der Fall! Die Spirituelle Welt war die Erste vor Ort.

Es ist nicht nötig, hier das Argument ausführlich wiederzugeben, welches kürzlich mit soviel Nachdruck im „Unseen Universe" vorgetragen wurde. Das Fazit jener Formulierung[147], nämlich dass das sichtbare Universum aus dem unsichtbaren heraus entwickelt wurde, ist immer noch unangefochten. Neben dem allgemeinen Beweis vom Kontinuitätsgesetz her sind die spezielleren Grundlagen einer solchen Schlussfolgerung: erstens die von Herschel[148] und Clerk-Maxwell[149] nachdrücklich betonte Tatsache, dass die Atome, aus denen das sichtbare Universum aufgebaut ist, ausgeprägte Kennzeichen gefertigter Gegenstände tragen; und zweitens lässt sich aus bekannten Fakten bezüglich der Energieverlustleistung auf den Entstehungszeitpunkt des sichtbaren Universums schließen: Mit der allmählichen Massenaggregation verringerte sich langsam die Energie

---

147) Anm. d. Übers.: Im engl. Original *[of that] wort* (sic!): „Würze" muss ein Druckfehler sein; die Übersetzung verwendet *word* i. S. von *wording*.

148) Anm. d. Übers.: Die Referenz ist nicht ganz eindeutig. Wahrscheinlich der brit. Astronom Sir John Frederick William Herschel (*07.03.1792 – †11.05.1871). Evtl. auch dessen Vater, der dt.-brit. Astronom und Musiker Friedrich Wilhelm Herschel [*William Herschel*] (*15.11.1738 – †25.08.1822).

149) Anm. d. Übers.: Der schottische Physiker James Clerk [Maxwell] (*13.06.1831 – †05.11.1879).

des Universums, und dieser Energieverlust muss voranschreiten, bis keine mehr zurückbleibt. Daher gibt es einen Zeitpunkt, an dem die Energie des Universums sich erschöpft; und das, was sein zeitliches Ende hat, kann nicht endlos sein – es muss auch einen zeitlichen Anfang gehabt haben. Demzufolge existierte die unsichtbare Welt vor der sichtbaren Welt.

Es ist daher nichts so besonders Erhabenes an den Naturgesetzen an sich, als dass sie uns danach streben machen, sie als Blutsverwandte des Spirituellen zu erkennen. Das liegt nicht nur daran, dass diese Gesetze auf der Erde sind und uns, als Erdlingen, somit zugänglicher;[150] nicht nur, wie das „Unseen Universe" in einem anderen Zusammenhang zu bedenken gibt, „weil sie unten auf der Liste stehen – tatsächlich die einfachsten und niedrigsten sind – dass sie von den begrenzten Intelligenzen des Universums ohne Weiteres verstanden werden können." Aber ihre wahre Bedeutung liegt im Umstand, dass sie überhaupt auf der Liste stehen, und insbesondere darin, dass die Liste dieselbe Liste ist.

Ihre Erhabenheit liegt nicht in den Naturgesetzen, sondern in den Spirituellen Gesetzen – Gesetzen, die (wie bereits gesagt wurde) am einen Ende mit Materie zu tun haben und am anderen mit dem Geist. „Die physikalischen Eigenschaften der Materie bilden das Alphabet, welches uns von Gott in die Hände gelegt ist, und dessen Studium uns bei richtiger Durchführung dazu befähigen wird, jenes große Buch, das von uns das „Universum" genannt wird, vollkommener zu lesen. Doch darüber hinaus werden uns die Naturgesetze dazu befähigen, jenes große Duplikat zu lesen, welches von uns das „Unsichtbare Universum" genannt wird, und in vollständigerem Einklang mit ihm zu denken und zu leben. Schließ-

---

150) Anm. d. Übers.: Im engl. Original eigentlich *[...] on the ground* und *groundlings* ("Parterrebesucher").

213

lich liegt die wahre Größe des Gesetzes in seiner Vision der Unsichtbaren Welt. Die Gesetzmäßigkeit in der sichtbaren Welt ist das Unsichtbare in der sichtbaren Welt. Und Gesetze als Naturgesetze zu bezeichnen, bedeutet, sie in ihrer Anwendung auf einen Teil des Universums zu definieren, den Wahrnehmungs-Teil, wohingegen uns eine weiter gefasste Untersuchung dazu führen würde, alle Gesetzmäßigkeiten als essenziell Spirituelle Gesetze zu betrachten. Die Naturgesetze zu den Gesetzen unseres kleinen Diesseits zu erhöhen, bedeutet, das Universum zu provinzialisieren. Das Gesetz ist nicht deswegen groß, weil die Erscheinungswelt groß ist, sondern weil diese verschwindenden Geleise hier die Wege zur ewig währenden Ordnung sind.

„Ist es denn weniger ehrfürchtig, das Universum als grenzenlosen Weg hinauf zu Gott aufzufassen, als es als ein endliches Feld zu betrachten, begrenzt von einer undurchdringlichen Mauer, welche uns, könnten wir sie nur durchbohren, sofort zum Ewigen durchlassen würde?" Tatsächlich erheben die Autoren des „Unseen Universe" sogar Einspruch gegen den Ausdruck „Stoffliches Universum", weil, wie sie uns sagen, „Materie (obwohl es paradox scheint, dies zu sagen) die weniger bedeutungsvolle Hälfte der Substanz des physikalischen Universums ist". Und selbst Mr Huxley[151], wenn auch in einem anderen Sinn, versichert uns mit Descartes gesprochen, „dass wir mehr vom Bewusstsein wissen als vom Körper; dass die nichtstoffliche Welt eine stabilere Realität ist als die stoffliche".

Wodurch die Priorität des Spirituellen die Stärke und Bedeutung des Arguments festigt, wird man sogleich sehen. Die Grundsätze des Spirituellen waren zuerst da, und natürlich war zu erwarten, dass Er, als die „im ‚Unsichtbaren' angesiedelte Intelligenz"[152] dazu überging, das stoffliche Uni-

---

151) Vgl. Anm. 123.
152) Anm. d. Übers.: Stewart/Tait, 1875/1882, S. 223.

versum zu gestalten, die bereits gelegten Geleise benutzen würde. Kurzum, Er würde die höheren Gesetze einfach abwärts projizieren, so dass die Natürliche Welt eine Verkörperung, eine sichtbare Darstellung, ein in kleinerem Maßstab vorhandenes Modell der Spirituellen Welt werden würde. Hierin liegt die gesamte Funktion der Stofflichen Welt. Die Welt ist nichts „Seiendes"; sie „ist" nicht. Sie ist etwas, das lehrt, doch nicht einmal eine Sache – eine Vorführung, die aufzeigt, ein lehrendes Sinnbild[153]. Wie unbrauchbar die sonstige Veranschaulichung immer sein mag, die Philosophie macht ihre Sache gut darin, zu beweisen, dass Materie ein „Nichts" ist. Wir arbeiten damit wie der Mathematiker mit einer X-Variablen. Die Wirklichkeit ist nur das Spirituelle. „Es ist für Physiker gut und schön, von ‚Materie' zu sprechen, doch für die Menschen allgemein ist es Wahnwitz, dies ‚eine stoffliche Welt' zu nennen. Würden wir sie eine ‚X-Welt' nennen, würden wir auch so viel meinen - nämlich, dass wir nicht wissen, was sie ist." Wann werden wir die wahre Mystik eines Mannes lernen, der doch weit davon entfernt war, ein Mystiker zu sein? –

> *„Wir sehen nicht auf das Sichtbare, sondern auf das Unsichtbare; denn das Sichtbare ist zeitlich, was aber unsichtbar ist, das ist ewig."[154]*

Das Sichtbare ist die Leiter, die zum Unsichtbaren hinaufführt; das Zeitliche ist nur das Grundgerüst des Ewigen. Und wenn die letzten nichtstofflichen Seelen durch diese Substanz hindurch zu Gott emporgestiegen sind, wird das Gerüst abgebaut und die Erde mit glühender Hitze ausgelöscht – nicht, weil sie schlecht war, sondern weil ihr Werk vollbracht ist.

---

153) Anm. d. Übers.: Im engl. Original *a teaching shadow* spielt deutlicher auf Platons Höhlengleichnis an.
154) Anm. d. Übers.: Zitat aus dem Neuen Testament, 2. Paulus-Brief an die Korinther, Kap. 4, 18.

aus

Das geheime Tor
zum Erfolg
(1940)

von Florence Scovel Shinn

Master Key
Arkana

Florence Scovel Shinn (1871 – 1940)

Florence Scovel wurde am 24. September 1871 in Camden, New Jersey geboren. Ihre Mutter war die frühere Emily Hopkinson aus Pennsylvania, ihr Vater der Rechtsanwalt Alden Cortland Scovel aus Camden. Neben Florence gab es eine ältere Tochter und einen jüngeren Sohn. Florence besuchte die Friends Central School in Philadelphia. Von 1889 bis 1897 studierte sie Kunst an der Academy of Fine Arts in Pennsylvania. Hier begegnete sie ihrem späteren Mann, Everett Shinn (1876 – 1953), einem einigermaßen berühmten Künstler, der sich mit impressionistischen Gemälden und realistischen Wandmalereien befasste.

Kurz nach Florences Akademieabschluss heiratete sie Everett und zog mit ihm nach New York City, wo beide unabhängige Künstlerkarrieren einschlugen. Everett, der sich fürs Theater interessierte, gestaltete und malte nicht nur Bühnenbilder, sondern errichtete ein eigenes kleines Theater im Hinterhof ihres Atelierhauses am Waverly Place 112, unweit des Washington Square. Er gründete die Theatergruppe „Waverly Players" und schrieb drei Theaterstücke, in denen Florence jeweils die Hauptrolle spielte.

Vor dem Ersten Weltkrieg illustrierte sie beliebte Kindergeschichten in Zeitschriften und Büchern. Im Jahr 1912 reichte Everett nach vierzehn Jahren Ehe die Scheidung ein.

Da sich kein Verleger dafür fand, publizierte sie „The Game of Life and How to Play It" im Jahr 1925 selbst. Ebenfalls im Selbstverlag erschien 1928 „Your Word Is Your Wand", und „The Secret Door to Success" wurde im Jahr 1940 kurz vor ihrem Tod am 17. Oktober des Jahres publiziert. „Power of the Spoken Word", ein Kompendium ihrer von einem Schüler gesammelten Aufzeichnungen, wurde im Jahr 1945 posthum veröffentlicht.

Der Wächter vor dem Tor

„Und ich habe Wächter über euch gesetzt, die da sagen: Horchet auf den Schall der Posaune!" – (Jeremia 6, 17)

Wir alle brauchen einen Wächter vor dem Tor zu unseren Gedanken. Der Wächter vor dem Tor ist das Überbewusstsein.

Wir haben die Fähigkeit der freien Wahl unserer Gedanken.

Weil wir seit Tausenden von Jahren im kollektiven Denken leben, scheint es nahezu unmöglich zu sein, sie zu kontrollieren. Sie brausen durch unseren Geist wie panisch gewordene Kühe oder Schafe.

Doch ein einzelner Schäferhund kann die erschreckten Schafe kontrollieren und sie in den Schafpferch lenken.

In der Wochenschau sah ich einen Film über einen Schäferhund, der die Schafe kontrollierte. Er hatte alle bis auf drei zusammengetrieben. Diese drei wehrten sich und grollten. Sie blökten und erhoben aus Protest die Vorderhufe, doch der Hund setzte sich einfach vor sie hin und blickte sie unverwandt an. Er bellte oder drohte nicht. Er saß einfach da und verkörperte seine Bestimmtheit. Binnen kurzer Zeit warfen die Schafe ihre Köpfe hoch und liefen in den Pferch.

Wir können lernen, unsere Gedanken in gleicher Weise zu kontrollieren, durch sanfte Bestimmtheit, nicht Gewalt.

Wir nehmen eine Affirmation und wiederholen diese unausgesetzt, während unsere Gedanken wild umhergreifen.

Wir können unsere Gedanken nicht dauernd kontrollieren, aber wir können unsere Worte kontrollieren, und Wiederholung prägt sich dem Unterbewussten ein, und dann sind wir Herr der Situation.

Im sechsten Kapitel Jeremia lesen wir: „Ich habe Wächter über euch gesetzt, die da sagen: Horchet auf den Schall der Posaune!"

Dein Erfolg und Glück im Leben richten sich nach dem Wächter vor dem Tor zu deinen Gedanken, welche früher oder später feste Form im Außen annehmen.

Die Leute meinen, durch Weglaufen vor einer unangenehmen Situation könnten sie sich ihrer entledigen, doch die gleiche Situation schlägt ihnen entgegen, wo sie auch hingehen.

Sie werden die gleichen Erfahrungen machen, bis sie ihre Lehren daraus gezogen haben. Dieser Gedanke wird im Film „Der Zauberer von Oz" entwickelt.

Das kleine Mädchen Dorothy ist sehr unglücklich, weil die böse Frau im Dorf ihr ihren Hund Toto wegnehmen will. Verzweifelt will sie sich ihrer Tante Emmy und ihrem Onkel Henry anvertrauen, doch die beiden sind zu beschäftigt, ihr zuzuhören und sagen ihr, sie solle „fortlaufen". Sie sagt zu Toto: „Irgendwo hoch über den Wolken gibt es einen wunderschönen Ort, wo alle glücklich sind, und niemand ist böse." Wie gerne sie dort wäre!

Plötzlich kommt ein Wirbelsturm in Kansas auf, und sie und Toto werden hoch in den Himmel emporgehoben und landen im Land Oz. Zuerst erscheint alles sehr erfreulich, doch bald hat sie die gleichen alten Erlebnisse. Die böse alte Frau aus dem Dorf ist zu einer grausamen Hexe geworden und versucht nach wie vor, ihr Toto wegzunehmen.

Wie sehr sie sich wünscht, sie könnte wieder in Kansas sein!

Sie erfährt, dass sie den Zauberer von Oz aufsuchen muss. Er ist allmächtig und wird ihren Wunsch erfüllen. Sie macht sich auf die Suche nach seinem Palast in der Smaragdstatt. Unterwegs begegnet ihr eine Vogelscheuche. Sie ist ganz unglücklich, weil sie keinen Verstand hat. Sie begegnet einem Blechmann, der ganz unglücklich ist, weil er kein Herz besitzt.

Dann trifft sie einen Löwen, der ganz unglücklich ist, weil er keinen Mut hat. Sie muntert sie auf, indem sie sagt, „Wir gehen alle zum Zauberer von Oz, und er wird uns geben, was wir uns wünschen" – der Vogelscheuche Verstand, dem Blechmann ein Herz, und dem Löwen Mut.

Sie machen Schreckliches durch, weil die Böse Hexe entschlossen ist, Dorothy gefangen zu nehmen und ihr Toto und die rubinroten Schuhe, die sie beschützen, zu stehlen.

Schließlich erreichen sie den Smaragdpalast des Zauberers von Oz. Sie bitten um eine Audienz, erfahren aber, dass niemand den Zauberer von Oz, der unter mysteriösen Umständen in seinem Palast lebt, je gesehen hat. Doch durch den Einfluss der Guten Hexe des Nordens gelangen sie in den Palast. Hier entdecken sie: Der „Zauberer" ist nur ein Imitator aus Dorothys Heimatort in Kansas.

Alle sind verzweifelt, weil ihre Wünsche nun nicht in Erfüllung gehen!

Doch da zeigt ihnen die Gute Hexe, dass ihre Wünsche bereits erfüllt worden sind. Die Vogelscheuche hat dadurch, dass sie während ihrer Erlebnisse Entscheidungen treffen musste, was zu tun sei, Verstand bekommen; der Blechmann entdeckt, dass er ein Herz hat, weil er Dorothy liebt; und der Löwe ist mutig geworden, weil er bei seinen vielen Abenteuern Mut beweisen musste.

Die Gute Hexe des Nordens sagt zu Dorothy: „Was hast du aus deinen Erfahrungen gelernt?", und Dorothy erwidert: „Ich habe gelernt, dass mein Herzenswunsch ist, in meinem vertrauten Zuhause zu sein." Also schwenkt die Gute Hexe ihren Zauberstab, und Dorothy ist wieder zuhause.

Sie wacht auf und entdeckt, dass die „Vogelscheuche", der „Blechmann" und der „Löwe"[155] die Männer sind, die auf der Farm ihres Onkels arbeiten.

---

155) (Hervorhebungen durch d. Übers.)

Sie alle freuen sich sehr, sie wiederzuhaben. Diese Geschichte lehrt, dass deine Probleme dich verfolgen werden, wenn du fortläufst.

Reagiere gelassen auf eine Situation, und ihre Belastung wird nachlassen.

Es gibt ein okkultes Gesetz des Gleichmuts. „Nichts davon bewegt mich"; „Nichts davon beunruhigt mich", könnten wir im heutigen Sprachgebrauch sagen.

Wenn du nicht länger aus der Ruhe gebracht werden kannst, wird alle Beunruhigung aus dem Außen verschwinden.

„Wenn deine Augen deine Lehrmeister geschaut haben, werden deine Lehrmeister verschwinden."

„Ich habe Wächter über euch gesetzt, die da sagen: Horchet auf den Schall der Posaune!"

Eine Posaune[156] ist ein Musikinstrument, das in alten Zeiten verwendet wurde, um die Menschen auf etwas aufmerksam zu machen – auf einen errungenen Sieg, oder auf einen Befehl.

Du wirst die Gewohnheit entwickeln, jedem Gedanken und Wort Aufmerksamkeit zu schenken, wenn du dir ihrer Bedeutung bewusst wirst.

Die Vorstellungskraft, die Schere des Bewusstseins, schneidet fortwährend die Ereignisse aus, die in unser Leben treten sollen. Viele Menschen schneiden sich Angstbilder aus. Indem sie sich Dinge vorstellen, die nicht gottgewollt sind.

---

156) Anm. d. Übers.: Im engl. Original *trumpet* (eigentlich: „Trompete") wird im Neuen Testament einheitlich mit „Posaune" übersetzt, was die vorliegende Übersetzung im Bibelkontext beibehält. Gemeint ist allerdings meist nicht das Instrument in der uns heute bekannten Form, sondern ein unbearbeitetes Tierhorn, das „Schofar", welches als Signalinstrument eingesetzt wurde.

Mit dem „einen Auge"[157] sieht der Mensch nichts als die Wahrheit. Er durchschaut das Böse, im Wissen, dass daraus das Gute erwächst. Er wandelt Ungerechtigkeit in Gerechtigkeit um, und entwaffnet seinen scheinbaren Feind durch Wohlwollen.

In der Mythologie lesen wir von den Zyklopen, einem Riesengeschlecht, das Sizilien bevölkert haben soll. Diese Riesen hatten lediglich ein Auge in der Stirnmitte. Der Sitz des Vorstellungsvermögens liegt im Stirnbereich (zwischen den Augen). Demnach entstammen diese sagenhaften Riesen dieser Vorstellung.

Du bist tatsächlich ein Riese, wenn du „ein einziges Auge besitzt". Dann wird jeder Gedanke ein konstruktiver Gedanke sein, und jedes Wort ein Wort der Kraft.

Lass das dritte Auge dein Wächter vor dem Tor sein.

„Wenn nun dein Auge klar ist, so wird dein ganzer Leib licht sein."

Mit dem Vorhandensein des einzelnen Auges wird dein Körper in deinen spirituellen Körper transformiert, den nach Gottes Ebenbild und Abbild (Vorstellung)[158] geschaffenen „elektrischen Körper".

Durch klares Erkennen des perfekten Plans könnten wir die Welt erlösen; dabei würde unser inneres Auge eine Welt des Friedens, der Fülle und des Wohlwollens sehen.

„Urteilt nicht nach dem Augenschein, sondern urteilt gerecht!"[159]

„Es wird kein Volk gegen das andere ein Schwert erheben, noch werden sie sich weiterhin bekriegen lernen."[160]

---

157) Anm. d. Übers.: Anspielung auf Matthäus 6, 22 (… *if therefore thine eye be single, thy whole body shall be full of light [...]*").
158) Anm. d. Übers.: Im engl. Original *image* (*imagination*), Parenthesen durch die Autorin.
159) Anm. d. Übers.: Bibelzitat aus Johannes 7, 24.
160) Anm. d. Übers.: Bibelzitat aus Jesaja 2, 4.

Das okkulte Gesetz des Gleichmuts bedeutet, dass du gelassen auf widrige Erscheinungen reagierst. Du hältst stets am konstruktiven Denken fest, welches sich durchsetzen wird.

Das spirituelle Gesetz transzendiert das karmische Gesetz.

Dies ist die Geisteshaltung, mit der ein Heiler oder praktizierender Arzt seinem Patienten begegnen muss.

Gleichgültig gegenüber Erscheinungen des Mangels, des Schwunds oder der Krankheit führt er einen Wechsel im Bewusstsein, im Körper und in den Angelegenheiten herbei.

Lass mich aus dem einunddreißigsten Kapitel Jeremia zitieren. Der Leitgedanke ist einer der Freude. Der Abschnitt beschreibt den Einzelnen, der vom negativen Denken befreit ist.

„Denn es wird ein Tag kommen, da die Wächter auf dem Berg Ephraim rufen: Erhebt euch, und lasst uns gen Zion gehen, zum Herrn, unserm Gott."[161]

Der Wächter vor dem Tor schlummert und schläft nicht. Er ist das „Auge, das über Israel wacht".[162]

Doch der Einzelne, der in einer Welt des negativen Denkens lebt, ist sich dieses inneren Auges nicht bewusst. Gelegentlich mag eine Eingebung oder Erhellung in ihm aufflackern, dann aber fällt er in eine Welt der Verwirrung zurück.

Es bedarf der Entschlossenheit und beständigen Wachsamkeit, seine Worte und Gedanken zu kontrollieren. Gedanken der Furcht, des Versagens, der Missgunst und der Anfeindung müssen aufgelöst und abgebaut werden.

---

161) Anm. d. Übers.: Zitat aus Jeremia 31, 6.
162) Anm. d. Übers.: Der Text spielt auf Psalm 121, Vers 4 des "Großen Hallels" an (... *indeed, he who watches over Israel will neither slumber nor sleep*).

Nimm zum Beispiel die Aussage, „Jede Pflanze, die mein himmlischer Vater nicht gepflanzt hat, soll ausgerissen werden."[163]

Dies führt dir plastisch vor Augen, wie Unkräuter in einem Garten eingedämmt werden. Sie werden beiseite geworfen und verdorren, weil sie ohne nährendes Erdreich sind.

Doch der Einzelne, der in einer Welt des negativen Denkens lebt, ist sich dieses inneren Auges nicht bewusst. Du nährst negative Gedanken, indem du ihnen deine Aufmerksamkeit schenkst. Mach Gebrauch vom okkulten Gesetz des Gleichmuts und lass ihnen kein Interesse zukommen.

Schnell wirst du die „Armee der Feinde"[164] aushungern. Göttliche Ideen werden in dein Bewusstsein einströmen, falsche Vorstellungen werden nachlassen, und du wirst nur dasjenige wünschen, was Gott durch dich zu verwirklichen wünscht.

Die Chinesen haben ein Sprichwort: „Der Philosoph überlässt den Zuschnitt seines Mantels dem Schneider."

Doch der Einzelne, der in einer Welt des negativen Denkens lebt, ist sich dieses inneren Auges nicht bewusst.

Überlasse also den Plan deines Lebens dem Göttlichen Gestalter, und du wirst alle Gegebenheiten auf Dauer vollkommen finden.

Der Boden unter mir ist heiliger Boden. Ich wachse nun schnell in den göttlichen Plan meines Lebens, wo alle Gegebenheiten auf Dauer vollkommen sind.

---

163) Anm. d. Übers.: Bibelzitat aus Matthäus 15, 13.
164) Anm. d. Übers.: Hebräer 11, 34. Die Referenz verweist auf den Sieg des konstruktiven Glaubens über alle Widrigkeit und Schwäche.

Ist Krankheit eine Überzeugung?
(1859)

von Phineas Parkhurst Quimby

Master Key
Arkana

Phineas Parkhurst Quimby (1802 – 1866)

Phineas Parkhurst Quimby, der unter dem Namen „Park" bekannt war, wurde am 16. Februar 1802 in Lebanon, New Hampshire, geboren. Verschiedene wichtige Umstände in seinem Leben führten zur Entwicklung seiner Ideen zur geistigen Heilung.

Der erste bedeutende Wendepunkt trat ein, als Quimby an Tuberkulose erkrankte und, von der von seinem Arzt verordneten Behandlungsmethode desillusioniert, die Hoffnung auf Genesung aufgab. Ein Freund riet ihm zur Aufnahme einer körperlichen Betätigung (z. B. Reiten) an der frischen Luft, um seinen Zustand zu verbessern. Weil seine schweren körperlichen Beschwerden ihn daran hinderten, diesem Vorschlag nachzukommen, probierte Quimby die zweitbeste Sache und fuhr an Bord von Frachtschiffen mit. Dieses Unterfangen hatte bemerkenswerten Erfolg, und seine Genesung gab Anlass zu viel Nachdenken über die Sache. Er ging dem jedoch erst einige Jahre später weiter nach.

Im Jahr 1838 begann Quimby nach einer Vorlesung von Doktor Collyer[165], sich im Mesmerismus[166] weiterzubilden, und unternahm mit Hilfe seiner Versuchsperson Lucius Burkmar, der in Trance fallen und Krankheiten diagnostizieren konnte, weitere Experimente. Wiederum sah Quimby die rein mentale bzw. Placebo-Wirkung des Bewusstseins auf den Körper, als von Burkmar verordnete Medikamente, die keinen wirklichen Nutzen hatten, Patienten von ihren Leiden heilten. Aus den Schlussfolgerungen

---

165) Anm. d. Übers.: Der Phrenologe Robert Hanham Collyer (*1814 – †1891), selbsternannter Professor des Mesmerismus und der Psychografie.

166) Anm. d. Übers.: Nach ihrem Begründer Franz (Friedrich) Anton Mesmer (*23.05.1734 – †05.03.1815) benannte, auch als „animalischer Magnetismus" bezeichnete spekulative Theorie, nach welcher der Mensch über Kräfte verfügt, die analog zum Elektromagnetismus sind.

dieser Studien entwickelte Phineas Quimby Theorien zur „Heilung durch den Geist" und eröffnete 1859 in Portland, Maine ein Büro. Unter den Schülern und Patienten, die an seinen Studien teilnahmen und ihm halfen, seine Lehren zu verschriftlichen, waren Warren Felt Evans, Annetta Seabury Dresser und Julius Dresser, die der „Neugeist-Bewegung" ihren Namen gaben, und Mary Baker Eddy[167], die Begründerin der Christian Science-Lehre.

Dr Quimby starb am 16. Januar 1866 auf seinem Wohnsitz in Belfast, Maine, wo er den Großteil seines Lebens verbracht hatte, im Alter von vierundsechzig Jahren.

---

167) (*16.07.1821 – †03.12.1910)

Ist Krankheit eine Überzeugung?

Ich meine, sie ist es – weil ein Mensch in seinen eigenen Augen genau das ist, was er zu sein glaubt, und er ist seinem Glauben nach[168] krank. Wenn ich krank bin, bin ich krank, weil meine Empfindungen meiner Krankheit entsprechen, und meine Krankheit ist meine Überzeugung, und meine Überzeugung ist mein Bewusstsein; daher ist alle Krankheit im Bewusstsein oder in der Überzeugung lokalisiert. Da nun unsere Überzeugung oder Krankheit aus geistigen Vorstellungen besteht, welche stofflich sind,[169] gilt es zu wissen, in welchen geistigen Vorstellungen wir uns befinden; denn die Krankheit zu kurieren, bedeutet, den Irrtum zu berichtigen; und da die Krankheit das ist, was auf den Irrtum folgt, die Ursache zu zerstören, und die Wirkung wird nachlassen. – Wie lässt sich das bewerkstelligen?

Durch Kenntnis des Gesetzes der Übereinstimmung. Um dieses Gesetz der Übereinstimmung zu veranschaulichen, muss ich ein Gesetz anführen, das du anerkennst. Ich nehme als Beispiel das Gesetz der Mathematik. Du hörst von einer mathematischen Aufgabe. Du möchtest sie lösen; die Antwort steckt in der Aufgabenstellung, der Irrtum ist darin, das Glück und die Not sind ebenfalls darin enthalten. Dein Irrtum ist die Ursache deiner Krankheit oder deiner Schwierigkeiten. Deine Krankheit oder deine Schwierigkeiten zu behandeln, bedeutet nun, den Irrtum zu beheben. Wenn du wüsstest, wie die Dinge tatsächlich stehen, würdest du nicht bei

---

168) Anm. d. Übers.: Im engl. Original ... *in his belief* (sick), wörtlich: „in seinem Glauben", d. h. innerhalb seiner geistigen Vorstellung, krank.

169) Anm. d. Übers.: Im engl. Original *ideas* (von gr. eidos: „Vorstellung, Urbild"); vgl. die u. a. von Epikur vertretene kosmologische Theorie des Atomismus (Vorstellungen entstehen durch stoffliche Bilder, die von den Dingen „abfließen" und dann Eingang in die Sinnesorgane finden).

jemandem vorsprechen, der gerade so viel weiß wie du, bei Kenntnis der Sachlage.

Wenn ich sage, dass alle Krankheit im Bewusstsein liegt und dass das Bewusstsein stofflich ist, ist dies für den Zuhörer bloß eine Behauptung, weil er meint, es gäbe keinen Beweis dafür. Alle werden wohl zugeben, dass das, was wir sagen und glauben, auf unser ‚Bewusstsein' (*mind*)[170] zurückzuführen ist. Wir sagen wiederum, „der ‚Geist' (*mind*) einer solchen Person ist gestört", und: „Sie haben den ‚Verstand' (*mind*) verloren"; so wird auch das Gedächtnis ‚Sinn' (*mind*) genannt, und wenn du dich an etwas nicht erinnern kannst, sagst du, es „käme dir nicht mehr in den ‚Sinn' (*mind*)". Wenn ich dir nun von etwas berichte, was du nie gesehen hast, und du glaubst es, ist dein Glauben kein ‚Verständnis' (*mind*) davon? Dann wiederum, ist nicht das, was jemand glaubt, für ihn Wissen? Aber wenn ich dich frage, ob du jemals in London warst und du verneinst, aber glaubst, dass es einen Ort oder eine Stadt wie London gibt, ist nicht deine Überzeugung ‚Bewusstsein' (*mind*), und ist die Stadt nicht Teil deiner Überzeugung? – Nun nehmen wir an, du stehst in einem der Londoner Parks: Ist das eine Überzeugung oder eine Tatsache? Wenn es eine Tatsache ist, hast du davon kein ‚Verständnis' (*mind*). Hier siehst du nun eine Stadt, die außerhalb von ‚Verstand' (*mind*) oder Glauben existiert.

Nun würde alles außerhalb des Bewusstseins Existierende ebenso existieren, wenn niemand da wäre, es sich vorzustellen; für jeden aber, der es glaubt, existiert es als Teil einer Überzeugung. Und da eine Überzeugung

---

170) Anm. d. Übers.: Die Abhandlung nähert sich im engl. Original der Vorstellung vom „stofflichen Bewusstsein" durch facettenreiche Verwendung des engl. Begriffs ‚*mind*' an, wobei die deutsche Übersetzung das Figurative nur vermittels paralleler Begrifflichkeiten zu erfassen vermag. Um sowohl den Zusammenhang als auch die jeweilige Bedeutung zu erhalten und um die Lesbarkeit zu erleichtern, wurde mind hier daher außer mit „Bewusstsein" mit „Geist", „Verstand", „Verständnis" und „Sinn" übersetzt und – als Kategorie (in Klammern) – hinzugefügt.

Bewusstsein ist, ist alles vom Menschen Geschaffene im Bewusstsein und vom Bewusstsein zu erahnen. Zum Beispiel existieren Bäume außerhalb des Bewusstseins. Wenn der Mensch sich eine Vorstellung davon macht, ein Haus zu bauen, ist die Vorstellung im Bewusstsein, aber das Holz hat kein Bewusstsein. Es existiert außerhalb davon, doch wenn die Weisheit das Haus anfertigt, repräsentiert sein Korpus die im Bewusstsein geschaffene Vorstellung. Nun bezeichnen wir aber das Holz, aus welchem das Haus erbaut ist, als „stofflich". Jetzt nehmen wir einmal an, wir glauben, wenn wir nach draußen gehen, werden wir uns eine Erkältung holen; die Überzeugung ist unser Bewusstsein, und ebenso der Glaube, dass es „etwas" zu holen oder einzufangen gibt. Nun ist dies „Etwas" aber wie das Holz; es dient dazu, etwas zu schaffen; und alles oben Erwähnte existiert nun im Bewusstsein in gleicher Weise wie das Holz. Die Tatsache, dass es „etwas" gibt, muss eine Überzeugung sein, weil wir nicht mehr davon gesehen oder empfunden haben als zuvor von London, doch gegenwärtig empfinden wir es durchaus: Existiert es also nicht in den Empfindungen oder im Bewusstsein? – Und schließlich können wir es uns vorstellen, und, indem wir es glauben, fangen wir es uns ein. Und woher kam es nun? – Von der Kälte. Nun nehmen wir an, es war nie jemand dabei, könnte das „Etwas" existieren? Und wenn es das nicht könnte, dann kam es aus dem Bewusstsein. Daraus geht hervor, dass das Bewusstsein „etwas" ist, nenne man es, wie man will.

aus

Über das Chaos
des Lebens erhaben

von James Allen

Master Key
Arkana

James Allen (1864 – 1912)

James Allen wurde am 28. November 1864 in Leicester in Zentralengland geboren. Weil das Familienunternehmen nach wenigen Jahren in Konkurs ging, reiste sein Vater 1879 auf der Suche nach Arbeit nach Amerika aus, um seine Verluste wettzumachen. Allen senior hatte gehofft, sich in den Vereinigten Staaten niederlassen zu können, wurde aber ausgeraubt und ermordet, bevor er seine Familie nachholen konnte. Der hierdurch entstandene finanzielle Notstand zwang James dazu, im Alter von fünfzehn Jahren von der Schule abzugehen. Er wurde schließlich Sekretär und arbeitete in dieser Funktion für einige britische Unternehmen, bis er sich im Jahr 1902 dazu entschloss, sich ganz aufs Schreiben zu verlegen.

Kurz nach Beendigung seines ersten Buchs, „From Poverty to Power", zog Allen nach Ilfracombe an der Südwestküste Englands um. In dem kleinen Ferienort mit seinen viktorianischen Hotels am Meeresufer, seiner Hügellandschaft und seinen schmalen, gewundenen Straßen fand er die entspannte Atmosphäre, die er zur Betreibung seiner philosophischen Studien brauchte. „As a Man Thinketh" war Allens zweites Buch. Trotz seiner späteren Beliebtheit war er damit unzufrieden. Obwohl dies sein prägnantestes und am flüssigsten geschriebenes Werk war, verkannte er irgendwie seinen Wert. Seine Frau Lily musste ihn dazu überreden, es zu veröffentlichen.

Unglücklicherweise war Allens literarische Karriere von kurzer Dauer; sie währte nur neun Jahre, bis zu seinem Tod im Jahr 1912. Während dieses Zeitraums schrieb er neunzehn Bücher – ein reicher Quell an Gedankengut, das zur Inspiration nachfolgender Generationen fortlebt.

Denken und Handeln

Wie die Frucht zum Baum und das Wasser zur Quelle, so verhält sich das Handeln zum Denken. Es kommt nicht unvermittelt und ohne Grund zum Ausdruck. Es ist das Ergebnis langen und ruhigen Wachstums; das Ende eines verborgenen Prozesses, welcher lange Kraft gesammelt hat. Die Frucht des Baumes und das Wasser, das aus dem Gestein hervorquillt, sind jeweils das Ergebnis von Verquickungen natürlicher Prozesse in der Luft und in der Erde, welche lange im Stillen zusammengewirkt haben, um das Phänomen hervorzubringen; und die herrlichen Vorgänge der Erleuchtung und die dunklen Machenschaften der Sünde sind beide die reif gewordenen Auswirkungen von Gedankengängen, die lange Zeit im Bewusstsein gehegt worden sind.

Wenn jemand, den man (und der sich selbst wahrscheinlich) für standfest gehalten hat, bei starker Versuchung plötzlich eine schwere Sünde begeht, zeigt sich dies weder als unvermittelte oder grundlose Sache, wenn die verborgenen Denkprozesse, die hierzu geführt haben, offengelegt werden. Die Tat war lediglich das Ende, die Umsetzung, das fertige Resultat dessen, was im Bewusstsein wahrscheinlich bereits Jahre zuvor begann. Der Mensch hatte es einem falschen Gedanken gestattet, in sein Bewusstsein zu gelangen; und ein zweites und drittes Mal hatte er ihn empfangen, und ihn sich in seinem Innersten einnisten lassen. Nach und nach hatte er sich an ihn gewöhnt und ihn gehegt, gehätschelt und gepflegt; und so wuchs er an, bis er schließlich solche Kraft und Stärke erlangt hatte, dass er die Gelegenheit anziehen konnte, welche es ihm möglich machte, hervorzubrechen und zur Tat zu reifen. So wie das stattliche Gebäude einstürzt, dessen Grundmauern nach und nach vom Wasser unterhöhlt wurden, so stürzt zuletzt der Starke, der es schlechten Gedanken gestattet, sich in sein Bewusstsein zu schleichen und still und leise seinen Charakter zu untergraben.

Wenn ersichtlich ist, dass alle Sünde und Versuchung das natürliche Resultat der Gedanken des Einzelnen ist, wird deutlich, wie sich Sünde und Versuchung bezwingen lassen, und der Erfolg wird zur nahen Möglichkeit – und, früher oder später, zur sicheren Wirklichkeit; denn wenn jemand reinen und guten Gedanken Raum geben, sie aufrechterhalten und darüber meditieren will, werden diese Gedanken ebenso zuverlässig wie die unreinen wachsen und Kraft sammeln, und sie werden schließlich die Gelegenheiten anziehen, durch welche sie zur Tat zu reifen können.

„Es gibt nichts Verborgenes, das nicht offenbar wird"[171]; und jeder im Bewusstsein gehegte Gedanke muss der treibenden Kraft zufolge, die dem Universum inhärent ist, zuletzt je nach seiner Art zur guten oder schlechten Tat aufblühen. Der geistliche Lehrer und der Lüstling sind beide das Produkt ihrer eigenen Gedanken, und sind das Jeweilige als Resultat der Gedankensaat geworden, die sie in den Garten des Herzens einpflanzten und hineinfallen ließen, um sie anschließend zu wässern, zu hegen und heranzuzüchten.

Soll niemand glauben, er könne Sünde und Versuchung im Kampf gegen die Gelegenheit bezwingen; er kann sie nur bezwingen, indem er seine Gedanken läutert; und wenn er Tag für Tag, in der Stille seines Herzens und bei seiner Pflichterfüllung, unermüdlich alle abwegigen Neigungen bezwingt und durch Gedanken ersetzt, die richtig sind und das Licht nicht scheuen werden, wird die Gelegenheit, Böses zu tun, der Gelegenheit weichen, Gutes zu erreichen, weil ein Mensch nur das anziehen kann, was in Einklang mit seinem Wesen ist; und es kann keine Versuchung von einem

---

171) Anm. d. Übers.: Bibelzitat u. a. aus Markus 4, 22; Lukas 8, 17; Lukas 12, 2.

Menschen angezogen werden, wenn er in seinem Herzen nicht das hierauf ansprechende Gegenstück trägt.

Wache gut über deine Gedanken, Leser, denn was du heute in deinen heimlichen Gedanken eigentlich bist (sei es gut oder böse), wirst du früher oder später im tatsächlichen Handeln werden. Wer die Portale seines Bewusstseins unermüdlich vor dem Eindringen sündhafter Gedanken schützt, und sich mit liebevollen Gedanken befasst, mit reinen, starken und schönen Gedanken, wird dann, wenn die Zeit ihrer Reifung kommt, die Früchte sanfter und heiliger Taten hervorbringen, und keine Versuchung, die ihm begegnen mag, wird ihn ungeschützt oder unvorbereitet antreffen.

aus

Das Gesetz der Anziehung in der Gedankenwelt
(1906)

von William Walker Atkinson

Master Key
Arkana

William Walker Atkinson (1862 – 1932)

William Walker Atkinson wurde am fünften Dezember 1862 in Baltimore, Maryland geboren. Im Oktober 1889 heiratete er Margaret Foster Black aus Beverly in Jersey, mit der er zwei Kinder bekam. Er verfolgte vom Jahr 1882 an eine Geschäftskarriere und erhielt 1894 seine Anwaltszulassung in Pennsylvania. Während er in seinem Anwaltsberuf hohe materielle Gewinne verzeichnete, forderten Stress und Überanstrengung schließlich ihren Tribut. In dieser Zeit erlebte er einen vollständigen körperlichen und geistigen Zusammenbruch sowie seinen finanziellen Ruin. Er suchte nach Heilung, die er in den späten 1880er Jahren schließlich in der Neugeist-Bewegung fand.

Eine Weile nach seiner Genesung begann Atkinson mit dem Schreiben einzelner Artikel über die von ihm entdeckten Wahrheiten, damals „Bewusstseinslehre" genannt, und 1889 erschien einer seiner Artikel mit dem Titel „A Mental Science Catechism" in Charles Fillmores[172] neuer Zeitschrift „Modern Thought".

Im Jahr 1900 arbeitete er als Mitherausgeber der „Suggestion", einer Neugeist-Zeitschrift, und schrieb sein erstes Buch, „Thought-Force in Business and Everyday Life"[173], in Form einer Reihe von Lektionen über Persönliche Anziehungskraft, Psychische Beeinflussung, Gedankenkraft, Konzentration, Willenskraft und angewandte Bewusstseinslehre.

Dann begegnete er Sydney Flower, einem bekannten Neugeist-Herausgeber und Geschäftsmann, und tat sich mit ihm zusammen. Im Dezember

---

172) Anm. d. Übers.: Der Gründer der amerik. Neugeist-„Unity Church" Charles Fillmore (*22.08.1845 – †05.07.1948), der auch seine Zeitschrift zu Neugeist-Themen ab dem Jahr 1891 in „Unity" umbenannte.
173) Anm. d. Übers.: „Gedankenkraft im Geschäfts- und Privatleben" (1906).

1901 übernahm er die Chefredaktion von Flowers gefragter Neugeist-Zeitschrift – einen Posten, den er bis 1905 innehatte.

Atkinson schrieb ebenfalls eine große Anzahl an Büchern über Neugeist, die bei Neugeist-Anhängern und -Praktizierenden sehr beliebt und einflussreich wurden und große Kreise zogen. Im Jahr 1903 erhielt er seine Anwaltszulassung in Illinois, woraus hervorgeht, dass er diesen Teil seines Lebens nicht vernachlässigte.

William Walker Atkinson starb am 22. November 1932 in Kalifornien – als einer der wahrhaft Großen der Neugeist-Bewegung.

Die Entwicklung neuer Hirnzellen

Ich habe von der Absicht gesprochen, unerwünschte Gefühlszustände loszuwerden, indem man sie verdrängt. Ein noch weitaus besserer Weg ist aber, die Empfindung oder Emotion zu kultivieren, die derjenigen, die du auslöschen willst, genau entgegensteht.

Wir neigen schnell dazu, uns als von unseren Emotionen und Gefühlen gelenkt zu betrachten und uns vorzustellen, dass diese Gefühle und Emotionen „wir selbst" wären. Solches ist allerdings fernab von der Wahrheit. Es ist richtig, dass die Mehrzahl der Menschen Sklaven ihrer Emotionen und Empfindungen sind und in hohem Maße von ihnen beeinflusst werden. Sie glauben, dass Gefühle Dinge sind, die einen beherrschen und von denen man sich nicht frei machen kann, und so geben sie es auf, dagegen anzugehen. Sie geben dem Gefühl kritiklos nach, obwohl sie vielleicht wissen, dass die Emotion oder mentale Neigung darauf abzielt, sie zu verletzen, und ihnen Elend und Fehlschläge anstelle von Glück und Erfolg zu bescheren. Sie sagen, „Wir sind so", und lassen es darauf bewenden.

Die neue Psychologie lehrt die Menschen Besseres. Sie sagt ihnen, dass sie Herren über ihre Emotionen und Empfindungen sind, statt deren Sklaven zu sein. Sie sagt ihnen, dass sich Hirnzellen in die gewünschte Richtung hin entwickeln lassen, und dass es möglich ist, die alten Hirnzellen, die sich so unerfreulich ausgewirkt haben, in den Ruhestand zu versetzen und sie mangels Gebrauch verkümmern zu lassen. Man kann sich „umgestalten" und sein gesamtes Wesen verändern. Dies ist nicht bloß abstrakte Theorie, sondern lebendige, von Tausenden von Menschen bewiesene Realität, die mehr und mehr Aufmerksamkeit der Menschheit auf sich zieht.

Gleich welche Auffassung von Bewusstsein wir vertreten, wir müssen zugeben, dass das Gehirn das Organ und Werkzeug des Bewusstseins ist, zumindest in unserer gegenwärtigen Existenz, und das das Gehirn in dieser Angelegenheit berücksichtigt werden muss: Das Gehirn ist wie ein grandioses Musikinstrument mit Millionen Tasten, auf welchen wir unzählbare Klangkombinationen spielen können. Wir kommen mit bestimmten Neigungen, Temperamenten und Anlagen zur Welt. Wir können diese Neigungen der Vererbung anlasten oder Theorien vorherigen Lebens dafür verantwortlich machen, doch die Tatsachen bleiben dieselben. Bestimmte Tasten scheinen auf unseren Anschlag leichter als andere zu reagieren. Der Klang bestimmter Töne scheint anzuhalten, während sich der Strom der Umstände über die Saiten ergießt. Und bestimmte andere Töne geraten weniger leicht in Schwingung. Wir stellen aber fest, wenn wir auch nur unseren Willen anstrengen, den Klang einiger dieser leicht schwingenden Saiten zu unterdrücken, sind sie schwieriger in Schwingung zu versetzen, und weniger anfällig für Erregungen durch äußere Turbulenzen. Und wenn wir uns auf einige der anderen Saiten konzentrieren, die bislang noch keinen klaren Ton hervorgebracht haben, werden wir sie bald zum Funktionieren bringen; ihre Töne werden klar und kräftig anschlagen und die weniger erfreulichen Klänge übertönen.

Wir besitzen Millionen ungenutzter Hirnzellen, die auf unsere Nutzbarmachung warten. Wir nutzen nur ein paar von ihnen, und einige davon schinden wir zu Tode. Wir können einigen dieser Zellen Ruhepausen gönnen, indem wir andere Zellen nutzen. Das Gehirn kann in einer Weise ausgebildet und nutzbar gemacht werden, die für jemanden, der das Thema noch nicht erforscht hat, unfassbar ist. Mentale Haltungen können nach Belieben angeeignet und entwickelt, verändert und abgelegt werden. Es gibt keinerlei Entschuldigung mehr für Menschen, bei denen sich unerfreuliche und schädliche Geisteszustände zeigen. Wir haben das Gegenmittel in den eigenen Händen.

Wir eignen uns durch wiederholtes Praktizieren[174] Gewohnheiten des Denkens, des Fühlens und des Handelns an. Wir können mit einer Neigung zu einer bestimmten Richtung geboren worden sein, oder wir können uns Neigungen durch Anregungen von anderen aneignen; durch die Vorbilder unserer Mitmenschen, Anregungen durch Lektüre, dadurch, dass wir einem Lehrer zuhören. Wir sind Bündel mentaler Angewohnheiten. Jedes Mal, wenn wir einer nicht wünschenswerten Überlegung oder Angewohnheit nachgeben, fällt uns die Wiederholung dieses Gedankens oder dieser Handlung leichter. Geisteswissenschaftler pflegen von wünschenswerten Gedanken oder mentalen Haltungen als „positiv" und von den nicht wünschenswerten als „negativ" zu sprechen. Hierfür gibt es einen guten Grund. Das Bewusstsein erkennt bestimmte Dinge instinktiv als gut für das Individuum, dem es angehört, und es macht solchen Gedanken den Weg frei und begegnet ihnen mit der geringsten Abwehr. Sie haben eine wesentlich größere Wirkung als sie ein unerwünschter Gedanke besitzt, und ein einzelner positiver Gedanke wirkt einer Reihe von negativen Gedanken entgegen. Der beste Weg, nicht wünschenswerte oder negative Gedanken und Gefühle zu überwinden, ist das Pflegen der positiven Gedanken. Der positive Gedanke ist das stärkste Gewächs und wird mit der Zeit den negativen aushungern, indem er ihm seinen lebensnotwendigen Nährboden entzieht.

Natürlich wird der negative Gedanke zunächst heftigen Widerstand leisten, weil es ein Kampf ums Überleben für ihn ist. In der gegenwärtigen Umgangssprache ausgedrückt, „sieht er sein Ende", wenn der positive Gedanken Raum für Wachstum und Entfaltung erhält; und folglich macht

---

174) Anm. d. Übers.: Die im engl. Original fehlende Präposition wurde sinngemäß ergänzt: ... *[by] repeated use.*

er dem Individuum die Hölle heiß, bis dieses sich richtig in die Arbeit gestürzt hat, ihn auszuhungern. Hirnzellen lassen sich ebenso ungern „ad acta legen" wie jegliche andere Form lebendiger Energie, weswegen sie rebellieren und kämpfen, bis sie dafür zu schwach geworden sind. Das Beste ist, diesem Unkraut des Bewusstseins so wenig Aufmerksamkeit wie möglich zu schenken, aber so viel Zeit wie möglich darauf zu verwenden, die neuen und schönen Pflanzen im Garten des Bewusstseins zu gießen, zu hegen und zu pflegen.

Zum Beispiel kannst du, wenn du dazu neigst, Menschen zu hassen, den negativen Gedanken am besten überwinden, wenn du an seiner Stelle Liebe entwickelst. Denke Gedanken der Liebe und spiele sie durch, so oft du nur kannst. Entwickle Gedanken der Liebenswürdigkeit, und handle so liebenswürdig wie möglich gegenüber jedem, dem du begegnest. Am Anfang wird dir das Schwierigkeiten bereiten, aber nach und nach wird die Liebe den Hass besiegen, und Letzterer wird kraftlos werden und verdorren. Wenn du zu „Frust" neigst, gewöhne dir ein Lächeln und eine positive Einstellung zu allem an. Bestehe darauf, dass deine Mundwinkel nach oben gezogen bleiben, und strenge deinen Willen an, die angenehme Seite der Dinge zu betrachten. Die „Frustteufel" werden sich natürlich zur Wehr setzen, aber schenke ihnen keine Aufmerksamkeit – pflege einfach weiterhin Optimismus und Fröhlichkeit. Mach „Heiter, Fröhlich und Glücklich" zu deiner Maxime, und bemühe dich darum, sie auszuleben.

Diese Rezepte mögen sehr alt und abgegriffen scheinen, sind aber psychologische Wahrheiten, aus denen du Nutzen ziehen kannst. Wenn du das Wesen der Sache einmal verstanden hast, sind die Affirmationen und Autosuggestionen der unterschiedlichen Lehren nachvollziehbar und nutzbar. Du kannst dich selbst mit diesem Verfahren energetisch statt träge machen, und engagiert statt faul. Alles hängt nur von Übung und konsequenter Arbeit ab. Neugeist-Anhänger sprechen oft viel darüber, „den Gedanken zu halten"; und tatsächlich gilt es, „den Gedanken zu halten", um zu Ergebnissen zu gelangen. Doch noch etwas anderes ist nötig. Du musst den Gedanken „ausagieren", bis er für dich zur festen Gewohnheit geworden ist. Gedanken nehmen im Handeln Form an; und Handlungen beeinflussen ihrerseits das Denken. Indem sie bestimmte Gedankengänge „ausagieren", reagieren die Handlungen auf das Bewusstsein und steigern die Entwicklung jenes Teils des Bewusstseins, welcher in enger Beziehung zur Handlung steht. Jedes Mal, wenn das Bewusstsein einen Gedanken nährt, fällt die daraus resultierende Handlung leichter – und jedes Mal, wenn eine Handlung ausgeführt wird, fällt der dazugehörige Gedanke leichter. Daran erkennst du, die Sache wirkt zweigleisig – Aktion und Reaktion. Wenn du dich fröhlich und glücklich fühlst, ist es sehr natürlich für dich, zu lachen. Und wenn du ein bisschen lachst, wirst du beginnen, dich heiter und fröhlich zu fühlen. Verstehst du, worauf ich hinauswill? Hier kommt es, kurz gefasst: Wenn du eine bestimmte Handlungsgewohnheit entwickeln möchtest, fang mit der Herausbildung der dementsprechenden Geisteshaltung an. Und um diese Geisteshaltung herauszubilden, beginne damit, die Bewegungen der dem Gedanken entsprechenden Handlung „auszuagieren" oder nachzustellen. Nun finde heraus, ob die diese Regel nicht anwenden kannst! Nimm dir etwas vor, von dem du wirklich meinst, es sei nötig, wozu du aber keine Lust hast. Bilde den Gedanken heraus, der dort hinführt. Sag zu dir selbst: „Ich tue das und das gern", dann ahme die Bewegungen nach (fröhlich, denk dran!), und spiele den Gedanken durch, dass du die Sache gerne tust. Zeig Interesse an diesem Tun – überleg dir die beste Weise, es zu tun – bring Verstand hinein; sei stolz darauf! – und du wirst dich die Sache mit einem erheblichen Maß an Freude und Interesse machen sehen. Du hast eine neue Gewohnheit entwickelt.

Wenn du es lieber an einer mentalen Neigung ausprobieren möchtest, die du gern los sein willst, wird es auf gleiche Weise funktionieren. Beginne damit, die entgegengesetzte Neigung zu entwickeln, denke und spiele sie auf Teufel komm raus durch. Dann beobachte die Veränderung, die dich ergreift. Lass dich vom Widerstand, auf den du zunächst stoßen wirst, nicht entmutigen, sondern sing unbekümmert, „Ich kann und ich werde", und mach dich ernsthaft an die Arbeit. Das Wichtige bei dieser Arbeit ist, fröhlich und interessiert zu bleiben. Wenn du das hinkriegst, ist der Rest einfach.

Bilder von Originaldokumenten

Master Key
Arkana

Anmerkung des Herausgebers zur Abbildung:
  Eine Fortsetzungsfolge des Master Key Systems, wie es ursprünglich an Schüler des Lehrgangs versendet wurde. Etwa 1917.

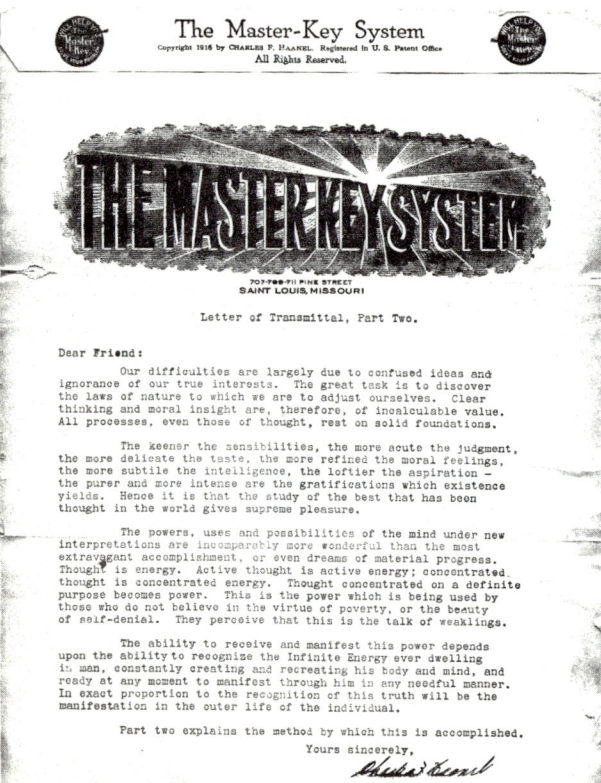

The Master-Key System

Copyright 1916 by CHARLES F. HAANEL. Registered in U. S. Patent Office
All Rights Reserved.

707-709-711 PINE STREET
SAINT LOUIS, MISSOURI

Letter of Transmittal, Part Two.

Dear **Friend**:

Our difficulties are largely due to confused ideas and ignorance of our true interests. The great task is to discover the laws of nature to which we are to adjust ourselves. Clear thinking and moral insight are, therefore, of incalculable value. All processes, even those of thought, rest on solid foundations.

The keener the sensibilities, the more acute the judgment, the more delicate the taste, the more refined the moral feelings, the more subtile the intelligence, the loftier the aspiration – the purer and more intense are the gratifications which existence yields. Hence it is that the study of the best that has been thought in the world gives supreme pleasure.

The powers, uses and possibilities of the mind under new interpretations are incomparably more wonderful than the most extravagant accomplishment, or even dreams of material progress. Thought is energy. Active thought is active energy; concentrated thought is concentrated energy. Thought concentrated on a definite purpose becomes power. This is the power which is being used by those who do not believe in the virtue of poverty, or the beauty of self-denial. They perceive that this is the talk of weaklings.

The ability to receive and manifest this power depends upon the ability to recognize the Infinite Energy ever dwelling in man, constantly creating and recreating his body and mind, and ready at any moment to manifest through him in any needful manner. In exact proportion to the recognition of this truth will be the manifestation in the outer life of the individual.

Part two explains the method by which this is accomplished.

Yours sincerely,

Charles Haanel

Das Master Key System

Das Master Key System, 707 – 709 – 711 Pine Street, Saint Louis, Missouri

Begleitschreiben, Zweiter Teil.

Lieber Freund:

Unsere Schwierigkeiten liegen größtenteils an wirren Vorstellungen und der Unkenntnis unserer wahren Interessen. Die große Aufgabe ist, die Naturgesetze zu entdecken, an welche wir uns anzupassen haben. Klares Denken und moralische Einsicht sind daher von unschätzbarem Wert. Alle Prozesse, sogar die des Denkens, basieren auf festen Grundlagen.

Je ausgeprägter die Empfindungen, desto schärfer das Urteilsvermögen, desto erlesener der Geschmack, desto kultivierter die moralischen Gefühle, desto subtiler die Intelligenz, desto erhabener die Bestrebungen – desto reiner und intensiver die Freuden, welche das Leben bringt. Daher kommt es, dass das Studium des Besten, was in der Welt gedacht worden ist, die größte Freude bereitet.

Die Kräfte, Nutzungsweisen und Möglichkeiten des neu erklärten Bewusstseins sind unvergleichlich wunderbarer als die kostspieligste Errungenschaft oder auch nur Träume von materiellem Fortschritt. Denken ist Energie. Aktives Denken ist aktive Energie; konzentriertes Denken ist konzentrierte Energie. Auf eine konkrete Absicht gerichtetes Denken wird zu Kraft. Dies ist die Kraft, die von jenen angewendet wird, die nicht an die Tugend der Armut oder die Schönheit der Entsagung glauben. Sie erkennen, dass dies das Gerede von Schwächlingen ist.

Die Fähigkeit, diese Kraft zu empfangen und sichtbar werden zu lassen, hängt von der Fähigkeit ab, die Unendliche Energie zu erkennen, die dem Menschen seit jeher innewohnt und beständig seinen Körper und sein Bewusstsein erschafft und wiedererschafft, jederzeit bereit, in jeder erforderlichen Weise durch ihn in Erscheinung zu treten. In genau dem Maß, in dem diese Wahrheit erkannt wird, wird dies in den Lebensumständen des Einzelnen zum Ausdruck kommen.

Teil zwei erläutert die Methode, mit welcher dies erreicht wird.

Mit besten Grüßen,
Charles Haanel.

Anmerkung des Herausgebers zur Abbildung:

Die „Allgemeinen Richtlinien für Kursteilnehmer" beinhalten Anleitungen zu den Übungen und zur praktischen Anwendung, dass die gebundene Ausgabe den Absolventen des Lehrgangs vorbehalten ist, und dass die Absolventen des Lehrgangs Anspruch auf ein Diplom haben.

General Instructions to Students

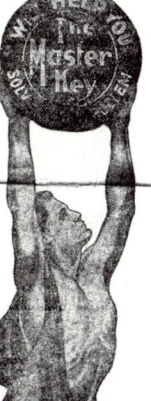

REG. U. S. PAT. OFF.

1. The Master Key System is copyrighted, and can not properly be copied, loaned or made the basis of sale, barter or exchange.

2. The Master Key System consists of twenty-four parts, names of students are placed on an addressing machine and one part is mailed each week. They go forward automatically, and cannot be sent more frequently nor can they be held back.

3. All parts should be kept together where they can be quickly and readily referred to at any time.

4. Read the first part at least once each day until the second part comes. Then write the replies to the questions in the first part, cut off and mail to me.

5. Read the second part each day until the third part comes, answer the questions and continue in like manner until you have finished the course.

6. The papers will be returned to you with the correct replies for comparison. See how many questions were answered exactly right, how many were nearly right. See where you entirely failed to get the thought which was intended.

7. Practice the exercises for concentration and visualization until you are certain that you have secured perfect control of your thought processes.

8. If you do not readily grasp the thought in any part, the next part will probably make it clear.

9. Make a personal application of every method suggested, apply it in your daily experience.

10. Write letters concerning personal problems, or asking questions, on a separate sheet of paper.

11. If a part comes before you are ready for it, put it aside until you are ready. There is no occasion for haste.

12. Any error or omission will be promptly adjusted, but in this case, write, do not return the paper.

13. Use a good quality of black ink or a typewriter.

14. Write your name and FULL address on each sheet or letter.

15. Remember there are twenty-four parts, and that each part is necessary for a complete understanding of the subject, the Master-Key System is therefore never sold except as a complete work; parts are never sold separately.

16. Report any omission or error promptly. The Master-Key service is intended to be as nearly perfect as possible, and your co-operation, looking to this end will be much appreciated.

17. The letters of transmittal which reach you weekly should be carefully preserved with the lesson with which they are sent. The letter always contains a thought of particular value in connection with the lesson. They are of much value in your study.

18. The bound volume is never sold to any one at any price, unless they have completed the study and made payment in full.

Bound Volume

The Fellowship Department will assist in the solution of any problem. Thousands of students are finding the solution to every conceivable problem through the help received from this source.

Diplomas Students who complete the course and who hold a receipt in full for all payments, will be entitled to receive a diploma.

Trade Mark Notice The words "the Master Key" and the figure holding the emblem are both registered in the United States patent offices and in Great Britain and other foreign countries as a trade mark, and all rights therein are reserved and will be protected.

253

Der Master Key:
Allgemeine Richtlinien für Kursteilnehmer

1. Das Master Key System ist urheberrechtlich geschützt und darf nicht kopiert, verliehen oder zur Grundlage von Verkauf, Tausch oder Wechsel gemacht werden.

2. Das Master Key System besteht aus vierundzwanzig Teilen. Nach Eingabe der Namen der Kursteilnehmer in eine Adressiermaschine erfolgt die wöchentliche Zusendung der einzelnen Teile. Die Versendung erfolgt automatisch, weshalb keine kürzeren Abstände oder Verzögerungen möglich sind.

3. Alle Teile sollten so zusammen aufbewahrt werden, dass man jederzeit schnell und bequem auf sie zurückgreifen kann.

4. Lies den ersten Teil mindestens einmal täglich, bis der zweite Teil eintrifft. Schreibe dann die Antworten zu den Fragen im ersten Teil auf, trenne sie ab und schicke sie mir zu.

5. Lies den zweiten Teil jeden Tag, bis der dritte Teil eintrifft, beantworte die Fragen und verfahre in gleicher Weise, bis du den gesamten Lehrgang absolviert hast.

6. Die Unterlagen werden zum Vergleich mit den richtigen Antworten an dich zurückgeschickt. Prüfe, wie viele Fragen genau richtig beantwortet wurden und wie viele nahezu richtig waren. Prüfe, wo es dir völlig misslungen ist, den intendierten Gedanken zu erfassen.

7. Betreibe die Übungen zur Konzentration und Visualisierung, bis du sicher bist, dass du vollkommene Kontrolle über deine Denkprozesse erworben hast.

8. Wenn du den Grundgedanken irgendeines Teils nicht ohne Weiteres verstehen kannst, wird er wahrscheinlich durch den nächsten Teil verständlich.

9. Führe eine persönliche Anwendung jeder vorgeschlagenen Methode durch, setze sie in deiner alltäglichen Erfahrung ein.

10. Schreibe Briefe zu persönlichen Schwierigkeiten oder Fragestellungen auf ein extra Blatt Papier.

11. Trifft ein Teil ein, ehe du bereit dafür bist, lege ihn beiseite, bis du dafür bereit bist. Es gibt keinen Anlass für Eile.

12. Jegliche Abweichung oder Auslassung wird umgehend korrigiert, aber teile dies gegebenenfalls schriftlich mit, sende das Blatt nicht zurück.

13. Verwende schwarze Tinte von guter Qualität oder eine Schreibmaschine.

14. Schreib deinen Namen und deine VOLLSTÄNDIGE Adresse auf jeden einzelnen Bogen oder Brief.

15. Vergiss nicht, dass es vierundzwanzig Teile gibt, und dass jeder einzelne für das Gesamtverständnis des Gegenstands erforderlich ist, weswegen der Master Key niemals in anderer Form als im Gesamtwerk verkauft wird; die Teile sind nicht einzeln verkäuflich.

16. Melde jegliche Auslassung oder Abweichung umgehend. Der Master Key-Service ist um möglichst reibungslosen Ablauf bemüht, wobei deine Mitwirkung im Hinblick auf dies Ziel sehr gefragt ist.

17. Die wöchentlich bei dir eintreffenden Begleitschreiben sollten sorgfältig bei den Lektionen, mit welchen sie versendet werden, aufbewahrt werden. Der Brief enthält immer einen besonders wichtigen Gedanken zur jeweiligen Lektion. Sie sind sehr wertvoll für dein Studium.

Gebundene Ausgabe:

18. Die gebundene Ausgabe ist für niemanden und zu keinem Preis käuflich, sofern der Lehrgang nicht absolviert und in voller Höhe bezahlt wurde.

Der Gelehrtenkreis:

leistet Hilfestellung bei der Lösung jeglichen Problems. Tausende von Studierenden finden die Lösung zu jedem erdenklichen Problem durch die hier gewährte Hilfe.

Diplome:

Studierende, die den Kurs absolvieren und im Besitz einer Quittung über den vollen Umfang aller Zahlungen sind, haben Anspruch auf ein Diplom.

Schutzrechte:

Die Wortmarke „der Master Key" und die das Logo haltende Figur sind beide bei den US-Patentämtern sowie in Großbritannien und anderen Ländern als Warenzeichen registriert, und alle Rechte daran sind vorbehalten und geschützt.

Anmerkung des Herausgebers zur Abbildung:
Der Abschnitt mit den Fragen und Antworten eines originalen Begleitschreibens zum Master Key-Lehrgang. [...]

PART TWO

Reply to the following questions, cut off and mail to me.

11. What are the two modes of mental activity?

12. Upon what do ease and perfection depend?

13. What is the value of the sub-conscious?

14. What are some of the functions of the conscious mind?

15. How has the distinction between the conscious and the sub-conscious been expressed?

16. What method is necessary in order to impress the sub-conscious?

17. What will be the result?

18. What is the result of the operation of this law?

19. What name has been given to this law?

20. How is this law stated?

Name.......................... Address...... ....,...............

City.............................State................... ....

NOTE

Upon receipt of your replies to these questions, a sheet containing the correct reply to each question will be sent to you. This will not only be interesting for comparison, but will be an invaluable source of reference.

TEIL ZWEI

Beantworte die folgenden Fragen, trenne sie ab und sende sie mir zu.

11. Welches sind die beiden Modi mentaler Aktivität?
12. Wovon hängen Leichtigkeit und Perfektion ab?
13. Was ist der Wert des Unterbewussten?
14. Welches sind einige der Funktionen des bewussten Verstandes?
15. Wie wurde der Unterschied zwischen dem Bewussten und dem Unterbewussten beschrieben?
16. Welche Methode ist nötig, um das Unterbewusste zu prägen?
17. Was wird das Ergebnis sein?
18. Was ist das Ergebnis des Wirkens dieses Gesetzes?
19. Wie wurde dieses Gesetz genannt?
20. Wie wird dieses Gesetz formuliert?

Name ...   Adresse ...

Stadt ...   Bundesstaat ...

ANMERKUNG

Nach Erhalt deiner Antworten auf diese Fragen wird dir ein Blatt mit der richtigen Antwort zu jeder Frage zugesandt. Dies ist nicht nur zum Vergleich von Interesse, sondern eine unbezahlbare Nachschlagequelle.

Anmerkung des Herausgebers:

Das Begleitschreiben zum originalen Lehrgang „The Amazing Secrets of the Yogi". [...] Etwa 1929.

THE AMAZING SECRETS OF THE YOGI
By V. S. PERERA, Ceylon, India
Copyright 1928 by CHARLES F. HAANEL
All Rights Reserved.

LETTER OF TRANSMITTAL.

Dear Friend:-

In accordance with your request, the first lesson in Yoga Philosophy is enclosed herewith.

As you progress with your study of this philosophy, you will find that much which heretofore seemed incomprehensible will become perfectly clear.

You will discover that you possess remarkable powers, which perhaps you may not heretofore have used to advantage.

You will break through the fictitious walls of limitation, for no matter how successful we may be, there always seems to be limitation somewhere.

Your social, business and financial affairs will take on new life, you will become familiar with the laws of Mastery and Leadership.

In fact you will find the study a "Great Adventure", which will enable you to handle every situation which may confront you, in the best possible manner.

Remember that every desire has its means of accomplishment, every question has its answer, and somewhere in these unusual, remarkable lessons the thought will come to you, which will enable you to scale the heights, to realize the dreams which sometimes seemed unattainable.

These lessons do not consist of beautiful theories, they consist of concrete methods which have been demonstrated over and over again for centuries, but which have heretofore been given only by word of mouth, and to those only who have been considered prepared to receive them.

It will be your privilege to be associated with a great body of enthusiastic and magnetic personalities whose influence will do much to render your environment congenial and harmonious for it is well known that we gravitate toward the things with which we become associated.

A diploma suitable for framing is yours if the replies to questions show that you are entitled to it.

Trusting that the good things of life may come to you in unfailing abundance, I remain,

Yours sincerely,

Charles F. Haanel

The Amazing Secrets of the Yogi
von V. S. Perera, Ceylon, Indien
Urheberrecht 1929 bei Charles F. Haanel
Alle Rechte vorbehalten.

BEGLEITSCHREIBEN.

Lieber Freund,

gemäß Ihrer Bitte finden Sie in der Anlage die erste Lektion in Yoga-Philosophie. Während Ihrer Fortschritte im Studium dieser Philosophie werden Sie feststellen, dass vieles, was vordem unverständlich schien, klar und deutlich wird.

Sie werden entdecken, dass Sie über bemerkenswerte Kräfte verfügen, welche Sie bislang vielleicht nicht gewinnbringend eingesetzt haben.

Sie werden die scheinbar vorhandenen Mauern der Einschränkung durchbrechen, denn ganz unabhängig davon, wie erfolgreich wir sein mögen, es scheint immer irgendwo Beschränkungen zu geben.

Ihre gesellschaftlichen, geschäftlichen und finanziellen Angelegenheiten werden neuen Auftrieb bekommen, Sie werden mit den Gesetzen der Kontrolle und der Führung vertraut werden.

Tatsächlich werden Sie das Studium als „Großes Abenteuer" erleben, welches es Ihnen ermöglicht, mit jeder Situation, die sich Ihnen bietet, auf bestmögliche Weise umzugehen.

Bedenken Sie, dass jedes Anliegen sein Mittel zur Erfüllung, jede Frage ihre Antwort hat, und an irgendeiner Stelle dieser ungewöhnlichen, bemerkenswerten Lektionen wird Ihnen der Gedanke kommen, welcher Sie befähigt, die Höhen zu erklimmen, die Träume zu verwirklichen, welche manchmal unerreichbar schienen.

Diese Lektionen bestehen nicht aus schönen Theorien, sie bestehen aus konkreten Methoden, die seit Jahrhunderten wieder und wieder nachgewiesen worden sind, aber bisher nur mündlich überliefert wurden, und dies auch nur jenen, die als bereit erachtet wurden, sie zu empfangen.

Es wird Ihr Privileg sein, mit einer großen Anzahl begeisterter und magnetischer Persönlichkeiten verbunden zu sein, deren Einfluss viel dazu beitragen wird, Ihre Umgebung angenehm und harmonisch zu gestalten, denn bekanntlich werden wir zu dem hingezogen, dem wir uns anschließen.

Ein zur Einrahmung geeignetes Diplom ist das Ihre, wenn die Antworten auf die Fragen zeigen, dass Sie den Anspruch darauf haben.

Im Vertrauen darauf, dass Ihnen die guten Dinge des Lebens in unerschöpflicher Fülle zufließen mögen, verbleibe ich

Mit den besten Grüßen,
Charles Haanel.

Wenn

von Rudyard Kipling

Master Key
Arkana

Rudyard Kipling (1865 – 1936)

Rudyard Kipling wurde im Jahr 1865 in Bombay[175] geboren. Sein Vater war John Lockwood Kipling, und seine Mutter Alice die Schwester von Lady Burne-Jones[176].

Im Jahr 1871 wurde Kipling aus Indien nach England zurückgebracht und verbrachte fünf unglückliche Jahre bei einer Pflegefamilie in Southsea. Während seiner Zeit am College begann er, Lyrik zu schreiben. „Schoolboy Lyrics" wurde 1881 privat veröffentlicht. Im darauffolgenden Jahr begann er, als Journalist in Indien tätig zu sein und brachte während seiner dortigen Zeit ein Schaffenswerk heraus, Erzählungen, Skizzen und Gedichte, allen voran „Plain Tales from the Hills" aus dem Jahre 1888, welche ihn sofort zur literarischen Berühmtheit machten.

Im Jahr 1892 heiratete er eine Amerikanerin, Caroline Balestier, mit der er von 1892 bis 1896 in Vermont lebte, wo Kipling „Das Dschungelbuch" schrieb, das 1894 veröffentlicht wurde. 1901 folgte „Kim", und im Jahr 1902 erschienen die „Just So Stories"[177].

Ab 1902 lebte Kipling in Sussex, unternahm aber weiterhin viele Reisen. Viele meinen heute, dass die Geschichten, die er in der Folgezeit schrieb, „A Diversity of Creatures" (1917), „Debits and Credits" (1926) und „Limits and Renewals" (1932) einige seiner besten Arbeiten beinhalten. Der Tod seines einzigen Sohnes im Jahr 1915 trug ebenfalls zu einer neuen Innerlichkeit seiner Anschauung bei.

---

175) Anm. d. Übers.: Das heutige Mumbai.
176) Anm. d. Übers.: Die englische Malerin Georgina (Macdonald) Burne-Jones (*1840 – †1920).
177) Anm. d. Übers.: Das Kinderbuch "The Just So Stories for Little Children".

Kipling lehnte die Ernennung zum Poet Laureate[178] und andere staatliche Auszeichnungen ab, er war jedoch der erste englische Autor, dem in 1907 der Nobelpreis verliehen wurde. Er starb im Jahr 1936.

---

178) Anm. d. Übers.: Von lat. *laureatus*: „lorbeergekrönt", eine staatliche Ehrung in Anlehnung an die antike Tradition, besonders herausragende Dichter durch Bekränzung mit Lorbeer zu ehren.

Wenn – [179]

Wenn du gelassen bleibst, wenn jeder andre um dich
Den Kopf verliert und dich als schuldig schmäht;
Wenn du dir selbst vertraust, wenn alle an dir zweifeln,
Doch ihnen auch den Zweifel zugestehst:
Wenn du Geduld hast und nicht müde wirst vom Warten,
Dich, selbst verleumdet, nicht in Lug verstrickst,
Oder, wenn du gehasst wirst, selbst dem Hass nicht nachgibst,
Und doch nicht überheblich dabei bist;

Wenn du zwar träumst – doch lässt die Träume nicht obsiegen;
Und denkst – doch Denken nicht nur Selbstzweck ist,
Wenn du mit Sieg und Scheitern gleicherdings zurechtkommst
Und sie als Teile eines Trugbilds siehst:
Wenn du ertragen kannst, wenn manche bösen Zungen
Dein wahres Wort zu Fallstricken verdrehn,
Oder im Angesicht der Trümmer deiner Werke
Dich beugst und abmühst, dass sie neu erstehn;

Wenn du das Ganze, was du jemals hast errungen
Als Spieleinsatz riskierst, auf einen Schlag,
Und dann verlieren musst, und ganz von vorn beginnen,
Doch niemals über das Verlorne klagst:
Wenn du dein Herz bezwingen kannst mit Nerv und Sehnen,
Noch durchzuhalten, wenn es nicht mehr kann,
Und dadurch standfest bleibst, obwohl dir nichts mehr Kraft gibt
Außer der Willenskraft, die sagt: „Bleib dran!";

---

179) Anm. d. Übers.: „If –", geschrieben im Jahr 1885, wurde erst 1910 veröffentlicht.

Wenn du zur Masse sprichst, ohne dich anzubiedern,
Und unter Großen Schlichtes nicht vergisst,
Wenn weder Freund noch Feind dir Schmerz zufügen können,
Du jeden anhörst, keinem hörig bist:
Wenn du den Lauf der unerbittlichen Minute
Zum Sein und Werden nutzt, dass sie sich lohnt,[180]
Gehört die Welt dir mitsamt allem, was darin ist,
Und – mehr als das – dann bist du Mensch, mein Sohn!

---

180) 180 Anm. d. Übers.: Im engl. Original *"If you can fill the unforgiving minute | With sixty seconds' worth of distance run, –"* lässt sehr unterschiedliche Interpretationsweisen zu, wie allein die Übersetzungen dieser Zeilen in den wohl bekanntesten deutschen Interpretationen des Sonetts von Anja Hauptmann, „Wenn du in unverzeihlicher Minute | Sechzig Sekunden lang verzeihen kannst: ..." und Lothar Sauer, „Füllst jede unerbittliche Minute | Mit sechzig sinnvollen Sekunden an;" belegen. Die vorliegende Übersetzung legt den Schwerpunkt auf die „praktische Anwendung" der lyrisch dargelegten Tugenden (i. S. einer klaren Handlungsanweisung – kraft des Willens, und geleitet von Moral – die kurze Spanne des eigenen Lebens in Aufrichtigkeit und Ausdauer „auszuschöpfen"). – Vgl. hierzu: Lothar Sauer (*1930), „Wenn" (1960) sowie die gleichnamige modernere (Lied-)Version von Anja Hauptmann (*1941), die um 1970 entstand.

Abbildungsverzeichnis